Zur Entstehungsgeschichte
der Gemeinde in Klein Borstel
und der Kirche Maria-Magdalenen
als Bau- und Kunstwerk
der Architekten Hopp und Jäger
mit dem Maler Hermann Junker

Zum Inhalt

Eine der Kirchen, die von Hopp und Jäger (=H&J) in der Zeit vor dem Zweiten Weltkrieg gebaut wurden, ist die im Alstertal in Klein-Borstel gelegene Kirche Maria-Magdalenen (=MM). Wie die anderen in dieser Zeit und Region von H&J gebauten Gotteshäuser zeigt sie viele Elemente eines gemeinsamen Stils, der Besuchern dieser Kirchen sofort ins Auge fällt. Sowohl im Neubau der Lutherkirche in Wellingsbüttel (1937), dem Um- und Erweiterungsbau St. Lukas in Fuhlsbüttel (1938) als auch in der Renovierung der St. Nicolaus-Kirche (1938) finden sich markante Balken-Inschriften und farblich abgestimmter Kassetten-Schmuck an Holzteilen der Emporen und Türen, kleine Glasfenster in Abtrennungen und ursprünglich ein gemauerter Steinaltar sowie teils Kronleuchter und Tonnendecken-Konstruktionen. – Aber jede dieser Kirchen hat auch ihr besonderes Gepräge durch die künstlerische Ausstattung besonders des Altarraumes.

Deshalb verdient jedes dieser Gebäude spezielle Betrachtung. Zumal in jeder der Gemeinden besondere Wünsche und örtliche Gegebenheiten von H&J zu berücksichtigen waren, die sich u.a. aus der jeweiligen kirchlich-politischen und theologisch-gemeindlichen Konstellation dieser Zeit verstehen lassen. Die Planungen für den MM-Kirchbau haben eine mehrjährige Vorgeschichte, bei der es u.a. auf gemeinsame Planungen sowohl mit den Verantwortlichen der Muttergemeinde in Fuhlsbüttel als auch mit dem ab April 1937 für den Pfarrbezirk zuständigen (und bereits als ‚Pastor' designierten) Hilfsgeistlichen Rudolf Timm ankam. Dieser junge Mann, 1933 – noch als Student – in die NSDAP und SA eingetreten, beschrieb beim 2. Examen 1937 seine theologische Position zugleich als die der Bekennenden Kirche. Das stellte wohl nicht nur für Damalige eine besondere Herausforderung dar, die es zu beleuchten gilt.

An der Ausgestaltung der Kirche haben auch andere Künstler neben H&J mitgewirkt. Insbesondere der mit beiden Architekten befreundete Maler Hermann Junker verdient dabei besondere Beachtung.

Zur Entstehungsgeschichte der Gemeinde in Klein Borstel und der Kirche Maria-Magdalenen als Bau- und Kunstwerk der Architekten Hopp und Jäger mit dem Maler Hermann Junker

Beitrag zu

‚Hopp und Jäger -
Kirchenbauten von einem Hamburger Architekturbüro
(1930 bis 1962/80)
Ein Projekt zur Dokumentation'
[www.huj-projekt.de]

Uwe Gleßmer
unter Mitarbeit von Emmerich Jäger

Bibliographische Informationen der Deutschen Nationalbibliothek
Die Deutsche Nationalbibliothek verzeichnet diese Publikation
in der Deutschen Nationalbibliografie; detaillierte bibliografische
Daten sind im Internet über http://dnb.dnb.de abrufbar

Deckblatt: Modell der Kirche (im Besitz der Kirchengemeinde; S. 37f)
Rückseitig: „1-10 Pause" aus Nachlass B. Hopp (S. 54)

© 2016 Uwe Gleßmer (3. um einige Details ergänzte Auflage)

Herstellung und Verlag
BoD – Books on Demand, Norderstedt

ISBN: 978-3-739244167

Inhaltsverzeichnis

1 Vorbemerkung, Kontext und offene Fragen   7
2 Das Werden der Gemeinde und die Kirche MM   11
    2.1 Dokumentationen zu den Gemeinde-Anfängen   12
       2.1.1 Vorgeschichte Teil 1 ab 1929/30: Pastor Lüder   13
       2.1.2 Vorgeschichte Teil 2 ab 1934 und Pastor ‚Zach'   16
       2.1.3 Vorgeschichte Teil 3 ab 1935 mit Pastor Dr. Günther   17
       2.1.4 Vorgeschichte Teil 4 1936f mit Pastor em. Bahnson   27
       2.1.5 Vorgeschichte Teil 5 ab 1936 mit Pastor Timm   28
    2.2 Der Kirchbau Maria-Magdalenen   34
       2.2.1 Grundsteinlegung am 6.2.1938   40
       2.2.2 Die architektonische Gestaltung der Kirche MM   46
       2.2.3 Die Gestaltung des Altarraumes   49
       2.2.4 Weitere Gestaltungselemente des Kirchenraumes   68
       2.2.5 Einweihung   79
    2.3 Das Andenken an Pastor Rudolf Timm   80
       2.3.1 Gedenktafel   81
       2.3.2 Der Maler Hermann Junker   83
       2.3.3 Ein Gemälde zum Gedenken an Pastor Timm?   98
       2.3.4 Planungen für ein Epitaph in der Kirche   103
    2.4 Die weitere Ausgestaltung der Kirche   105
3 Pastoren und „Offenes Haus der Gemeinde"   108
4 Kurztitel und Literatur   112
5 Anhang   122
    5.1 Notiz HambKirchenzeitung 1934, S. 14   122
    5.2 Dr. Eckardt Günther in HambKirchenzeitung 1935   122
    5.3 Dr. Gustav Hoffmann (Auszug aus seinen Memoiren)   123
    5.4 R. Timm zu ‚Vicelin'   125
    5.5 R. Timm (1938) zur Grundsteinlegung   129
    5.6 HambKirchenzeitung 1938 zur Einweihung   132
    5.7 Zu Dr. Fritz Valentin als Richter und ‚Kirchenmann'   132
6 Abkürzungen, Archivalien und Indices   137
    6.1 Abkürzungen   137
    6.2 Archivalien   137
    6.3 Personen-Index   138
    6.4 Themen-Index   140
    6.5 Orts- und Straßennamen-Index   146

Danksagung

Dass die Informationen in diesem Buch so erscheinen können, ist vielen Einzelpersonen und Institutionen zu verdanken, die direkt oder indirekt mit dazu beigetragen haben. Nicht alle sollen hier aufgezählt werden, jedoch ist es mir wichtig, einige besonders zu nennen:

- Die Familie Hopp, insbesondere Frau Ilse Hopp sowie die inzwischen leider verstorbene Dr. Gisela Hopp (1925-2015) haben mir den Zugang zu den privaten Nachlässen sowie in zahlreichen Gesprächen auch weiteren Einblick in ihre Familiengeschichte gewährt.

- Von Herrn Prof. Dr. Dr. Jan Schröder stammt aus einer privaten Familienchronik ebenfalls ein wichtiges Dokument, das u.a. zeigt, wie fragmentarisch das öffentliche Gedächtnis ist.

- Den hilfreichen MitarbeiterInnen der Archive (Architekturarchiv, Archiv des Kirchenkreises Hamburg-Ost sowie dessen Bauabteilung) und Bibliotheken (insbesondere denjenigen, die Digitalisate bereitstellen, wie in der SUB die Hamburgensien-Abteilung) gilt besonderer Dank für ihre Unterstützung, die effektives Arbeiten erst möglich macht. Dazu ist im Januar 2016 auch Pastor Dr. D. Melsbach in der Gemeinde Maria-Magdalenen hinzuzuzählen!

- Last but not least ist Emmerich Jäger und seiner Familie zu danken, die ebenfalls nicht nur mit privaten Materialien beigetragen haben. Vielmehr ist der Freiraum, der für Emmerich Jäger und mich in der gemeinsamen Digitalisierungsarbeit der Fotosammlungen von Otto Rheinländer und Walter Lüden zur Verfügung stand und steht, ja immer auch den Familien ‚abgeknapst', die ebenfalls mit noch viel höherem Recht Ansprüche an gemeinsame Zeit und Zuwendung haben. Ohne den Austausch mit ihm und seine Vor- und Mitarbeit wäre das Dokumentationsprojekt zu Hopp und Jäger nicht zu leisten.

Ich schreibe diese Danksagung ganz bewusst im „Ich"-Stil, denn es geht wie in jeder sich wissenschaftlich bemühenden Arbeit u.a. auch um persönliches Interesse am Gegenstand und an beteiligten Personen. – Vielleicht gibt es auch künftig persönliche Reaktionen, Kritiken, Korrekturen und Ergänzungen? Sie wären auf jeden Fall willkommen.

Uwe Gleßmer im Januar 2016

1 Vorbemerkung, Kontext und offene Fragen

Einige der Kirchen im Norden Hamburgs und speziell im Alstertal sind von dem Architekturbüro Hopp und Jäger (=H&J) in der Zeit vor dem zweiten Weltkrieg gebaut worden. Sie widerlegen die früher verbreitete Vorstellung, dass Bau und Erneuerung von Kirchgebäuden in der NS-Zeit zum Erliegen gekommen seien. In einem früheren Standardwerk[1] schrieb dessen Autor 1973 noch: „Von 1936/1937 bis 1945 konnten nur wenige Kirchen errichtet werden...".[2] – Allerdings bezeugen die Lutherkirche in Wellingsbüttel (1. Advent 1937), die Renovierung der St. Nikolaus-Kirche in Alsterdorf (Einweihung 19.10.1938), die Kirche Maria-Magdalenen (=MM; Weihe am 3. Advent 1938), der Totalumbau der Kirche St. Lukas in Fuhlsbüttel (Weihe am 4. Advent 1938) sowie der Bau der Kapelle in Berne (Einweihung 19.3.1939, später von H&J mit Gemeindehaus und Turm erweitert und vollständig umgebaut – und mit dem Namen Friedenskirche versehen) jedoch eine durchaus rege Bautätigkeit in dieser Zeit und Region. Sie wurde nach dem Krieg durch die Bauten der St. Christophorus-Kirche (Hummelsbüttel 1953ff) sowie St. Marien (Fuhlsbüttel-Süd / Ohlsdorf 1960) fortgesetzt.[3]

Einer der Hintergründe für die Bautätigkeit in der Region ist u.a. im Wohnort von Bernhard Hopp (1893-1962) zu suchen. Zudem gehört zu Hopps Besonderheit, sich nicht nur privat in seiner Gemeinde in Fuhlsbüttel zu engagieren, sondern auch, dass er durch seine berufliche und biografische Vorprägung durch kirchliche Kunst und die Ausrichtung auf die Praxis gemeindlicher Arbeit seit den 1920er Jahren mit diesem Lebensbereich vertraut war.[4] Ähnlich wie sein um zehn Jahre jüngerer Kompagnon, der Diplom Ingenieur Rudolf Jäger (1903-1978), war er, wie dieser, durch christliche Jugendarbeit „sozialisiert"[5] und dadurch auch zugleich gut vernetzt, wie man heutzutage wohl sagen würde.

Beide kannten sich bereits seit der Zeit kurz nach dem 1. Weltkrieg dadurch, dass der Dekorationsmaler B. Hopp als junger Erwachsener ehrenamtlich in Schüler-Bibelkreisen leitend aktiv war, in denen u.a. auch sein späterer Kompagnon R. Jäger teilnahm. Jedoch erst nach dessen Architektur-Studium und erster Berufspraxis begannen beide ca. 1929/1930 mit einer projektorientierten Zusammenarbeit im Rahmen eines Wettbewerbs für das Ehrenmal an der Kleinen

---

[1] In den Fußnoten wird auf Literatur mit Kurztiteln verwiesen, um den Anmerkungsumfang möglichst gering zu halten. Dabei folgt einfach dem Namen eine Jahreszahl in runden Klammern (manchmal mit hochgestellter Auflagenzahl) sowie ggf. ein im Abkürzungsverzeichnis erläutertes Kürzel, wenn es sich um eine nicht-selbstständige Publikation handelt.
[2] Schnell (1973) S. 53. Dieser Autor bietet mit seiner breiten Übersicht zwar manche Hinweise auch auf Hopp und Jäger, doch sind diese naturgemäß nicht detailliert und beziehen sich nur auf Nachkriegskirchen. Im Index wird auf die Seiten 133, 136, 200, 203 verwiesen.
[3] Zu diesen Kirchen der Region existieren jeweils einzelne Ausarbeitung (siehe die Liste auf den letzten Seiten dieses Buches oder zum jeweils aktuellen Stand unter www.huj-projekt.de.
[4] Zur Biografie siehe Fischer (2008[2]) SB sowie zur in Vorbereitung befindlichen Darstellung „Zur Biografie des Architekten Bernhard Hopp" in den in Anm. 3 genannten Listen.
[5] Hoffmann (2013) HAA.

Alster.[6] Ihr erster Kirchbau folgte erst 1934/35 mit der Dorfkirche in Born auf dem Darß, wohin sich Hopp mit seiner Familie ab März 1933 zeitweilig begeben hatte, nachdem es zur beruflichen Trennung vom Rauhen Haus gekommen war. Dort hatte B. Hopp zuvor 1930-1933 die „Werkstätten für kirchliche Kunst" geleitet. Das Ende der dortigen Tätigkeit wird wohl auf dem Hintergrund einer kirchlich-politischen Differenz zum damaligen (ab 1925) Direktor des Rauhen Hauses, Pastor Friedrich Engelke, zu erklären sein. Engelke war zwar vorher Leiter des CVJM, hatte 1923 das Ehepaar Hopp getraut und war so als trauender Pastor Teil des persönlichen ‚Netzwerkes', in dem sich B. Hopp bewegte.[7] Doch andererseits arbeiteten Hopp und Jäger auch mit dem Pastor Hans Asmussen zusammen, mit dem gemeinsam sie die Ausstellung „Symbol und Form" 1932 bis Januar 1933 vorbereitet und durchgeführt hatten.[8] Asmussen war wesentlich an der Abfassung und öffentlichen Verlesung des „Altonaer Bekenntnisses" am 11.1.1933 beteiligt, das mit seiner Stellungnahme zum „Altonaer Blutsonntag" (18.7.1932) vielfach als gegen die NS-Bewegung gerichtet verstanden wurde.[9] So lag es nahe, dass sich mit Engelkes-Engagement für die Deutschen Christen und der NS-Ausrichtung des Rauhen Hauses, dessen 100-jähriges Jubiläum 1933 zu feiern war,[10] auch die ehemals gemeinsamen Wege zwischen Hopp und Engelke in verschiedene Richtungen auseinander bewegt hatten.

Das heißt nicht, dass für Hopp und Jäger alle Möglichkeiten zu Kooperation mit denjenigen, die positiv oder jubelnd den NS-Staat begrüßt hatten, zu Ende waren. Für ihre beruflichen Karrieren in dieser Zeit war es vielmehr anscheinend unvermeidlich, mit den staatlichen Institutionen zu kooperieren, wenn sie bauen wollten. Wie jedoch in diesem Bereich Nähe und Distanz jeweils einzuschätzen ist und sich im Laufe der Zeit entwickelt hat, ist kaum mit einer schlagwortartigen Beschreibung zu erklären, sondern nur an Hand von konkreten Quellendokumenten und entsprechend aufbereiteten Einzelheiten zu erheben.

Trotzdem lässt sich ein besonderes Element benennen, das als „glücklicher Zufall" bezeichnet werden kann, nämlich das erste gemeinsame Kirchenbauwerk, die o.g.

---

[6] Siehe dazu Schumacher (1930) DBZ.
[7] Siehe dazu Hopps Cover zum CVJM-Heft 1928 sowie auch zu „Unser Liederbuch" von W. Kittlitz.
[8] Zu dieser Ausstellung existiert ein Begleitheft, in dem sowohl Hauptpastor Knolle, Pastor Asmussen und Bernhard Hopp zum Thema eigene Texte verfasst haben (Asmussen/Hopp (1932) Masch). Auch Jäger (1933) NiederdKZ hat für die gemeinsam vorbereitete Ausstellung geworben.
[9] http://de.wikipedia.org/wiki/Altonaer_Blutsonntag; zur Entlassung von P. Asmussen siehe Overlack (2007) und Reumann (1988) sowie zum Altonaer Bekenntnis neu Büttner (2015) ZfSHKG.
[10] Siehe dazu den Rückblick auf die 100-Jahr-Feier von Beate Steitz-Röckener (2011) Bote: „Vom 9. bis 16. September 1933 feierte Das Rauhe Haus unter Hakenkreuzfahnen das hundertjährige Jubiläum. Ausführlich wird im Brüderboten darüber berichtet. Die Mehrzahl der Brüder hält sich zu den Deutschen Christen. Vorsteher Pastor Engelke (1925–34) zeigt sich im Brüderboten begeistert von der ‚nationalen Revolution'. Maßgebende Brüder begrüßen das ‚Dritte Reich'."

Fischerkirche in Born/Darß. Dieses Bauwerk, das sich quasi auf dem Hintergrund des ländlichen ‚Künstler-Exils' auf dem Darß als erste Kooperationsmöglichkeit ergeben hatte, traf mit seinem dörflichen Charakter sowie den Materialien Holz und Reetdach einen Nerv auch der 1935 geichgeschalteten Architektur-Berichterstattung. So schließt die Darstellung in ‚Deutsche Bauzeitung':

„Wir möchten diesen evangelischen Kirchenbau, wie nur wenige unserer Zeit, als einen ausgesprochenen deutschen Ausdruckswert bezeichnen. Er könnte fast ein Beispiel dafür sein, in welcher Weise wir unsere Kraft für den Neuaufbau einer deutschen Baukultur zuerst ansetzen müßten."[11]

Nach dieser positiven Aufnahme, die das Erstlingswerk geradezu als Wegweiser mit „deutschem Ausdruckswert" preist, war es nur konsequent, dass die Architekten sich in dem damit vorgezeichneten Rahmen weiterhin bewegten und sich auf diese Weise auch mit dem NS-System arrangieren konnten, ohne christlich-künstlerische Vorstellungen zu verlassen.

Dieser grob skizzierte Hintergrund ist auch für künstlerische Beurteilungen der Kirchen im Alstertal und insbesondere von Maria-Magdalenen von Interesse, wenn hier etwa zum Vergleich „von einer sogenannten Vicelinkirche, deren Besonderheit der wehrhafte Rundturm ist" gesprochen[12] und daraus z.T. eine NS-Affinität gefolgert wurde.[13] Ob die Turmgestaltung wirklich diesen Rückschluss zulässt und ob die anekdotische Darstellung der 25-Jahre-Festschrift von 1963 auf Fakten und bezeugten Überlieferungen von Ansichten B. Hopps beruht oder möglicherweise auf eine Konstruktion des Gemeindechronisten zurückgeht, schien bisher mangels Quellenangaben zweifelhaft. Durch das im Archiv der Kirchengemeinde MM befindliche Material lässt sich jedoch erkennen, dass die Bezeichnung ‚Vicelinkirche' für den geplanten Neubau im Umlauf gewesen ist. Insofern enthält die Bemerkung der FS von 1963 einen harten Kern. Was jedoch bisher nicht als belegbar erscheint, ist eine Argumentation, die den Typus von ‚Vicelin-Wehrkirchen' besonders beinhalten würde.[14]

Ähnlich ist es mit der Überlieferung von anderen Details der Ausgestaltung der von Hopp und Jäger gebauten und am 3. Advent, dem 11.12.1938, eingeweihten Kirche Maria-Magdalenen (= MM in Hamburg Klein-Borstel). Bei der Rückfrage nach dem künstlerischen Anteil hat sich nämlich eine nicht unwichtige Frage ergeben: Stammt die Ausmalung des dortigen Altarwandbildes von Bernhard Hopp (1893-1962) oder von dem mit ihm befreundeten Maler Hermann Junker (1903-1985)? Je weiter zeitlich die Meinungsäußerungen zu dieser Frage von der Bauzeit entfernt sind, desto stärker verschiebt sich in der Sekundärliteratur das Gewicht der beantwortenden Voten zu Gunsten einer Urheberschaft des Bildes durch Junker. (Die jeweiligen Mutmaßungen und die bisher verfügbaren Dokumente dazu werden

---

[11] Deutsche Bauzeitung, Jg. 69 (1935) S. 591-593.
[12] KG_Maria-Magdalenen (1963) S. 7.
[13] Timm (2005) Masch S. 110.
[14] Details zur Diskussion im Kirchenvorstand über die Namensgebung werden unten beim Abschnitt zur Grundsteinlegung dargestellt.

unten im Abschnitt „2.2.2 Die architektonische Gestaltung der Kirche MM" diskutiert werden.) – Unfraglich und bisher schon gesichert ist, dass dieser Maler einen ‚direkten Draht' zu den Familien von Bernhard Hopp und Rudolf Jäger gehabt hat: durch die Kinder beider Architekten sind Gemälde erhalten, die Junker u.a. von ihnen und ihren Angehörigen gemalt hat. Frau Junker, die in Hamburg als Apothekerin gearbeitet hat, wohnte in der Nachkriegszeit z.T. unter der Woche bei Familie Hopp, um nur am Wochenende nach Hause zu ihrem Mann nach Hanstedt zu fahren.[15]

Neue Evidenz zur Beantwortung der Frage und weitere Hintergründe der Baugeschichte von MM ergeben sich auch aus zwei neuen Quellen:

a) Zum einen sind es die hochauflösenden Fotos des von Hopp & Jäger (=H&J) beauftragten Fotografen Otto Rheinländer, die zwar z.T. in der Vergangenheit auch in Festschriften und anderen Dokumenten verwendet worden sind, die jedoch in den Originalen weit mehr an Details erkennen lassen, als in den Reproduktionen dieser Festschriften bisher textlich ausgewertet wurde. Dank der Bestände des Hamburgischen Architekturarchivs, das inzwischen die Fotosammlung besitzt und deren H&J betreffender Teil im Rahmen des Hopp-und-Jäger-Projektes[16] digitalisiert wurde, ist es möglich, mancherlei Fragen zu den Kirchbauten neu zu beleuchten – wie auch im Fall von MM.

b) Zum anderen sind inzwischen über die Familien von Hopp und Jäger nicht nur die bereits erwähnten Kinderbilder, sondern auch eine große Menge an weiteren Archivalien neu zugänglich geworden, durch die auf der einen Seite die Beziehung zum befreundeten Maler Hermann Junker noch näher zu beschreiben ist. Auf der anderen Seite illustrieren jetzt verfügbare Entwurfs-Zeichnungen des gelernten Dekorations- und Kunstmaler Bernhard Hopp auch dessen Gestaltungsanteil bis in die Einzelheiten künstlerischer Realisierung - auch durch Dritte wie Hermann Junker. H&J haben ihre architektonische Aufgabe als Einheit verstanden, die immer sowohl die konstruktiven Bauelemente als auch die inneren und äußeren Details als Gesamtentwurf umgriff.

Ein gewisses Problem stellen die Archivalien vor Ort in Klein Borstel dar. Neben den direkt von der Kirchengemeinde Maria-Magdalenen gedruckten Festschriften sowie den auf der Ausstellung zum 75. Kirchweihjubiläum 2013 gezeigten Dokumenten existieren umfangreiche Archivmaterialien zur Geschichte von Klein Borstel, die der ehemalige Klein Borsteler Klaus Timm in mehreren privat herausgegebenen und gedruckten Bänden veröffentlicht hat.[17] Diejenigen Bände, die die Geschichte und Vorgeschichte der Gemeinde betreffen, sind ursprünglich ab

---

[15] So der mündliche Bericht über die späten 1950er Jahre durch die Schwiegertochter Ilse Hopp, deren Familie ebenfalls eine Wohnung im damaligen Hoppschen Haus im Ahlfeld 53 hatte.

[16] Siehe dazu die Beschreibung zum Dokumentationsprojekt zum Architekturbüro H&J unter www.huj-projekt.de/downloads/hopp_u_jaeger-flyer.pdf.

[17] Ein großer Teil dieser Bände ist über die Staats- und Universitätsbibliothek nutzbar. Zu danken ist Klaus Timm auch für weiteres Material, das er dem Geschichtsprojekt der Lutherkirche unter Dr. G. Engler zur Verfügung gestellt hat (vgl. http://www.kirche-wellingsbuettel.de/index.php/gemeinde/historie/geschichte zum aktuellen Stand des Geschichtsprojektes der Gemeinde). Von Timm (2010) S. IV wurde als Zeitrahmen testamentarisch vorgesehen für Eckhard Stubel und sich selbst, dass „wir spätestens innerhalb der kommenden 5 Jahre, also bis 2015 mein Klein-Borstel-Archiv abarbeiten und veröffentlichen".

2003 im Auftrag und mit Unterstützung durch den damaligen Pastor, Dr. Jürgen Bobrowski, begonnen worden. Leider hat sich im Laufe der Arbeiten bei der Rückfrage nach einem Sachverhalt, der den ersten Pastor der 1938 gebauten Kirche und dessen NS-Affinität betraf, ein Streit ergeben, der beide Seiten (MM und Klaus Timm) gegenseitig blockiert hat. So ist etwa in der Festschrift von 2013 das Werk von Klaus Timm ganz ohne Berücksichtigung geblieben. Starke Emotionen werden einerseits dadurch berührt, dass der ehemalige Pastor Rudolf Timm ein entfernter Verwandter von Klaus Timm gewesen ist und insofern bei der Rückfrage nach der NS-Affinität bei R. Timm auch die Vergangenheit der eigenen Familie involviert war.[18] Andererseits war die ‚Hermeneutik des Verdachts' bei der Rückfrage nicht nur hilfreich: andere Beteiligte aus der Gemeinde, die ihre Arbeit unter dem Verdacht des Verschweigens oder gar Verfälschung von Sachverhalten gestellt sahen, fühlten sich verprellt.

Die vorliegende Untersuchung versucht einen eher ‚integrativen Weg' sowohl im Umgang mit denjenigen in der Gemeinde, die ich seit meiner Vikariatszeit (1980-1982) in Klein Borstel als Gesprächspartnerinnen und –partner z.t. kenne und schätze. Aber auch Klaus Timm, den ich im Zuge meiner eigenen Beschäftigung mit der Gemeindegeschichte der Nachbargemeinde Wellingsbüttel seit 2014 kenne, schätze ich in seinem Eifer für die Aufarbeitung auch des meist im Dunklen belassenen Kapitels der NS-Zeit sehr: Es führt kein Weg an der Auseinandersetzung mit dieser Zeit vorbei, die ihre langen Schatten weit in die Nachkriegszeit geworfen hat und bis in die Gegenwart wirft. Die für die Kirchbauten wichtigen Vorbereitungszeiten sowohl der Gemeinde in Wellingsbüttel als auch der in Klein Borstel fallen in die Zeit von 1933-1938.

Im Unterschied zu früheren Rückfragen nach der NS-Vergangenheit geht es mir darum, eher beschreibend als wertend heranzugehen, wobei klar ist, dass die Auswahl der präsentierten Materialien immer auch Gewichte setzt. Doch soll die Nachprüfbarkeit und Dokumentation sehr ernst genommen werden, wenn dadurch auch ein Druckbild mit Fußnoten entsteht, das vielleicht abschrecken könnte. Dieser Nachteil wiegt jedoch gegenüber ‚unbegründeten' Angaben, die stimmen können – oder auch nicht, gering. Dabei kann es sein, dass wichtige Elemente der Geschichtsrekonstruktion auch vergessen, ausgeblendet oder mit falscher Deutung bzw. in unangemessenem Kontext präsentiert werden. Wer es besser weiß, ist ernsthaft gebeten, entsprechende Rückmeldung zu geben. In einer zweiten Auflage lassen sich möglicherweise solche Versäumnisse ‚ausbügeln'...

2 Das Werden der Gemeinde und die Kirche MM

Der gesamte Kontext der Ortsgeschichte kann in diesem Rahmen nicht bearbeitet werden, obwohl selbstverständlich vielfältige Beziehungen zur Vor- und Gründungsgeschichte der Gemeinde und auch des Kirchbaus bestehen. Doch können hier nur von Fall zu Fall die Querverbindungen verfolgt werden. - Als eigenständige

---

[18] K. Timm (2005) Masch S. 23 notiert zu seinem und dem Großvater von R. Timm: „vermutlich waren sie Vettern".

Publikation liegt von 1954 ein Heft des Heimatvereins Klein Borstel vor, in dem Kurt Detlev Möller (1902-1957[19]) aus Anlass der 650-jährigen Zugehörigkeit Klein Borstels zu Hamburg „Aus der Geschichte Klein Borstels" berichtet hat. Darin findet sich auch ein ganz kurzer Abriss zur Geschichte der Kirchengemeinde, in dem der MM-Kirchbau durch H&J sowie namentlich Pastor Rudolf Timm und Carl Malsch genannt werden.[20] Auch zuvor hatte K.D. Möller bereits in einer „Festschrift zum Volksfest in Klein Borstel vom 20. bis 22. August 1937 veranstaltet von der Ortsgruppe Klein Borstel der NSDAP" einen Beitrag unter genau dem gleichen Titel „Aus der Geschichte Klein Borstels" veröffentlicht. Dieser war allerdings in Wortwahl und Ton deutlich dem Zeitgeist verpflichtet – und berichtet nichts von der bereits in dieser Zeit existierenden Gottesdienstgemeinde.[21]

2.1 Dokumentationen zu den Gemeinde-Anfängen

Wieweit dieser Autor mit dem im Folgenden zitierten Gustav A. Möller verwandt ist, ist z.Z. noch nicht eindeutig zu klären gewesen.[22] Letzterer hat sicher Kenntnis der gemeindlichen Situation, wie Wolfgang Behrens in der Festschrift von 1998 notiert:

> „Gustav A. Möller, Amtsverwalter der NSDAP, schreibt am 31.8.1933 an den Oberkirchenrat und späteren Hamburger Bischof Tügel: ‚Wir bisher Abseitsstehenden halten es daher für unsere Pflicht, auch unsererseits am Neuaufbau der Kirchengemeinde Klein Borstel-Fuhlsbüttel mitzuarbeiten"[23]

Die Formulierung „Wir bisher Abseitsstehenden…" bezieht sich als Selbstbezeichnung auf die Gruppe von Deutschen Christen (= DC), die sich durch die Einflussnahme der NSDAP teils ganz neu auch in den einzelnen Gemeinden

---

[19] Loose (1989) ZVHG S. 1; die genaueren Daten von Geburt und Tod finden sich bei Reincke (1958) ZVHG S. 11f sowie in Band 2 der Hamburgischen Biografie S. 291f. Zu K.D. Möller und seiner Rolle im Zusammenhang der rückschauenden historischen Beschreibung der Kapitulation Hamburgs am 3.5.1945 sowie die gegen ihn als NSDAP-Mitglied (ab 1937) geltend gemachten Einwände siehe bei Grolle (1992) ZVHG; zu seiner Aktivität beim Ausschluss der jüdischen Mitglieder aus dem ‚Verein für hamburgische Geschichte' ausführlich bei Grolle / Lorenz (2007) ZVHG.

[20] Möller (1954) S. 25.

[21] Das Schweigen über die kirchliche Situation ist verwunderlich. Denn seine Promotion „Beiträge zur Geschichte des kirchlichen und religiösen Lebens in Hamburg in den ersten Jahrzehnten des 19. Jahrhunderts" (1925) zeigt, dass er kirchliches Leben durchaus als Dimension auch historischer Betrachtung verstanden hat. 1937 scheint jedoch mit NSDAP-Beitritt auch eine Anpassung an kirchenfeindliche Denkweisen Rosenbergs prägend geworden zu sein, den er (ebenso wie Hitler) in seiner Jubiläumsansprache für den Verein für Hamburgische Geschichte mehrfach positiv zitiert; Möller (1939) ZVHG S. 17f.

[22] Während im Hamburger Adressbuch von 1933 der o.g. Dr. phil. Kurt Detlev Möller (Staatsarchiv.) als wohnhaft in der Hummelsbütteler Landstraße 133 verzeichnet ist, findet sich für Gustav A. Möller Wellingsbütteler Landstraße 132 zugleich als Inhaber der Speditionsfirma Firma Gustav A. Möller. – Da im oben bei Anm. 19 angeführten Nachruf von Reincke (1958) ZVHG S. 12 von K.D. Möller dieser als jüngster Sohn von dem in einer Speditionsfirma wirkenden Vater Claus Detlef Möller angeführt wird, liegt es nahe, Gustav A. als älteren Bruder von Kurt D. anzunehmen.

[23] KG_Maria-Magdalenen (1998) S. 6.

zusammenschlossen, um als gemeinsame Liste bei der Aufstellung zur Kirchenwahl im Juli 1933 Einfluss auf Kirchenvorstand und Kirchenvertretung zu gewinnen. Sie rekrutierten sich wesentlich aus zuvor kirchenferneren Kreisen, die ohne traditionelle Verbindung zu den Gemeinden auch in den Folgejahren wieder an Einfluss verloren haben. - So wurde auch in der Fuhlsbütteler Gemeinde (zu der Klein Borstel in dieser Zeit bis 1947 noch gehörte) der KV stark DC-lastig:

> „1933 waren etwa 2/3 der Mitglieder Deutsche Christen, rund 1/3 gehörte zur Bekennenden Kirche, und der intern von allen hochgeschätzte Pastor Zacharias-Langhans, kurz und liebevoll Zach genannt, hatte einen jüdischen Vater und geriet zunehmend von außen unter Druck. Freilich ließen schon 1934 die meisten Deutschen Christen im Kirchenvorstand ihre Mitgliedschaft im DC ruhen."[24]

1933 jedoch haben sie sich aktiv an ihren DC-Gauobmann Tügel gewandt,[25] um künftig einen eigenen Pastor für Klein Borstel-Fuhlsbüttel zu erhalten. Die von neunzehn Unterzeichnern an den Oberkirchenrat (und gleichzeitigen Leiter der Deutschen Christen in Hamburg) herangetragene Bitte um einen eigenen Seelsorger benennt u.a. ein Motiv, das Behrens in der Festschrift zitiert: „Nicht unwesentlich dürfte auch die Gewinnung der Einwohnerschaft von Klein Borstel sein."[26]

2.1.1 Vorgeschichte Teil 1 ab 1929/30: Pastor Lüder

Hintergrund dieser Bemühung um die Klein Borsteler Einwohnerschaft ist wohl ein Sachverhalt, der zeitlich parallel im August 1933 abläuft. - In der Festschrift wird auf der Folgeseite erwähnt, dass der in Klein Borstel in der Wellingsbütteler Landstraße 166 wohnende Gefängnisseelsorger Pastor Wilhelm C.G.T. Lüder (1873-1945)[27] in seinen privaten Räumen u.a. einen Kindergottesdienst bereits 1929/1930 eingerichtet und damit ein Gegengewicht zu freikirchlichen und baptistischen Aktivitäten gesetzt hatte. – Diesen Sachverhalt schildert Lüder als ein Argument in einem Brief, den er am 16.8.1933 an den Bischof Schöffel schreibt.[28] Der knapp 60-jährige Anstaltspastor bietet dem Bischof an,

> „...Teile seines Hauses zur Miete ... und ist bereit, nach seiner Pensionierung in drei Jahren die geistliche Versorgung Klein Borstels unentgeltlich ganz zu übernehmen. Er schreibt dem Bischof, dann ,hätte die Kirche auf diese Weise eine billige Kraft mehr.' ... [es] hakt der erwähnte Gustav A. Möller in einem Schreiben vom 07.11.1933 an den damaligen Bischof Schöffel noch mal nach, verwendet sich dafür, Pastor Lüder einzusetzen und die Friedhofsverwaltung zu bitten, die Kapelle Neun zeitweilig als Gottesdienstraum zur Verfügung zu stellen, nicht zuletzt aus Rücksichtnahme auf die Klein Borsteler Kriegsinvaliden."[29]

---

[24] KG_Maria-Magdalenen (1998) S. 6.
[25] Zu Tügel und seiner DC-Funktion siehe u.a. Hering (1995), Ruoff (2000) und Overlack (2007).
[26] KG_Maria-Magdalenen (1998) S. 6.
[27] Schade (2009) S. 164.
[28] KG_Maria-Magdalenen (1998) S. 6.
[29] KG_Maria-Magdalenen (1998) S. 6.

Neben der wiederholten Bitte von Gustav A. Möller nach einer besonderen pastoralen Betreuung Klein Borstels hat sich parallel dazu auch ein anderer DC-Vertreter eingeschaltet:

> „Der ehemalige Vorsitzende des Kirchenvorstandes von St. Lukas, Herr Clasen, jetzt Vertrauensmann der nationalsozialistisch orientierten Deutschen Christen für Fuhlsbüttel, Klein Borstel und Langenhorn, schreibt am 11.09.1933 an Hamburgs Bischof Schöffel: ‚Die Sehnsucht der Menschen, die Verbindung mit Gott wiederzufinden, wird immer stärker.' Ein großer Teil der Einwohner Klein Borstels sind Kriegsbeschädigte, Fahrgelegenheiten sind nicht vorhanden, und 45 Minuten Fußmarsch sind nicht zumutbar. Clasen unterstützt den Wunsch nach einem eigenen Pastor für Klein Borstel, der – nun hören wir den Ton der Zeit – ‚selbst das Fronterlebnis als Mann hat, Deutscher Christ ist und sich zur nationalsozialistischen Bewegung bekennt.' Er bitte zwar ‚von Herzen', etwas zu unternehmen, aber das Bestreben, die Kirche bis in die Gemeinden hinein ideologisch gleichzuschalten, wird neben der sicher unbestreitbaren Sorge um Klein Borstel unverhüllt deutlich."[30]

Warum sowohl die Landeskirche als auch der Kirchenvorstand in Fuhlsbüttel nicht auf das Angebot von Pastor Lüder eingegangen ist, bleibt dagegen undeutlich:

> „Tügel, Schöffels Nachfolger im Bischofsamt, schreibt Clasen ohne Begründung, daß er Lüder nicht zu beauftragen gedächte (Brief vom 26.03.1934)."[31]

Zu diesem Zeitpunkt war, wenn die offiziellen Angaben nicht später rückdatiert wurden, die Emeritierung von Pastor Lüder auch bereits erfolgt.

Es bleibt also weiterhin offen, warum es mit einem ersten offiziellen Gottesdienstraum in Klein Borstel noch nicht 1933/1934 geklappt hat, aus den gedruckten Quellen ist es bisher nur zum Teil deutlich. Möglicherweise hat also das von Clasen angeführte DC-Kriterium den Ausschlag gegeben.

Auch in Beiträgen des oben erwähnten Klaus Timm, der ausgehend von genealogischen Nachforschungen zur eigenen Familie und zu seinem Elternhaus Wellingsbütteler Landstraße 164 sich dem Nachbarhaus Nr. 166 und den Anfängen der Klein Borsteler Gemeinde gewidmet hat, wird 2005 zwar Ähnliches wie in der Gemeinde-Festschrift von 1998 berichtet.[32] In seinem Beitrag für das Jahrbuch des Alstervereins hat K. Timm im Blick auf Pastor Lüder (wohl fälschlich) gemeint:

> „Die bisherigen Gemeinde-Chronisten Willsch und Dr. Behrens haben ihn nicht gewürdigt, obwohl die Quellen vorlagen."[33]

Es bleibt jedoch auch nach dem, was K. Timm selbst aus den Quellen referiert, fraglich, wie die Hintergründe zum dann doch sehr schnellen Ausscheiden von Pastor Lüder genau zu rekonstruieren sind. Auf jeden Fall hat K. Timm vehement Wert darauf gelegt, dass die Anfänge gemeindlichen Lebens auf die Zeit 1929/1930 zurück gehen, wie sowohl der Titel des kurzen Zeitschriftenaufsatzes „75 Jahre

---

[30] KG_Maria-Magdalenen (1998) S. 6.
[31] KG_Maria-Magdalenen (1998) S. 7.
[32] Timm (2005) JAV S. 95ff.
[33] Timm (2005) JAV S. 97. - Da der Text von Herrn Behrens in KG_Maria-Magdalenen (1998) jedoch in der Textgattung einer Festschrift geschrieben ist, die ihre Informationen ohne genaue Quellenangaben bietet und ohne Anmerkungen, erscheint diese Angabe als unangemessen. Sie ist eher einem Zerwürfnis anderer Herkunft zuzuschreiben.

‚Gottesdienstlicher Raum Klein Borstel'" als auch der umfangreiche Band „75 Jahre kirchliches Leben in Klein Borstel, Pastor Rudolf Timm und die Maria-Magdalenen-Gemeinde" es herausstellen. Allerdings enthält der letztere Titel keine detaillierten Angaben zu Pastor Lüder und den Anfängen um 1929/1930.

Für die offene Frage, warum es nicht zur offiziellen Nutzung dieses ersten Gottesdienstraums im Hause von Pastor Lüder kam und wie sein vorzeitiges Ausscheiden durch Emeritierung am 1.3.1934[34] zu deuten ist, bleiben die Quellenauswertungen bei K. Timm widersprüchlich: Es wird einerseits für seinen Verwandten, Pastor Blunck, und auch Pastor Lüder im Zusammenhang der ‚Machtergreifung' angegeben, sie „verließen ... den Dienst unter Vorgabe von Altersgründen"[35] – also eher freiwillig, während wenige Absätze später für Lüder formuliert wird: „Seine Kritik machte ihn bei Bischof Tügel unbeliebt, und er wurde im März 1934 entlassen", wobei unklar bleibt, was Tügels Anteil an der Entlassung gewesen sei. Tügel war jedenfalls zum Zeitpunkt der Emeritierung am 1.3.1934 noch gar nicht Bischof, sondern wurde es erst ab 5.3.1934. - Was K. Timm als Entlassungsgrund suggeriert und auf Seiten von Pastor Lüder als „seine Kritik" umschreibt, ist in den zwei vorangehenden, allgemeinen Sätzen zusammengefasst:

> „Pastor Lüder war – wie alle Pastoren damals – deutschnational und konservativ. Seine Gefängnisarbeit öffnete ihm jedoch, früher als anderen Kollegen, die Augen für soziales Elend und vor allem die Brutalisierung des politischen Alltags, also Klassenjustiz und frühe Durchsetzung von Polizei und Behörden mit Nazis."[36]

Allerdings werden diese Angaben von K. Timm (sowohl im Blick auf „alle Pastoren" als auch auf Lüder) ohne jeden Hinweis auf Quellengrundlagen gemacht. - Da 1933 auch seitens des o.g. NSDAP-Funktionärs Gustav A. Möller dem Pastor Lüder positive Unterstützung widerfahren ist, müssten schon konkrete Inhalte einer dokumentierten Auseinandersetzung benannt werden, die ja möglicherweise über die Willi-Bredel-Gesellschaft und Untersuchungen zum „Kolafu" (dem Konzentrationslager Fuhlsbüttel) vorliegen, aber nicht angeführt werden. So bleiben auch die nachfolgenden Charakterisierungen zu den als Kontrahenten angenommenen Personen, die den weiteren Verlauf um das Ausscheiden zum 1.3.1934 von Pastor Lüder beeinflusst hätten, kaum nachvollziehbar: „Er hatte nicht mit der Eifersucht des Hauptpastors Zacharias-Langhans in Fuhlsbüttel und der nachtragenden Rachsucht des ‚Partei-Bischofs' Tügel gerechnet."[37]

Exkurs:

Auf jeden Fall blieb die Stelle des Gefängnisseelsorgers durch das vorzeitige Ausscheiden ein halbes Jahr lang vakant, ohne dass ein Nachfolger gefunden wurde. Friedrich R.K.K. Hammer (1908-1997), der Nachfolger von Pastor Lüder ab 1. Oktober 1934 als „Pastor in Hamburg-Fuhlsbüttel (Strafanstalten)"[38] wurde, schildert Tügels Anforderungen als Bischof an die Aufgabe als neuen Strafanstaltsgeistlichen, „der ganz klar und eindeutig

---

[34] Schade (2009) S. 164.
[35] Timm (2005) JAV S. 95.
[36] Timm (2005) JAV S. 95.
[37] Timm (2005) JAV S. 96.
[38] Schade (2009) S. 103.

zur Sache und zum Bekenntnis der Kirche stehe und es dabei nicht darauf anlege, politischen Streit zu machen. Daß er das erstere als Bedingung nannte, war für mich entscheidend", schrieb Hammer 1991.[39]

Unstrittig ist, dass mit Ende der Dienstzeit von Pastor Lüder in der Gefängnisseelsorge der Hamburgischen Landeskirche sowie durch den Umzug nach Bad Schwartau und den dort neu aufgenommenen Dienst als Ortspastor (22.4.1934 – 16.3.1945) auch das Ende seiner Aktivität in Klein Borstel und der ersten gemeindlichen Aktivitäten von 1929 bis Anfang 1934 im Haus Wellingsbütteler Landstraße 166 verbunden ist.

2.1.2 Vorgeschichte Teil 2 ab 1934 und Pastor ‚Zach'

In dem Klein Borstel-Buch des Vorsitzenden des Heimatvereins, Manfred Thiele, von 1994[40] findet sich für die Anfänge des kirchlichen Lebens eine andere Lokalisierung jedoch ohne eine genauere zeitliche Spezifizierung:

> „Die Anfänge des kirchlichen Lebens in Klein Borstel lagen schon vor der Errichtung einer eigenen Kirche. In einem Privathaus am Borstels Ende wurde mit einer Bibelstunde und dem Kindergottesdienst begonnen. ..."[41]

Die Quelle dieser zusammenfassenden Information ist möglicherweise die Festschrift der Kirchen-Gemeinde von 1963 oder eine daraus hervorgegangene frühere Nachricht in „Der Klein Borsteler".[42] – Die Festschrift von 1963 gibt folgende Information, die zudem eine Unterscheidung zwischen dem „Klein Borstel oben" und dem „alten Klein Borstel" um den U-Bahnhof in ihren unterschiedlichen Zugangsmöglichkeiten zum Gemeindeleben in Fuhlsbüttel voraussetzt:

> „So zeichnete sich die eventuelle Bildung einer neuen Gemeinde von vornherein als auf das obere Klein Borstel beschränkt ab.
>
> Erst als das Ehepaar Fischer aus Eppendorf in ein Haus am Borstels Ende zog, konnte man den Wunsch nach eigenem Gemeindeleben in Klein Borstel gegenüber dem Fuhlsbütteler Kirchenvorstand vorbringen. Fischers waren nämlich eifrige Christen, die von liberalen Strömungen in der Kirche nichts hielten. Das hatten sie schon in Eppendorf gezeigt. Sie lebten das Wort Gottes in einer ursprünglichen Auffassung und hatten in diesem Sinne Bibelstunden in ihrer Wohnung gehalten. Daher stellten sie auch in Klein Borstel gleich einen Wohnraum hierfür zur Verfügung. Und nach Jahren stiefmütterlicher Betreuung durch St. Lukas richtete Pastor Zacharias-Langhans trotz seines schon übergroßen Aufgabenbereichs 1934 eine regelmäßige Bibelstunde und einen sonntäglichen Kindergottesdienst im Wohnzimmer des Hauses Fischer ein."[43]

In der Festschrift von 1998 wird für diese gemeindlichen Aktivitäten der Zeitpunkt und Ort im „oberen Klein Borstel" genauer angegeben:

---

[39] Hammer (1991) ZVHG S. 90.
[40] Siehe dazu auch die Rezension von Hattendorff (1994) JAV.
[41] Thiele (1994) S. 43.
[42] Thiele (1994) S. 85 listet im Quellenverzeichnis die Festschrift der Gemeinde nicht mit auf, verweist aber auf „verschiedene Ausgaben der Jahre 1951 und 1993" – Eventuell liegt auch die Notiz in der HambKZ (1934) S. 14 zu Grunde, die im Anhang 5.1 abgedruckt ist.
[43] KG_Maria-Magdalenen (1963) S. 5.

"Auf die energische Initiative von Pastor Zach hin findet im Haus Fischer, Borstels Ende 28 (heute Nr. 57), im Januar 1934 zum erstenmal in Klein Borstel kontinuierliche Gemeindearbeit statt! Jeden Dienstag Bibelabend (Pastor Zach und die Gemeindehelferin von St. Lukas im Wechsel), sonntags Kindergottesdienst, einmal im Monat Erwachsenengottesdienst, später, so die Planung, alle drei Wochen, dann wöchentlich. Aktennotiz aus 1935: „An Miete werden monatlich 50,00 Reichsmark, für Licht und Heizung 20,00 Reichsmark bezahlt."[44]

ELISABETH FISCHER
Fernruf 59 58 38   Borstelsende 28
Bücher, Kunstgewerbl. Gegenstände, Papier- u. Schreibwaren, Spielsachen

(Anzeige in der ‚Festschrift zum Volksfest in Klein Borstel...' 1937 S.28)

1937 sind die Räumlichkeiten des Hauses Borstels Ende 28 im Zusammenhang mit dem von Frau Fischer betriebenen Geschäft genutzt.

Ob es die 1963 geschilderte Art und die möglicherweise von der Frömmigkeitstradition der Hausherren dominierten Räumlichkeiten sind, die wohl in der Folge zu einem weiteren Wechsel der Örtlichkeit geführt haben, wird nicht ausdrücklich erkennbar gemacht. Jedenfalls finden die gemeindlichen Veranstaltungen schon nach etwas über einem Monat nicht mehr ungeteilten Zuspruch, wie in der Festschrift 1998 mit einem Verweis auf ein Schriftstück vom 24. Februar 1934 deutlich wird:

„So wendet sich der mehrfach erwähnte Herr [Gustav A.] Möller am 24. Hornung (!) 1934 mit ‚Heil Hitler' an den Bischof und übt Kritik an Pastor Zacharias-Langhans. Dieser stünde für die alten Angebote, an der vierten Bibelarbeit seien nur (!) noch alte Damen und Herren anwesend gewesen, ‚nichts vom pulsierenden Volk!' Er schlägt vor, ein Kapellengebäude mit zwei Schulräumen zu errichten."[45]

Allerdings kommt es 1934 noch nicht zu einem separaten Gebäude. Jedoch sind anscheinend die Bemühungen parallel weitergegangen, eine alternative Konstellation für die gemeindliche Arbeit zu finden.

2.1.3 Vorgeschichte Teil 3 ab 1935 mit Pastor Dr. Günther

In der Festschrift von 1998 wird (nach der Schilderung der oben als Teil 1 und 2 markierten örtlichen und zeitlichen Anfangspunkten im „alten" und „oberen" Klein Borstel) ein neuer Bezugspunkt ab 1.1.1935 genannt:

„Der eigentliche Ursprung der Kirchengemeinde Klein Borstel aber ist im Haus Stübeheide 152 zu finden. Hier geht die Archivgeschichte in die erlebte Geschichte über, denn hieran erinnern sich noch zahlreiche Gemeindeglieder."[46]

Allerdings stellt das Element der Erinnerung vor das Problem, wer sich an was erinnert, – und wie die erinnerten Sachverhalte dokumentiert werden. Hier wird durch die unterschiedlichen Erinnerungskulturen ein gravierendes Problem auch in Klein Borstel augenfällig: Die traditionelle Betrachtung der jeweiligen Gemeinde-

---

[44] KG_Maria-Magdalenen (1998) S. 7.
[45] KG_Maria-Magdalenen (1998) S. 7.
[46] KG_Maria-Magdalenen (1998) S. 8.

geschichte primär an den Epochen der jeweils agierenden pastoralen Vertreter festzumachen, verengt zwangsläufig das Bild. Eine umfassendere Sicht zu wählen oder gar eine „Gemeindegeschichte von unten" zu schreiben, erfordert ein zeitliches Engagement, das ehrenamtlich i.d.R. nicht zu erbringen ist. Umso erfreulicher ist es, wenn verschiedene Betrachtungsperspektiven zusammenlaufen. Der ‚Ortschronist' Klaus Timm hat – angeregt durch die Stolperstein-Initiative von Gunter Demnig – seinen Fokus auf diejenigen Klein Borsteler Familien gelegt, denen in der kollektiven Erinnerung ein ‚Denk-Mal' gebührt.[47] Auch einige der damaligen Klein Borsteler sind in der NS-Zeit – und insbesondere nach dem Erlass der Nürnberger Rassegesetze im September 1935 – zwangsweise auf Grund ihrer „nicht-arischen" Herkunft verdrängt, teils emigriert und teils deportiert, ermordet oder in den Selbstmord getrieben worden.

Dieser Personenkreis, den Klaus Timm wieder in Erinnerung gerufen hat, betrifft auch das kirchliche Gemeindeleben. Denn die rassische Definition der Nürnberger Gesetze, durch die ‚nicht-arische' Bürger aus der ‚Volksgemeinschaft' per Gesetz ausgegrenzt und als nicht zu den ‚Volksgenossen' gehörig diffamiert und zunehmend in allen Lebensbereichen entrechtet wurden, stigmatisierte u.a. auch diejenigen Personen, die getauft und der christlichen Gemeinde eigentlich angehörig waren.

Exkurs:

Einen besonderen Fall für die Gemeindegeschichte stellt dabei Dr. Fritz Valentin (1897-1984) dar. Er war jüdischer Herkunft, getauft, Frontsoldat und Offizier im 1. Weltkrieg, promovierter Jurist und ab 1927 Strafrichter in Hamburg. Er und seine Familie waren ab ca. 1922/23 wohnhaft in der Stübeheide 162 und Gemeindeglieder. Seine älteste Tochter Ursula (geb. 1924) wurde bei der ersten Konfirmation eingesegnet, die Palmarum 1939 in der (am 3. Advent 1938 eingeweihten) Kirche Maria-Magdalenen stattfand. Der Vater wurde bereits 1934 aus dem Richterdienst entlassen. Im August 1939 emigrierte die Familie nach England.[48] Er kehrte mit seiner Familie zurück und übernahm als Landgerichtsdirektor und später Präsident des Hamburgischen Oberlandesgerichts sowie als Mitglied im Vorstand der Hamburger Landeskirche wichtige Aufgaben für den ‚Neuanfang' ab 1946.[49]

Von Dr. Fritz Valentin ist ein Brief erhalten, den er an Pastor Wilhelm Halfmann (1896-1964) am 25.4.1937 wegen dessen Publikation ‚Die Kirche und der Jude' von 1936 geschrieben hatte.[50] Dieser Pastor war anfangs 1933/34 Leiter des Notbundes schleswig-holsteinischer Pastoren, später ‚Oberkonsistorialrat commiss. in Kiel', wie das Deckblatt unter dem Buchtitel ausweist, und wurde nach dem 2. Weltkrieg Bischof von

---

[47] Siehe Timm (2004) Denk-Mal S. 5; zu den Stolpersteinen in Hamburg siehe u.a. auch das Interview mit Peter Hess bei Meyer (2007²) S. 167ff sowie S. 225 den Eintrag für die Schwestern Horschitz ehemals Wellingsbütteler Landstraße 110.

[48] Einzelnachweise und Dokumentation bei Timm (2004) Denk-Mal S. 108-116.

[49] Vgl. dazu auch im Anhang eine Zusammenstellung weiterer Materialien aus der Nachkriegszeit. 2017 wird von Ursula Büttner eine umfangreiche Biografie über Fritz Valentin als Veröffentlichung des Vereins für Hamburgische Geschichte im Wallstein Verlag, Göttingen, erscheinen.

[50] Die Schrift „Die Kirche und der Jude" = Halfmann (1936) ist auch online verfügbar unter http://www.pkgodzik.de/fileadmin/user_upload/Familieninfos/Die_Kirche_und_der_Jude.pdf.

Holstein in Kiel. – (Insofern spielt Halfmanns Stellungnahme von 1936 auch in der Gegenwart im Zusammenhang der Diskussion in der Nordkirche um „Neue Anfänge?" immer noch eine bedeutende Rolle[51]. Denn die Halfmann-Schrift ist sicher von traditionell lutherischem Antijudaismus geprägt, der aber nach den Nürnberger Gesetzen von 1935 mit der rassischen Definition der Volkszugehörigkeit dann zwangsläufig auch in Antisemitismus umschlägt, wenn nicht eine klare Abgrenzung erfolgt.) – Aus der Zeit des damaligen Erscheinens von Halfmanns Schrift sind nur zwei öffentliche Gegenstimmen bekannt, die in einem Aufsatz von Klauspeter Reumann veröffentlicht wurden: von „K.F. Grell, ein kompromißloser BK-Vikar"[52] und Dr. Fritz Valentin. Die von letzterem vorgebrachte, klare Kritik am Halfmannschen „Einverständnis der Kirche mit der Behandlung der Judenfrage im heutigen Deutschland" stellt entgegen einer Unterscheidung bei Halfmann heraus: „Man könne heute ‚nicht mehr den >Stürmer< ablehnen, ohne damit auch die Methoden der Partei und des Staates abzulehnen'."[53] Stattdessen betont Valentin die grundsätzliche Auffassung, nach der Eintreten für Juden als ‚Nächste' die christliche Aufgabe beschreibt und einfordert. Damit hat er zugleich indirekt das Versagen auf Seiten zahlreicher zeitgenössischer Mitchristen, die diesem Kriterium nicht gerecht geworden sind, markiert.

Die in der NS-Zeit vielfach positiv erlebte Solidarität zu ‚Volksgenossen' hatte auf Grund der Einengung durch das Rassedenken eine fatale Kehrseite, die weiteste Teile der christlichen Bevölkerung jedoch kaum beachtet haben. Sie führte dazu, dass viele Christen die biblische Mahnung zu ‚Nächsten-Liebe' nicht mehr wahrnahmen, - auch viele Klein Borsteler. – Doch nicht alle: es gibt Ausnahmen, wie aus der Rückschau von der oben erwähnten Tochter Ursula Windsor, geb. Valentin, die in MM konfirmiert wurde, in einem Brief vom 16.7.1998 festgestellt wurde: sie zählt einen Klein Borsteler Pastor zu den ‚Gerechten ihres Volkes'.[54] Wie der Wortlaut dieses Briefes wohl genau gelautet hat, lässt sich leider nicht mehr mit Sicherheit rekonstruieren, da das Original nicht mehr auffindbar ist. Das hat in der Vergangenheit zu einer erbitterten Auseinandersetzung mit dem Ortschronisten K. Timm geführt.[55] In der Festschrift von 1998 heißt es zusammenfassend über den Pastor:

„er hielt zu der Familie bis zu deren rechtzeitiger Auswanderung, auch dann noch, als das Nazi-Kampfblatt ‚Der Stürmer' an zwei Stellen in Klein Borstel den Text aushängte ‚Der

---

[51] Vergleiche das Werk Linck (2013ff) Bd. 1 sowie die Ende Februar 2016 erschienene gleichnamige Wanderausstellung in der Nordkirche sowie die Diskussion um das Kapitel „Die Kontroverse um Halfmanns ‚Judenschrift'" (ebd. S. 222-228). Zu diesem Buch siehe auch die Rezension von Hering (2015) ZfSHKG sowie diverse online verfügbare Diskussionsbeiträge. Auf einer Tagung in Breklum im Januar 2015 wurden die Divergenzen der Rückerinnerung diskutiert und dokumentiert in Kohlwage u.a. (2015) SB.
[52] Zitiert auch bei Timm (2004) Denk-Mal S. 110.
[53] Reumann (1997) ZVSHKG S. 41 reproduziert bei Timm (2004) Denk-Mal S. 110 [der Reumann-Artikel findet sich auch in Reumann (1996=2003) SB.] – Valentin bezieht sich dabei auf die Distanzierung vom Stürmer bei Halfmann (1936) S. 10, dass „die Kirche einen Antisemitismus der Art, wie er etwa von dem Blatt „Der Stürmer" vertreten wird, nicht mitmachen kann".
[54] In KG_Maria-Magdalenen (1998) S. 9 wird dieses vom Autor W. Behrens auf Pastor Timm, den Konfirmator von Ursula Valentin bezogen.
[55] Seitenweise dokumentiert bei Timm (2005) Masch S. 160ff. Im Beitrag von Tilicki (2006) SB wurden diese Vorwürfe auch in breiterer Öffentlichkeit geäußert und auch online verfügbar gemacht.

evangelische Pastor von Klein Borstel unterhält freundschaftliche Beziehungen zu dem Juden Valentin'."[56]

Für die strittige Frage, welcher evangelische Pastor gemeint sei, ist es wichtig, dass Klaus Timm eine Kopie vom Original der Stürmer-Seite aus der letzten Februar Woche 1937 von der jüngsten Valentin-Tochter (geb. 1932), Eva Mandelkow, erhalten und publiziert hat:[57]

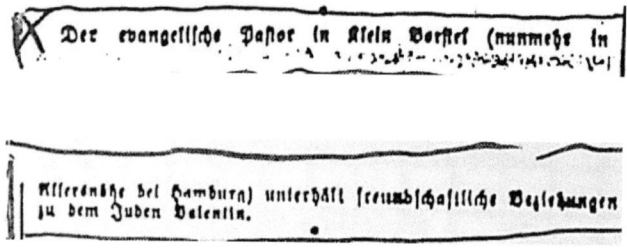

„Der evangelische Pastor in Klein Borstel (nunmehr in Allermöhe bei Hamburg) unterhält freundschaftliche Beziehungen zu dem Juden Valentin."

Aus diesem Dokument werden mehrere Sachverhalte deutlich:
1. Es handelt sich um den *ehemaligen* Pastor in Klein Borstel, der inzwischen in Allermöhe sei, der wegen freundschaftlicher Beziehungen im Stürmer angeprangert wird.
2. Das Erscheinungsdatum Ende Februar 1937 liegt vor dem oben genannten Brief Valentins an Pastor Halfmann vom 25.4.1937, in dem ausdrücklich die Distanzierung Halfmanns vom Stürmer als unzureichend kritisiert wird.

Unklar bleibt jedoch, ob die Zeit vom Erscheinungsdatum des Stürmers Ende Februar 1937 bis zur Auswanderung der Familie 1939 als die Zeit gemeint war, die Ursula Windsor, geb. Valentin, in ihrem Brief hervorheben wollte, – oder ob die frühere Zeit von 1935/36 des inzwischen in die Gemeinde nach Allermöhe gewechselten Pastors und dessen freundschaftlichen Beziehungen zu Valentin durch den >Stürmer< anprangernd dokumentiert ist.

Da Ursula von Pastor R. Timm am 2.4.1939 konfirmiert wurde, ist die Interpretation in Bezug auf ihren Konfirmator auch nicht so fernliegend, zumal sie vermutlich die Stürmer-Notiz nicht aus Autopsie kannte, sondern als 13-Jährige möglicherweise aus der mündlichen Überlieferung der Familie primär den Sachverhalt der Anprangerung „der freundschaftlichen Beziehung" erinnert und mit „ihrem" Pastor verbunden haben könnte. – In der rückschauenden Erinnerung der jüngeren Schwester Eva und im Zusammenhang der kritischen Rückfragen wird von ihr

---

[56] So in KG_Maria-Magdalenen (1998) S. 9.
[57] Timm (2005) Masch S. 203 (Brief von Frau Mandelkow vom 8.1.2005) und S. 204 die Abbildung der Kopie von einer Kopie aus der der folgende Bildausschnitt zusammenkopiert ist. – Nach der Mitteilung von Frau Eva Mandelkow stammt die Kopie von Dr. Reumann; siehe Timm (2005) Masch S. 196f. Dort auch die Kritik an Dr. Dreyer zu seiner ‚Ermittlung' von Pastor R. Timm als den im Stürmer genannten Pastor.

festgestellt, sie „habe immer noch vage im Ohr, daß meine Eltern den Namen Pastor Günther im Munde führten".[58]
Möglicherweise enthalten beide Sichtweisen Richtiges, denn eine strikt negative Bewertung im Hinblick auf seine ‚nicht-arischen' Gemeindeglieder entbehrt für Pastor Rudolf Timm weiterer stichhaltiger Belege, solange sie allein auf Grund seines frühen NSDAP-Beitritts getroffen wird, den er als 22-Jähriger noch während seiner Studienzeit vollzogen hat.[59]
Die Tatsache, dass R. Timm Ursula Valentin konfirmiert und weitgehend auch den Konfirmandenunterricht in den vorangehenden zwei Jahren erteilt hat, spricht dafür, dass zumindest kein Zerwürfnis mit der Familie bestand. – Insgesamt stellen manche der Bewertungen des Autors Klaus Timm Konstrukte dar, die einer Überprüfung nicht standhalten, wie etwa der folgende Absatz chronologisch nicht stimmig ist, der voraussetzt, dass es sich beim Weggang von Pastor Dr. Günther um eine Strafversetzung handelte:

> „(Deshalb) wurde er im Nov. 36 nach Allermöhe versetzt. In Wahrheit: Günther war politisch unbequem. Er war mit Valentin befreundet, und die Versetzung war eine Strafmaßnahme von Landesbischof TÜGEL auf Veranlassung der NSDAP und SA (Stürmer)."[60]

Der Anspruch ‚in Wahrheit' lässt sich nicht erhärten: Hier kann die Chronologie mit dem Verweis auf den >Stürmer< (vom Ende Februar 1937) und einer damit zusammenhängenden Strafversetzung im Nov. 1936 nicht stimmen, zumal für die Strafversetzung kein Beleg genannt wird.
Die Quelle der Konstruktion ist möglicherweise in der umgangssprachlichen Formulierung des Weggangs von Dr. Günther in der Festschrift von 1963 zu suchen, in der es heißt „er wurde im November 1936 nach Allermöhe versetzt".[61]
Sicher ist, dass Pastor Dr. Günther ab 1.2.1935 erst als zusätzlicher Fuhlsbütteler Hilfsprediger für den Fuhlsbütteler Pfarrbezirk Klein-Borstel begonnen hat und dann am 19.2.1935 (obwohl Klein Borstel keine eigenständige Gemeinde war) den Titel „Pastor" verliehen bekam. Mit Wirkung zum 1.11.1936 wurde er dann zum Pastor in Allermöhe gewählt und am 29.11.1936 dort in sein Amt eingeführt.[62]
Leider ist die Informationsbasis zu Dr. Eckardt Günther (1908-1945) relativ schmal. Es existieren jedoch neben den Einträgen in den verschiedenen Pastorenverzeichnissen auch kurze biografische Notizen, die im Zusammenhang eines Briefwechsels zwischen Pastor Julius Hahn (1880-1956) und seinem ehemaligen Vikar, Pastor Heinz Harten (1908-1987), in einer Online-Publikation von Konrad Rahe verfügbar gemacht wurden.[63] Hier sind sehr viele Detailinformationen über Dr.

---

[58] Im abgedruckten Brief vom 18.11.2004 bei Timm (2005) Masch S. 197.
[59] Die NSDAP-Kartei hat für Rudolf Timm den Eintritt mit dem Datum 1.5.1933 verzeichnet; siehe die Kopie bei Timm (2005) Masch S. 36. – Dazu auch unten mehr Details bei Anm. 260.
[60] Timm (2005) Masch S. 109 mit Hervorhebungen von Klaus Timm.
[61] KG_Maria-Magdalenen (1963) S.7.
[62] Schade (2009) S. 97.
[63] Konrad Rahe (Hg.): Die Briefe von Julius Hahn an Heinz Harten 1931-1937, Kiel 2004 (PDF) = http://www.kirche-christen-juden.org/PDF/rahe-harten.pdf zitiert als Rahe (2004)

Günther deshalb enthalten, weil Ilsabe Hahn kurzzeitig von Anfang 1932 bis November 1933 mit Dr. Günther verlobt und dieser so vielfach im Pastorat Hahns anwesend sowie theologischer Gesprächspartner für Julius Hahn war. Der Einfachheit halber sei eine biografische Anmerkung des Herausgebers zitiert:

> „Dr. phil. Eckardt Günther, Philosoph und Theologe, geb. 1908 in Kyritz in der Priegnitz, Sohn des Druckereibesitzers Otto Günther, 1910 Umzug nach Bergedorf, 1915 Umzug nach Eilbeck. Schulbesuch: Volksschule im Eilbecktal, Realschule an der Uferstraße, später Kirchenpauer–Realgymnasium, dort 1927 Abitur. Studium in Bethel, Erlangen, Leipzig und Greifswald. Promotion zum Dr. phil. in Greifswald am 4.12.1931 mit einer Dissertation zum Thema „Die ontologischen Grundlagen der neueren Erkenntnislehre". Die theologischen Prüfungen hat er in Hamburg abgelegt. Eckardt Günther war seit Anfang 1932 verlobt mit Ilsabe Hahn; es kam jedoch im November 1933 zur Entlobung wegen theologischer Differenzen zwischen Eckardt Günther und Julius Hahn. (Günther war Chef der Deutschen Christen in Eilbek.) Am 2. Dezember 1934 wurde Günther von OKR Drechsler in der St. Pauli–Kirche ordiniert. Seit dem 1. Februar 1935 war Eckardt Günther Hilfsprediger in der Kirchengemeinde Fuhlsbüttel / Klein Borstel. Am 21. Oktober 1936 wurde er vom Kirchenvorstand Allermöhe einstimmig zum Pastor gewählt und vom Landesbischof zum 1. November in dieses Amt berufen und von OKR Drechsler am 1. Advent in sein Amt eingeführt. Pastor Dr. Eckardt Günther ist am 14.1.1945 in Lettland ums Leben gekommen."[64]

In der über 300-seitigen Briefsammlung wird Dr. Günther sehr häufig – meist jedoch nur mit Vornamen - erwähnt und es ist seine Entwicklung von 1932 an bis zu seinem Wechsel nach Allermöhe mitvollziehbar, wobei nach anfänglicher Übereinstimmung zunehmend auch die Veränderungen in 1933 und die mit der neuen Funktion Dr. Günthers als DC-Vertrauensmann in Eilbek (ab Juni 1933) zusammenhängenden theologischen Differenzen zu Hahn berichtet werden:[65]

> „Mit Eckardt ist nicht gut Kirschen essen. Er hat keinen Humor. Man kann mit ihm nicht unbefangen streiten. Er schlägt gleich mit Keulen und versteht keinen Spaß, als ob er schon einen Professor zu verteidigen hätte."[66]

> (4.11.1933) „Eckardts Schlußwort über die deutsche Glaubensbewegung und den Arierparagraphen habe ich nicht mehr angehört." - So gemütlich es abends mit Eckardt war, so ungemütlich wurde er heute morgen, als er mit Horn, Erwin [Körber] und mir über die Rassenfrage in der Kirche zusammengeriet. ... Das Verhältnis zu Eckardt ist getrübt."[67]

Zwar ist nicht durch ein Textreferat exakt deutlich, wie Dr. Günther Position bezogen hat. Doch da die DC den Arierparagraphen in ihren Eintrittsformularen mit

---

online. Interessant ist der Überlieferungsweg dieser Briefe auch, weil sie zeitweise (bis 1987) auch in Händen des langjährigen MM-Pastors Walter Kersten (1910-1996; in MM 1954-1970) waren; siehe Rahe (2004) online S. 2.
[64] Rahe (2004) online S. 20 Anm. 86.
[65] Rahe (2004) online S. 78.82f.
[66] Rahe (2004) online S. 85.
[67] Rahe (2004) online S. 124. Auf S. 125 wird dann auf die Trennung angespielt und in Anm 615 notiert: „Der Brief vom 11.11.1933 handelt vom Ende des Verlöbnisses zwischen Dr. Eckardt Günther und Ilsabe Hahn. ... Möglicherweise hat Ilsabe Frey diesen Brief vernichtet."

der Formulierung „Ich bin arischer Abstammung und gehöre keiner Loge an"[68] aufgenommen hatten, wird damit vermutlich auch seine damalige Position markiert sein.[69] Wie sich diese nach 1933 weiter entwickelt und nach den Nürnberger Rassegesetzen möglicherweise radikalisiert hat, ist bisher schwer in der zeitlichen Abfolge zu beurteilen.

Nach der Trennung von Familie Hahn im November 1933 wird Dr. Günther wieder im Oktober und November 1936 erwähnt:

> „Wir saßen gerade bei der Andacht, da weckte mich Oberkirchenrat Drechsler an und fragte mich nach meinem Urteil über Eckardt Günther, da nachmittags die Wahl in Allermöhe sei und Drechsler die Wahl zu leiten habe. In Klein Borstel sei es nichts mit ihm, und in Allermöhe hätte er auch nicht besonders gefallen. Ich riet ihm zu. Was geworden ist, weiß ich nicht. Aber Eckardt tut mir leid, wie enttäuscht mich seine Entwicklung! Ein Mensch, der mit sich selbst nicht zurechtkommt, und die, die es am besten mit ihm meinen, verliert."[70]

> „Eckardt Günther ist in Allermöhe gewählt. Drechsler fragte bei mir seinetwegen an. Ich habe ihn warm empfohlen."[71]

> „Eckardt Günther ist verdreht. Statt sich seiner Gemeinde tüchtig zu widmen und den D.C.-Schwindel endgültig und gründlich abzustreifen, ... trägt [er] diese zweifelhaften Dinge in den CVJM."[72]

Diese Informationen – obwohl sicher auch aus Enttäuschung besonders eingefärbt – belegen entgegen einer angenommenen ‚Strafversetzung' sowohl die Wahl Dr. Günthers in die Gemeinde Allermöhe als auch möglicherweise die Entwicklung seines rassischen Verständnisses, das durch seine DC-Aktivität zunehmend geprägt wurde.

Worauf die genannte Einschätzung beruht „In Klein Borstel sei es nichts mit ihm" ist nicht erkennbar. Die umfangreiche Darstellung zu seinen Anfängen, die Dr. Günther in der Hamburgischen Kirchenzeitung vom 20.12.1935 selbst veröffentlicht hat, liest sich durchaus positiv.[73]

---

[68] Siehe etwa das bei Tilicki (1996) SB S. 61 abgebildete Beitrittsformular der Ortsgruppe Fuhlsbüttel-Langenhorn (Vertrauensmann: C. Clasen, Etzestraße 41).
[69] Overlack (2007) verweist zweimal auf Eckart Günther als Redner der DC – und führt S.132 aus dem Briefwechsel bei Rahe die Gegenposition von Pastor Hahn an: „... der >artgemäße Christusglaube< ... würde ... zu einer völligen Auflösung des Evangeliums führen müssen." – Weitere Details zu seinem DC-Engagement bietet anscheinend die Personalakte, auf die bei Overlack (2007) S. 131 Anm. 110 mit „NEKA 32.03.01 PA Eckart Günther" verwiesen wird.
[70] Rahe (2004) online S. 322.
[71] Rahe (2004) online S. 324.
[72] Rahe (2004) online S. 343.
[73] Siehe den Text Günther (1935) HambKZ S. 180f im Material-Anhang unten S. 120.

Ebenso hebt auch die Darstellung in den Festschriften von 1963 und 1998 die rasche und gute Entwicklung des Gemeindelebens hervor. Es hatte einerseits durch den eigenen Kirchsaal im Hause der Familie Teuchert (Stübeheide 152) ab 1.1.1935 einen Haftpunkt gefunden, der zwischen dem ‚oberen' und ‚alten' Klein Borstel gelegen war.[74]

Andererseits ist durch dessen Einweihung am 10.3.1935, die Separierung als eigener Pfarrbezirk Klein Borstel und die kurz zuvor erfolgte Titelverleihung ‚Pastor' an den ‚eigenen', bisherigen Hilfsgeistlichen Dr. Günther auch das Signal einer gewissen Aufwertung im Rahmen der Großgemeinde Fuhlsbüttel gegeben worden.

Von der aus der Fuhlsbütteler Muttergemeinde St. Lukas hervorgegangenen Geschwistergemeinde St. Ansgar, die 1931 ihre eigene Kirche bekommen hatte, erhielten die Klein Borsteler ein wichtiges Ausstattungsstück für den Kirchraum:

„Das große Buntglasfenster für den Altarraum war eine Leihgabe der Langenhorner Gemeinde, die gerade aus ihrem Kirchsaal in die eigene Kirche umgezogen war."[75]

Das deutliche Anwachsen der Bevölkerung und deren Teilnahme an den Aktivitäten der Gemeinde wird als erfreulich und Impuls zur weiteren Entwicklung in Richtung des Kirchbaus vermerkt:

---

[74] Zur Abbildung des für Erntedank geschmückten Gottesdienstraumes mit Altar, Kruzifix und dem von der Langenhorner Gemeinde überlassenen Glasfenster siehe das von Familie Krawczyck bereitgestellte Foto bei Timm (2005) Masch S. 83; die Außenaufnahme des Hauses bei Timm (2004) Denk-Mal S. 117. Eine ausführliche textliche Beschreibung findet sich in KG_Maria-Magdalenen (1963) S. 6 (sowie ein ähnliches Foto des ‚Kirchsaals' bereits auf S. 5 unterhalb der Beschreibung von 1934).
[75] KG_Maria-Magdalenen (1963) S. 6. Foto: Thomas Ehlert, 1988, im Bestand der Bauabteilung Hamburg-Ost. Im Gemeinde-Archiv sind das linke und mittlere Segment vorhanden, das rechte mit den Kindern fehlt.

> „Der Raum bei Teucherts faßt maximal 50 Menschen, aber allein 800 Einwohner sind inzwischen in die Siedlung Stübekamp eingezogen. Der ‚Saal' ist jetzt unerträglich klein und der Pastor wohnt in einer unerquicklichen Untermiete. So beantragt er zusammen mit Herrn Germann, dem für Klein Borstel zuständigen Kirchenältesten von St. Lukas, am 03.01.1936 beim Kirchenamt kühn für das Rechnungsjahr 1936/1937 den Bau einer Kirche mit 250 Sitzplätzen und eines Pastorates"[76]

Dr. Günther weist in seinen Ausführungen auf ein besonderes Element des Gemeindelebens hin, das sich in den Gemeindechroniken nicht so findet:

> „Mit Gottes Wort ist es ein Geheimnis. Es will sich, recht gehört, auch wiedergeben. So ruft es zur Tat. Und so weckt es im Herzen das Singen. Auch das ist eines unserer ersten Erlebnisse. Wir glauben sogar, daß es ein Weg ist, auch die Herzen von Fremden für das Leben und Wollen der Gemeinde zu öffnen. Deshalb räumen wir dem gemeinsamen Singen viel Zeit ein. Mitunter verbraucht es erhebliche Kräfte der Gemeinde. Aber es schenkt sie immer auf andere Weise wieder. Nicht daß unser junger Singekreis, den der Organist aus einem früheren ‚Privatchor' geschaffen hat, jedesmal im Gottesdienst ‚vortrüge'. Dafür würde wieder der Raum nicht reichen. Doch er hat in kurzer Zeit die Gemeinde im Gottesdienst sehr selbständig gemacht. Und viele, die sonst durchaus keinen Halt an der Kirche suchten, sind in Berührung mit dem reichen Liedgut und mit den verschiedensten Veranstaltungen der Gemeinde gekommen. Eigentlich gehört schon heute alles in Kl. Borstel, was gern singt und gut singt, zu uns."[77]

Wer der erwähnte Organist 1935 gewesen ist, ist namentlich nicht erwähnt. Es kann sich noch nicht um Dr. Gustav Hoffmann (*1922) handeln, der erst 1937 mit seinen Eltern nach Kl. Borstel in die Franksche Siedlung gezogen ist und dort auch in späteren Jahren Am Stein 85 lange gewohnt hat. Er beschreibt in seinen Memoiren sehr ähnlich seine Organistentätigkeit im Gemeindesaal in der Stübeheide und den Aufbau eines Sing-Kreises und gemeindlichen Chores.[78] Auch wenn dessen Beschreibung sich erst auf die spätere Zeit bezieht, so illustriert sie die Bedeutung von Liedern und Musik für den Zuspruch zur wachsenden Gemeinde.

Das, was zum Weggang von Dr. Günther geführt hat, deutet sich vielleicht bereits in dessen Zeitschriftenartikel an:

> „Es kann auch nichts mehr von den Gegnern der Arbeit gesagt werden – leider wird in unseren dichten Wohnverhältnissen die Kirchenfeindschaft leicht zu einem häßlichen Nahkampf. Es ist ja aber auch ‚nicht in unserer Gewalt', mit Luthers Worten gesagt, daß unsere Arbeit ‚allen Menschen gefalle'. Aber wie er fortfährt, wollen auch wir weitersprechen: ‚Daran tun wir genug, daß wir sie jedermann erzeigen und erfahren lassen in unserem Leben'. Dr. Eckardt Günther"[79]

Ob in der Luther-Formulierung mit „jedermann" auch angedeutet sein soll, dass rassische Grenzen und der verengende Begriff „Volksgenossen" nicht für die christliche Gemeindearbeit maßgeblich sind? – Zumindest bei den Vorträgen, die in Hamburg den Gemeinden zur Auseinandersetzung mit der „Dritten Konfession" von der Landeskirche angeordnet wurden, muss er dazu öffentlich Stellung bezogen

---

[76] KG_Maria-Magdalenen (1998) S. 8.
[77] Günther (1935) HambKZ S. 181.
[78] In der privaten Vervielfältigung Hoffmann (2006) Masch S. 44ff (siehe im Anhang S. 116).
[79] Günther (1935) HambKZ S. 181.

haben, wenn etwa in Klein Borstel am 28.5.1935 „Die völkische Ehre und das Christentum" als Vortragsthema im Gemeindegespräch war:[80]

> Die Gemeinde Fuhlsbüttel veranstaltet für Kl. Borstel im Kirchsaal Stübeheide 52, Dienstags 20½ Uhr eine Reihe biblischer und weltanschaulicher Abende, für die zusammenfassende Themen gewählt worden sind. Die nächsten Vorträge finden wie folgt statt: 28. Mai: Die völkische Ehre und das Christentum; 4. Juni: Christus nach dem Augenzeugenbericht des Johannes; 18. Juni: Vollendung oder Erlösung?; 25. Juni: Christus in den Briefen des Paulus.

Denkbar ist, dass hier die ‚freundschaftlichen Beziehungen' zu Dr. Valentin öffentlich sichtbar wurden. – Denn irgendwie müsste ja die Anprangerung durch den >Stürmer< einen Anhaltspunkt gehabt haben. Doch wird von einer öffentlich artikulierten Gegnerschaft zu Klein Borstelern – die möglicherweise als verborgener Anlass und Vorstufe der Anprangerung anzusehen wäre - erst später im Zusammenhang der Kirchbaupläne berichtet.
Zuvor wurde im April 1936 über das Kirchbau-Vorhaben in Klein Borstel unter dem Titel „Die Landeskirche baut" in der Hamburgischen Kirchenzeitung im Rahmen einer Liste die erste Einplanung von 70.000 RM dafür veröffentlicht:

> „Ein Gleiches gilt von unserem vierten Bauplan. Klein-Borstel, räumlich von der Lukaskirche zu Fuhlsbüttel weit entfernt, bedarf einer Predigtstätte und eines Pastorats. Auch hier ist die gleiche Summe ausgesetzt. Auch hier soll ein würdiger Kirchenraum geschaffen werden. Ein Saalbau kam nicht in Betracht. Wir werden künftig eine gottesdienstliche Stätte niemals wieder in dieser Form bereiten, die gegen das gesunde Volksempfinden verstößt, das einen wenn auch räumlich noch so bescheidenen, doch sakralen Bau fordert. Eine dem Bild der heimatlichen Landschaft sich einfügende Kapelle soll im Alstertal die eingesessenen Bewohner und die große Masse unserer neuen Siedler rufen und zu einer Gemeinde vor dem Angesicht des Höchsten versammeln."[81]

Soweit die allgemeine Vorgabe, die u.a. die Absicht der Integration von eingesessenen und neuen Bewohnern betont. - Zu Auseinandersetzungen hat dann in der Folge die Findung des Kirchbau-Platzes geführt:

> „… schließlich muß er sich mit einer Gruppe von Bürgern auseinandersetzen, die an der Stelle viel lieber ein Schwimmbad sähen. Eine von Dr. Günther mißverständlich wiedergegebene Äußerung von Bewohnern der Frank'schen Siedlung führt gar zu einer Unterlassungsklage gegen ihn, die aber vom Gericht abgewiesen wird."[82]

Als Bewohner der Frank'schen Siedlung können zur Zeit von P. Dr. Günther nur diejenigen gemeint sein, die in Häusern des ersten Bauabschnitts am Stübekamp ab 1935 bereits eingezogen sind.[83] Ob es einen Zusammenhang zwischen der Weg-Bewerbung auf die andere Pfarrstelle in Allermöhe und dieser doch höheren Stufe des juristischen ‚Nahkampfes' in Klein Borstel gibt, könnte nur über die alten

---

[80] HambKZ (1935) S. 73.
[81] HambKZ (1936) S. 79f.
[82] KG_Maria-Magdalenen (1998) S. 8.
[83] Siehe zu den Bauphasen der Siedlung bei Thiele (1994) S. 45ff. Dort wird auch vom Protest der Villenbesitzer gegen die erste Bauphase und befürchteten „sozialen Abstieg" berichtet.

Akten und Rekonstruktion der beteiligten Personen genauer herausgefunden werden. Allerdings gibt bereits das in der Bauakte vorhandene Material Aufschluss darüber, dass es einen tiefgreifenden und unüberbrückbaren Konflikt mit den Brüdern Frank und deren Versuche, den Erwerb des für den Kirchbau geplanten Grundstückes von der Witwe Bockholt zu hintertreiben. Dazu hat Günther sich u.a. „an die Ortsgruppe Klein-Borstel der N.S.D.A.P.-Hamburg" – nach einem Gespräch am Vortag mit dem Ortsgruppenleiter Pg. Schumacher – auch noch einmal schriftlich dokumentierend am 19.5.1936 gewandt mit der Bitte „um Schutz gegen das geschäftliche Vorgehen und gegen eventuelle unsoziale Verdächtigungen der Franks gegen mich".[84] Nach den gemeindeseitig vorliegenden Dokumentationen, scheint seitens der Siedlungs-G.m.b.H. und der Franks mit ‚harten Bandagen' der ‚Nahkampf' deutlich intensiviert worden zu sein. – Ob möglicherweise bei der daraus notwendigen rechtlichen Beratung Dr. Valentin involviert war, bzw. ob auch eine Verbindung mit der dann im Februar 1937 gedruckten Stürmer-Notiz über den Pastor besteht, muss bisher offen bleiben.

Auf jeden Fall hat es noch bis zum Jahresende 1936 gedauert, bis die Bemühung um den Kirchbau soweit fortgeschritten war, dass aus einer Besprechung mit Oberbaurat Brunke der Architekt Bernhard Hopp am 10.12.1936 in seinem Notiz-Tagebuch festhalten konnte: „Kl. Borstel soll jetzt kommen".[85]

2.1.4 Vorgeschichte Teil 4 1936f mit Pastor em. Bahnson

Nach dem Weggang von Pastor Dr. Günther im November 1936 versah in „einer Art Notvertretung ... der in Hummelsbüttel ansässige Pastor Bahnson den Dienst in Klein Borstel" bemerkt die Festschrift von 1963.[86] – In den Festschriften von 1988 und auch 1998 wird der Name des Pastors etwas anders geschrieben: „Pastor em. Bahnsen hilft danach vier Monate in Klein Borstel aus."[87] – Beide Namen von Pastoren existieren. Aber welcher war in Klein Borstel tätig? - Als Primärquelle kommt ein Eintrag in den Listen der Konfirmationen in Frage - darunter auch eine, die von diesem Vertretungspastor (Palmarum 1937 am 21.3.1937) durchgeführt wurde. In derjenigen Liste für 1937, die bei Klaus Timm reproduziert ist, ist ursprünglich vermerkt: „1937 Pastor Bahnson". Hinzugesetzt ist von Klaus Timm „Pastor emeritus Vertretung: 6.12.1936 – 4.4.1937" sowie unter „Bahnson" die (entsprechend den Festschriften 1988 und 1998) seiner Meinung nach zu korrigierende Namensschreibung „Bahnsen".[88] Allerdings ist diese Korrektur unangemessen, denn der als Vertreter vermutete Pastor Rudolf Bernhard Bahnsen

---

[84] KG_MM_Archiv_Bauakte_Teil1_WP_20160106_002.pdf S. 227.
[85] In den privaten Notiz-Tagebüchern von Bernhard Hopp.
[86] So in KG_Maria-Magdalenen (1963) S. 7.
[87] KG_Maria-Magdalenen (1998) S. 9 sowie auch bereits KG_Maria-Magdalenen (1988) o.S. [S. 42].
[88] Timm (2004) Denk-Mal S. 124 sowie die Angabe auf S. 125 zur Einfügung auf der Reproduktion: „... nachdem mir Dr. St. Linck das FAX mit relevanten Informationen zu Pastor Bahnsen am 25.2.04 aus dem Nordelbischen Kirchenarchiv geschickt hatte". Dieses Fax ist bei Timm (2004) Denk-Mal S. 126 wiedergegeben.

(4.8.1854 – 17.9.1936) war zum Zeitpunkt der Vertretung bereits verstorben.[89] – Insofern kommt Pastor Otto Christian Bahnson (27.7.1865 – 10.8.1940) in Frage, der am 1. November 1931 emeritiert wurde.[90] – Für diesen lässt sich auch die Angabe der Festschrift von 1963 verifizieren, dass es sich um eine in „Hummelsbüttel ansässige" Vertretung gehandelt habe, denn das Telefonbuch 1936 vermerkt ihn mit Adresse im Hummelsbütteler Kirchenweg 27:

Bahnson, Otto, Pastor i. R.,
Fuhlsb. Hummelsb. Kirchenweg
27. **59 08 16**

Amtliches Fernsprechbuch für den Reichspostdirektionsbezirk Hamburg 1936

Dieses Namensproblem ist zwar relativ nebensächlich, doch hängt daran auch eine der Konstruktionen, die im Buch ‚Denk-Mal' von Klaus Timm mit dem Hintergrund der Konfirmandin Mercedes Laub verbunden sind.[91]
Die Dauer der Vertretung war nur kurz und vermutlich vor allem auf den Abschluss des Konfirmandenunterrichts und die Konfirmation ausgerichtet.

2.1.5 Vorgeschichte Teil 5 ab 1936 mit Pastor Timm

Zu Johann Heinrich Rudolf Timm (1911-1942) liegen zahlreiche Dokumente als Faksimile in dem bereits genannten Bd. 5 der Reihe „Geschichten aus Klein Borstel" von Klaus Timm vor. Diese betreffen auch bereits die Studien- sowie Vikariatszeit von Rudolf Timm ab 16.10.1935 bei Pastor OKR Adolf Drechsler (1889-1970). Wichtig für den Kontext der entstehenden Gemeinde ist dabei besonders seine Verwurzelung als Klein Borsteler:

> „Als also Pastor Dr. Günther im Jan.-Febr. 1936 erkrankte und seinen Dienst in Kl. Borstel ... nicht ausüben konnte, muß R. Timm ihn vertreten. Timm, der Kl. Borsteler, dort aufgewachsen, vermutlich bis zum Konfirmanden-Alter, also ca. 1911-1925, kannte die ‚Großbürger der Villen an der Wellingsb. Landstr'; als er 1936 erneut nach Kl. Borstel kam, hatte sich das alles verändert.
>
> Südlich der S-Bahn waren die Siedlungshäuser der Kriegsinvaliden entstanden ... im Rücken der Villen hatte sich der I. Bauabschnitt der Frank'schen Siedlung a.d. Stübeheide + am Stübekamp entwickelt."[92]

In seinem Bericht für das 2. Examen schrieb Rudolf Timm über diesen Abschnitt des Vikariats:

---

[89] Timm (2004) Denk-Mal S. 126 enthält im Kleingedruckten auch die Lebensdaten von P. Rudolf Bernhard Bahnsen (4.8.1854 – 17.9.1936).
[90] Schade (2009) S. 27.
[91] Timm (2004) Denk-Mal S. 123ff. Dort liest Timm eine Adress-Angabe: „b. F.W. Bahnsen" und verbindet diesen Namen mit der Information aus dem oben Anm. 88 genannten Fax (Timm (2004) Denk-Mal S. 126), das die frühere Tätigkeit von P. Bahnsen als „Hausvater am Missionskinderheim in Hamburg-Othmarschen" nennt.
[92] Timm (2005) Masch S. 69.

> „Im Januar [1936] beauftragte mich Herr Oberkirchenrat Drechsler mit der Vertretung von Herrn Pastor Dr. Günther im Kirchenbezirk Kl. Borstel. Da ich diese Arbeit noch selbständiger zu führen hatte, gefiel sie mir besonders gut. Ich habe neben Gemeindegottesdiensten und Kindergottesdiensten den Unterricht beider Konfirmandengruppen übernommen und auch die Bibelstunde von Herrn Pastor Dr. Günther weitergeführt. Der Unterricht hat mir besonders Freude gemacht wegen der Kleinheit der Gruppen, mit denen man darum besser arbeiten konnte. Die schlechtere Vorbildung der Kinder draussen wurde dadurch ausgeglichen. Neues gelernt habe ich vor allem in der Arbeit der Bibelstunde. Ich wählte, um mich darin einzuarbeiten, alttestamentliche Texte. So habe ich gelernt, die Scheu vor dem Gebrauch dieser Texte in der Gemeinde zu überwinden."[93]

In seinem Lebenslauf (vom 6.9.1934) hat er seinen Werdegang und sein Studium beschrieben. Dieses begann er ab Wintersemester 1929/30 in Hamburg und setzte es in Marburg ab Sommer 1930 fort; es führte ihn über Tübingen und Studien bei Helmuth Schreiner (1893-1962[94]) in Rostock dann wieder zum Abschluss nach Hamburg. Als Interessen-Schwerpunkt gab er philosophische Studien an, aber es werden u.a. auch Studien zum Alten Testament zuerst in Marburg erwähnt:

> „Hier habe ich die Bedeutung der wissenschaftlichen Exegese erkannt und sie geübt, aber auch ihre Grenzen sehen gelernt. Vorlesungen und Seminare über das Alte Testament habe ich bei Prof. Balla, Prof. Hertzberg und später in Tübingen bei Prof. Volz gehabt."[95]

Ob die spätere „Scheu vor dem Gebrauch dieser Texte in der Gemeinde" hier ihren Anfang hatte, ist nicht so wahrscheinlich. Eher spielen zwei andere Faktoren eine Rolle, die im Lebenslauf angeführt werden: 1. Mitglied und Gruppenführer im „Jungnationalen Bund ..., der später in die Freischar junger Nation überführt wurde"[96] und 2. „Seit dem Frühjahr 1933 gehöre ich der N.S.D.A.P. und der S.A. an und bin stolz, dass ich als aktiver Scharführer Dienst tun kann."[97] – Seine kirchliche Bindung wird auf seinen Konfirmator, Pastor Hermann Jungclaussen (1887-1942), in der Fuhlsbütteler Gemeinde zurückgeführt:

> „Leider verließ Pastor Jungclaussen bald nachher Hamburg. Später habe ich mich vor allem Pastor Zacharias-Langhans angeschlossen. Neben Predigt und Bibelstunde sind seine Arbeitsgemeinschaften besonders fruchtbar für mich geworden."[98]

Zur weiteren Entwicklung des dann inzwischen 26-Jährigen liegt der Bericht vor, den er zum Abschluss der Vikariatszeit im März 1937 gegeben hat. Darin erwähnt er zwar auch seine Mitgliedschaften in der NSDAP und SA ausdrücklich, jedoch geht dem Abschnitt auch der folgende voran:

> „Insgesamt hat mich meine Kandidatenzeit fester gemacht in der Haltung, die die Bekennende Kirche heute einnimmt. Sowohl meine theologische Arbeit wie meine

---

[93] Timm (2005) Masch S. 69.
[94] Siehe zu Helmuth Schreiner, einem der Mitbegründer der jungreformatorischen Bewegung und völkischer Ausrichtung bei Fix (2007) SB S. 538.
[95] Timm (2005) Masch S. 44 (entspricht auch S. 54).
[96] Timm (2005) Masch S. 43 (vgl. zur Geschichte dieses rechtsnationalen Bundes den Artikel unter https://de.wikipedia.org/wiki/Jungnationaler_Bund).
[97] Timm (2005) Masch S. 44.
[98] Timm (2005) Masch S. 45.

Erfahrungen in den Gemeinden haben mich weiter von der Notwendigkeit ihres Kampfes überzeugt. Auch ihre Lehrentscheidungen habe ich mit innerer Anteilnahme verfolgt und mir zu eigen gemacht."[99]

Wie genau die Begrifflichkeit „Bekennende Kirche" auch organisatorisch zu nehmen ist, die R. Timm als Beschreibung seiner inzwischen eingenommenen theologischen Position verwendet, das mag offen bleiben. Diese Selbstzuordnung in seinem Schreiben für die offiziellen Prüfungsunterlagen zu verwenden, hat jedoch auch einen gewissen Bekenntnis-Charakter, den er bewusst neben das Bekenntnis zum Dienst und Einflussmöglichkeiten auch in den SA-Schulungen gestellt haben muss.

Nach seinem zweiten Examen (23.3.1937) wird Rudolf Timm am Ostersonntag, dem 28.3.1937, von OKR Drechsler in St. Jacobi ordiniert.

Am 1. Ostertage fand in der Hauptkirche St. Jacobi die Ordination der Kandidaten: Heinz Müller, Rudolf Timm, Richard Müsing, Ernst Trinler, Bruno Schmidt, Erich Maaß und Karl Haubold statt. Sämtliche sieben Kandidaten sind zu Hilfspredigern in verschiedenen hamburgischen Gemeinden berufen worden. Wir wünschen den jungen Brüdern zu ihrem Eintritt ins Amt von Herzen Gottes Segen. Möchten sie sich allezeit als treue Zeugen des Auferstandenen beweisen.

In der Zeitschrift „Das Evangelische Hamburg" 1937 S. 109 wird „den jungen Brüdern zu ihrem Eintritt ins Amt von Herzen Gottes Segen" gewünscht: „Möchten sie sich allezeit als treue Zeugen des Auferstandenen beweisen."

Die Zuweisung an die St. Lukas-Gemeinde als Hilfsprediger für den Gemeindebezirk Klein Borstel erfolgte zum 1.4.1937.[100] Diese Funktion wurde in einer Dienstordnung vom 6.5.1937 u.a. wie folgt beschrieben:

„Dem Hilfsprediger wird zu selbständiger Versorgung der Bezirk Kl. Borstel zugewiesen. Alle Funktionen eines Geistlichen sind ihm dortselbst übertragen. Die Förderung des religiösen und kirchlichen Lebens des Gemeindebezirks Kl. Borstel hat er sich nach bestem Vermögen angelegen sein zu lassen..."[101]

Nach dieser Zeit als ‚Hilfsprediger' ohne das Recht auf dauerhafte Anstellung wird R. Timm dann nach anderthalb Jahren zum 1.10.1938 zum Pastor berufen, wie es im Amtsblatt der Hamburgischen Landeskirche als Votum des Landesbischofs heißt:

„Nachdem der Kirchenvorstand der Kirchengemeinde Fuhlsbüttel in seiner Sitzung vom Freitag, dem 9. September 1938, den Hilfsprediger Rudolf Timm im abgekürzten Wahlverfahren einstimmig zum Pastor erwählt hat, berufe ich ihn auf den 1. Oktober 1938 in die neu begründete Pfarrstelle für den Bezirk Klein Borstel."[102]

---

[99] Timm (2005) Masch S. 66.
[100] Timm (2005) Masch S. 85.
[101] Timm (2005) Masch S. 85.
[102] Timm (2005) Masch S. 85.

> Pastor Rudolf Timm, der am 11. Dezember gelegentlich der Einweihung der Maria Magdalenen-Kirche in Klein-Borstel durch Oberkirchenrat Drechsler in sein Amt eingeführt wurde, ist geboren am 21. Juli 1911 in Hamburg, besuchte nach Absolvierung der Grundschule in Fuhlsbüttel die Oberrealschule an der Bogenstraße, die er Michaelis 1929 mit dem Zeugnis der Reife verließ. Er studierte zunächst Philosophie und Alte Sprachen an der Universität Hamburg, sodann Theologie in Marburg, Tübingen und Rostock. Die theologischen Prüfungen legte er in Hamburg ab, die erste im März 1935, die zweite im März 1937. Am 28. März 1937 wurde er ordiniert und kam als Hilfsprediger an die Gemeinde Fuhlsbüttel, wo ihm der Bezirk Klein-Borstel zugeteilt wurde. Der Kirchenvorstand der Gemeinde Fuhlsbüttel wählte ihn am 9. September 1938 zum Pastor für die neugegründete dritte Pfarrstelle, in der er auf den 1. Oktober 1938 vom Landesbischof berufen wurde.

Die Hamburger Kirchenzeitung hat nach der Einführung von Pastor Timm, die während der Einweihung von MM am 11.12.1938 stattfand, in der ersten Ausgabe 1939 S. 20 einen kurzen Lebenslauf veröffentlicht.

In den anderthalb Jahren zuvor hatte Rudolf Timm wesentlich mit den Vorarbeiten für den Kirchbau zu tun, – wobei allerdings durch das Anwachsen der Frank'schen Siedlung in den nächsten Bauabschnitten die neu nach Klein Borstel ziehenden Bewohner ebenfalls im Sinne seiner o.g. Dienstaufgaben parallel zu ‚versorgen' waren. Die geistliche Betreuung dieser Neusiedler stellte sicher nicht die kleinste Herausforderung dar.

In der Broschüre von Hermann Frank, der zusammen mit seinem Bruder bereits in der Weimarer Zeit eine ähnliche Siedlung in Wandsbek-Gartenstadt entworfen und gebaut hatte, werden auch die prägenden ideologischen Hintergründe - jetzt im sprachlichen Kolorit der NS-Zeit - sichtbar.[103]

---

[103] Frank (1935). Zur Frank'schen Siedlung vgl. auch Thiele (1994).

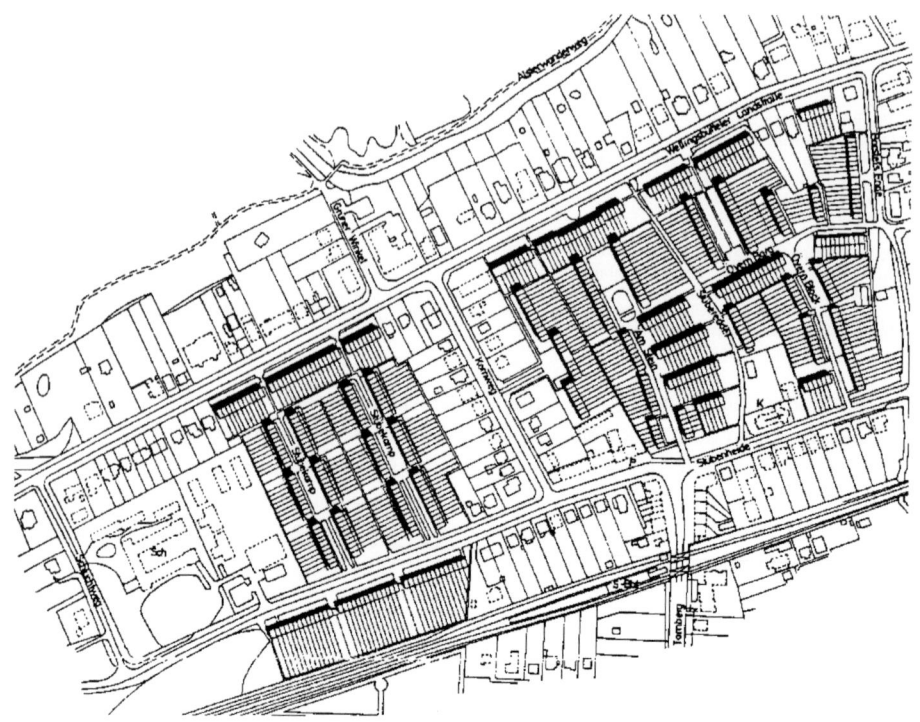

Die spätere Skizze zeigt mit der dunkleren Markierung die insgesamt über 540 Häuser, die nach Fertigstellung aller vier Bauphasen der Frank'schen Siedlung (bis 1939) im direkten Umfeld der Kirche errichtet wurden.[104] Die Vier-Raum-Wohnungen dieser Reihenhäuser waren auch für die damals in der NS-Propaganda idealisierte Familie mit vier Kindern durch Keller- und Bodenraum erweiterbar und nutzbar. Auf Grund der günstigen Finanzierungs-Modalitäten mit einem Anteilskauf, der eigentums-ähnliches Dauerwohnrecht für die Familien inklusive Vererbungsmöglichkeit erlaubte, ist innerhalb weniger Jahre durch einen bedeutenden Zuzug – hauptsächlich von Angestellten, Beamten und Handwerkern - die Bevölkerungsstruktur des Stadtteils erheblich verändert worden. Die folgende Angabe von Hermann Hipp stellt die stadtplanerische Intention heraus, die dem Votum des Landesbischofs von 1936 und dessen Verweis auf die Neusiedler sinngemäß entspricht:

„Für die [Franksche] Siedlung haben Hopp & Jäger 1938 die ev.-luth. Maria-Magdalenen-Kirche an der Stübeheide errichtet mit ihrer schönen, archaischen (insofern auch der Zeit angepassten) Backsteinbauweise."[105]

---

[104] Aus Bose / Holtmann u.a. (1986) zitiert nach einer Kopie im Denkmalschutzamt (WP_20150910_078) S. 129.
[105] Hipp (1990^2) S. 445.

Kurz vor der Grundsteinlegung hat Pastor Timm am 28.1.1938 einen siebenseitigen Bericht an das Landeskirchenamt geschrieben, in dem er über seine Arbeit 1937 und die Veränderungen im Ort berichtet, der von OKR Drechsler mit guter Bewertung sowie auch vom Landesbischof mit Handzeichen zur Kenntnis genommen wurde.

Darin schildert er u.a. das Erntedankfest im Gemeindesaal Stübeheide sowie die Aktivitäten des Organisten und seines Chores.[106]

„Bei den Besuchen habe ich manche kirchlich eingestellten Menschen entdeckt, von denen wir vorher nichts wußten und die seither gelegentlich unsere Gottesdienste besuchen. Der weitaus größte Teil der Bevölkerung hingegen ist gänzlich unkirchlich. Die alten Bewohner haben zum großen Teil wegen der Entfernungen in 30 Jahren keine Kirche gesehen. Die neuen Einwohner sind z.T. schon lange mit der Kirche zerfallen, wie vor allem die Kriegsbeschädigten, z.T. werden sie durch die in Kl. Borstel besonders stark antikirchliche Einstellung führender Persönlichkeiten der Kirche entfremdet. Doch gilt von den meisten, dass sie zwar unkirchlich sind, aber nicht antikirchlich und dass sie auch mit keiner deutschgläubigen Organisation innerlich verbunden sind. ...

... und wir wissen, dass wir in Kl. Borstel auch eine Reihe scharfer Gegner haben. Der Bau der Kirche wird von vielen sehr scheel angesehen, und man macht seinem Zorn in der Vorortbahn unverhüllt Luft. Man sagt vor allem, wie unnütz und überflüssig der Kirchbau und wie viel wichtiger bestimmte Dinge seien, z.B. eine Schule und ein ‚Braunes Haus'. ...

Die wichtigste Aufgabe des neuen Jahres besteht darin, einen größeren Kreis von Menschen zu erreichen ... durch besondere Zusammenkünfte kleiner Kreise wie etwa der Konfirmandeneltern, muß versucht werden, den Kreis der Gemeinde weiter zu vergrößern."

Die in den zitierten Abschnitten angesprochenen Gegnerschaften zu Kirchbau und einer christlichen Gemeinde mit der von Pastor Timm vertretenen Ausrichtung, benennen indirekt ‚führende Persönlichkeiten' des Ortes. ‚Deutschgläubigkeit' als Weiterentwicklung einer DC-Richtung, die in dieser Zeit 1937 auch propagandistisch stark in Erscheinung getreten ist, spielen als innere Gegner keine Rolle. –

---

[106] Vgl. dazu oben bei Anm. 78 sowie unten S. 116 den Auszug aus den Memoiren Hoffmann.

Erläuternd mag zu diesen Bemerkungen der folgende Text eingefügt sein, der zu den eigentlich 1937 geplanten Kirchenwahlen der Deutschen Evangelischen Kirche (=DEK) u.a. eine Information über die verschiedenen Gruppen liefert. „Das Evangelische Hamburg" beschreibt wie folgt:

> „... Inzwischen beginnt sich die Lage innerhalb der DEK zu klären. Die Bekennende Kirche wird geschlossen in den kommenden Wahlkampf eintreten. ... Der BK stehen die DC zur Zeit in zwei Lagern gegenüber. Das Lager bilden die dem ‚Bund für Deutsches Christentum' angehörenden radikalen Gruppen der DC. Zu ihm gehören die Thüringer DC (‚Kirchenbewegung DC'), die württembergische ‚Volkskirchenbewegung' unter Stadtpfarrer Schneider, die ‚Hossenfelder-Bewegung', ... und die ‚Weidemann-Bewegung (‚Kampfgruppe Kommende Kirche'), die sich vor allem bei uns im Norden auszubreiten sucht. Im einzelnen sehr voneinander unterschieden, sind sie sich einig in ihrem Ziel der Schaffung einer ‚Nationalkirche' und den negativen Forderungen: Beseitigung der Konfessionen, Zurückstellung des Bekenntnisses und soweit erforderlich bzw. möglich auch der Bibel. ... Das andere Lager bildet die stark geschwächte ‚Reichsbewegung DC' unter Führung von Studienrat Rehm."[107]

2.2 Der Kirchbau Maria-Magdalenen

Dass bereits die absehbare Integration vieler neu hinzuziehender Menschen notwendig sein würde sowie der Kirchbau in die ‚heimatliche Landschaft' und Umgebung eingepasst werden solle, hatte bereits die o.g. landeskirchliche Planungsvorgabe von 1936 verlauten lassen. Dem „gesunden Volksempfinden ... [und] ... dem Bild der heimatlichen Landschaft sich einfügende Kapelle ... im Alstertal"[108] sollte der geplante Bau entsprechen.

Eine Ausschreibung oder eine über die Bemerkungen des Landesbischofs zur Bauplanung weitergehende Beschreibung der Anforderung ist bisher nicht veröffentlich worden.[109] Vielmehr wird in allen gemeindlichen Beschreibungen der Planungsanfänge mit dem Architekturbüro Hopp und Jäger auf die Bekanntschaft und das gemeindliche Engagement von Bernhard Hopp in der Fuhlsbütteler Mutter-Gemeinde St. Lukas hingewiesen:

> „Denn Herr Hopp war Fuhlsbütteler und gehörte zur Gemeinde. In der Mitte der zwanziger Jahre hatte der damalige junge Maler einen Bibelkreis von Gleichaltrigen geleitet ... Als neben dem Umbau der Lukaskirche auch ein Kirchenneubau innerhalb des Fuhlsbütteler Gemeindebezirks, nämlich in Klein Borstel, ins Auge gefaßt wurde, war Bernhard Hopp selbstverständlich ebenfalls von Anfang an interessiert. Er machte sich mit den Anforderungen an diese neue Kirche vertraut: Neben dem Kirchenschiff und einer seitlichen Orgelempore mußten in dem Neubau Räume für Gemeindeleben und für die Konfirmanden enthalten sein. Wie Hopp es bei seinen Architektenfreunden Höger in Fuhlsbüttel gelernt hatte, nahm er Knetmasse zur Hand und formte und formte. Dann hatte er eine Idee: Die Gemeinderäume könnte man in einem entsprechend großen Turm unterbringen. Und zugleich kam ihm ein Bild aus einem seiner Bücher in Erinnerung, die

---

[107] Auszug aus einer umfangreicheren und lesenswerten Darstellung aus Sicht der BK in Das evangelisches Hamburg (1937) S. 91.
[108] Siehe oben bei Anm. 81.
[109] In seinen Memoiren gibt Tügel an, er „... verwies die Kirchenvorstände an die in Hamburg tätigen kirchlichen Architekten Bernhard Hopp und Gerhard Langmaack, sowie Rudolf Jäger." Tügel (1972) S. 332 (zitiert auch bei Haerter /Stolt (1999) ZVHG S. 84 Anm. 56).

Federzeichnung von einer sogenannten Vicelinkirche, deren Besonderheit der wehrhafte Rundturm ist. Das war die Lösung!

Aber Hopp wollte nun nicht eine der alten Vicelinkirchen nachbauen, sondern nur das Gute dieser Wehrkirchen in dem neuen Baukörper verwirklichen. Es gelang ihm: Das Kirchenschiff und der massige Turm mit dem schlanken ‚Dachreiter' und den zierlichen Rundbogenfenstern bilden eine ungewöhnlich harmonische Einheit. Der Entwurf fand im Fuhlsbütteler Kirchenvorstand 1937 einhellige Zustimmung."[110]

Der Rückgriff auf die Abbildung von Vicelinkirchen und die Nutzung der Knetmasse hat etwas Anekdotisches in der Kürze der Darstellung und Raffung der Ereignisse an sich. Sicher ist auf jeden Fall, wie in der Festschrift 2013 unter Bezug auf das Kirchenvorstandsprotokoll der St. Lukas-Gemeinde vom 18.11.1937 wiedergegeben wird, dass auch „der Name Vicelinkirche erwogen" wurde.[111] Ebenso ist aus Fotos von anderen Bauobjekten sowie den Einträgen im Notiz-Tagebuch von B. Hopp sicher, dass Plastilin-Modelle regelmäßig als Anschauungsobjekte und Vorformen vor der Anfertigung von Holzmodellen verwendet wurden. Auch die lange Bekanntschaft mit den Architektenbrüdern Fritz Höger (1877-1949) und Hermann Höger (1882-1950) ist u.a. 1924 durch die Beauftragung des damaligen Kunstmalers B. Hopp für die Ausmalung des Hochzeitssaals der Hamburger Stadthalle dokumentiert.[112] Aber auch mit Fritz Höger war Hopp 1930 an der Ausgestaltung des Groß Borsteler Gemeindesaals, einem Vorläufer zu St Peter, beteiligt.[113]

Ob Hopp jedoch die Nutzung von Knetmasse zum Erstellen von Erst-Modellen von Höger gelernt hat, erscheint als höchst zweifelhaft. (Die Bemerkung signalisiert aber, dass dem Chronisten Willsch die Verhältnisse in Fuhlsbüttel und die regelmäßige Kooperation von Hopp mit der Fa. Höger-Höhne wohl bekannt gewesen sind). Hopps Kompagnon Dipl.-Ing. Rudolf Jäger war studierter Architekt und hat bei den vorher bereits erarbeiteten Kirchenbauten für die ersten Entwürfe wohl ebenfalls Plastilin als fachgerechtes Hilfsmittel genutzt, wie er es im Studium in Stuttgart bei Prof. Bonatz gelernt hatte.

Die einzelnen Schritte der Bauvorbereitungen vom Beschluss der Landeskirche zur Finanzierung im Frühjahr 1936 bis hin zur Grundsteinlegung am 6.2.1938 sollen nicht im Einzelnen nachgezeichnet werden, obwohl sie sich natürlich viel umfangreicher darstellen, als die oben wiedergegebene Zusammenfassung erahnen lässt. Vielmehr sollen nur tabellarisch die Komplikationen und die Chronologie deutlich werden, soweit sie aus denjenigen Unterlagen erkennbar sind, die teils auf der Ausstellung zum 75-jährigen Jubiläum 2013 zu sehen waren und die teils von anderen Quellen geboten werden:

---

[110] KG_Maria-Magdalenen (1963) S. 7f.
[111] Siehe dazu auch unten bei den Anmerkungen 120ff.
[112] Bruhns (2013) S. 203 zu Hermann Höger und S. 206 zu Bernhard Hopp. – Im Nachlass Gisela Hopp findet sich u.a. eine Anzeige von Hermann und Rita Höger zur Geburt ihrer Tochter Rita (22.4.1922); [Hopp_G_Unter_d_Sekretär_2015-09-02.pdf S. 16].
[113] Siehe (http://de.wikipedia.org/wiki/St._Peter_%28Hamburg-Gro%C3%9F_Borstel%29) Festschrift 50 Jahre St. Peter.pdf.

18.04.1936	Hamburgische Kirchenzeitung mit Ankündigung der Einplanung von Finanzmitteln (70.000 RM)
	Kostenschätzung für Inventar
13.02.1937	KV Fuhlsbüttel an LKA wegen Kostengrenze von 50.000 RM
24.03.1937	Auflage ohne Eisen und Stahl zu bauen durch Vierjahresplan (Göring)
13.05.1937	Intervention von Pastor Boeck aus Wellingsbüttel (Standort)
31.05.1937	Auftrag zum Holz-Modell 1:50 (siehe unten) an Fa. Möhring, Altona
12.07.1937	Bauanzeige
06.11.1937	Bauschein
18.11.1937	KV Diskussion über die Namensgebung Vicelin
24.11.1937	Bauzeichnungen ohne Keller mit drei Geschossen im Turm
13.01.1938	Ergänzungszeichnungen zu den zweigeschossigen Kellerräumen unter dem Turm
13.01.1938	Einsetzung eines Bauausschusses (R. Timm, Herr Germann aus Klein-Borstel, Herr Kämpfer aus Fuhlsbüttel, der zugleich Vorsitzender des Finanzausschusses, der ‚Beede', ist) sowie Namensgebung der Kirche als MM
22.01.1938	Gratulation zur Namensgebung MM durch Bischof Tügel
03.02.1938	Gratulation zur Namensgebung MM durch Hauptpastor Schöffel
04.02.1938	Gratulation zur Namensgebung MM durch Hauptpastor Knolle
06.02.1938	Grundsteinlegung mit Urkunde und Details zum Namen MM
06.04.1938	Richtfest
11.12.1938	Einweihung am 3. Advent durch OKR Drechsler und Einführung von Pastor Rudolf Timm als Ortsgeistlicher des Pfarrbezirks Klein Borstel

Die Übersicht verdeutlicht, dass zwischen den Anfängen 1936, den Abstimmungen über die verschiedenen Entwürfe zur Gestaltung und zu den finanziellen sowie behördlichen Rahmenbedingungen in 1937 bis hin zum Beginn des Baues an der Jahreswende 1937/38 beträchtliche Aufwände in Planung und Abstimmungen der beteiligten Personen und Institutionen notwendig waren.

Bereits lange vor der Grundsteinlegung wurde am 31.5.1937 die Anfertigung eines Holzmodells in Auftrag gegeben:

Modell der Maria Magdalenenkirche in Klein-Borstel
Photo: Arch. Hopp und Dipl.-Ing. Rob. Jäger

Die zugehörige Quittung zeigt, dass es ebenfalls bei der Fa. Möhring, die auch zuvor schon für die Lutherkirche in Wellingsbüttel und die St. Lukaskirche in Fuhlsbüttel, diese sehr detailgenauen Anschauungsobjekte im Maßstab 1:50 gefertigt hatte, zum Juli 1937 fertiggestellt wurde.

Die Modelle zeigen einerseits die geplante äußere Gestaltung, jedoch sind auch die Innenräume detailgenau nach den Bauzeichnungen gestaltet.[114]

Das Modell (ebenso wie eines der oben erwähnten Vormodelle der ursprünglichen Gesamtplanung – allerdings aus Gips –) ist glücklicherweise erhalten:[115]

Beide Modelle befanden sich 2015 im Archiv-Raum des Kellers im Gemeindehaus und wurden Dank der freundlichen Unterstützung von Pastor Dr. Melsbach für das Fotografieren ebenso wie die Bauakte zugänglich. Das Holzmodell erlaubt durch die Möglichkeit, den Turm und die Apsis-Wand zu entfernen, den Einblick in das Innere:

---

[114] Eine Abbildung des Modells findet sich im Artikel von Timm (1938) GemBlatt zur Grundsteinlegung sowie in der Beschreibung der beiden neuen Kirchen im Alstertal (MM und Lutherkirche) von Wilhelmi Jg. 30 (1939) BarmBote S. 193.

[115] Die Rechnung für das Gipsmodell 1:200 vom Bildhauer Riemenschneider ist datiert auf den 25.6.1937 (KG_MM_Archiv_Bauakte_Teil2_WP_20160106_277.pdf S. 264).

Die wesentlichen Veränderungen gegenüber der ursprünglich für 1937 geplanten Fertigstellung der Kirche lassen sich aus den aufgeführten Dokumenten ersehen: während bei der landeskirchlichen Mittelbereitstellung von 70.000 RM an den Bau einer Kapelle (d.h. im damaligen Sprachgebrauch: ohne Turm) und an ein Pastorat gedacht war, stellte sich heraus, dass der Betrag für beide Bauelemente nicht ausreichen würde. Priorität erhielt die Kirche, die so ausgestattet sein sollte, dass doch ein ‚Funktions'-Turm errichtet werden sollte, der in mehreren Etagen Räume für die Gemeindearbeit bieten würde.

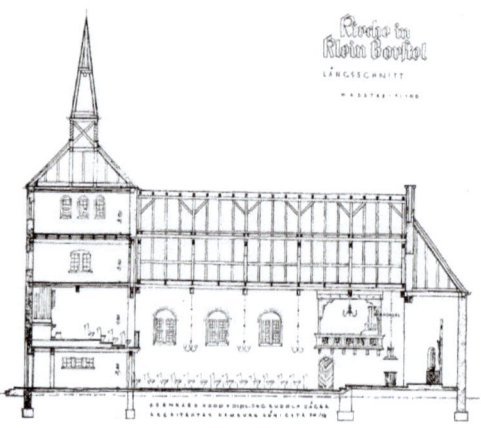

Da (wegen einer für die staatlichen Anträge notwendigen Kostengrenze von 63.000 RM) die Maße des Turms von einer anfänglich als quadratisch gedachten Grundfläche von 8,60 m x 8,60 auf 6,00 m x 8,60 m reduziert werden mussten, wurde zwischenzeitlich auch ein großer Gemeinderaum über dem gottesdienstlichen Kirchsaal im Dach angedacht. Doch wurde diese Variante verworfen und dafür ein weiteres Geschoß im Turm vorgesehen (24.11.1937).[116]

Auch eine weitere Komplikation stellte sich heraus, nachdem die Ausschachtungsarbeiten im Dezember 1937 begonnen hatten: Man stieß auf eine ehemalige Müllgrube im Boden, so dass sich „Gründungsprobleme ergeben ... haben, denen

---

[116] Vgl. diese Zeichnung in KG_Maria-Magdalenen (1998) S. 47, ähnlich 2013 S. 21 sowie auch die weiteren Seitenansichten in den Bauakten des Kirchenkreises HH-Ost (Nr. 30).

man mit einer tieferen Ausschachtung begegnete."[117] – Diese Tiefe wurde genutzt, um dort Kellerräume vorzusehen, die auf Grund ihrer Ausstattung mit stabilen Gewölbedecken, Toiletten und gasdicht verschließbaren Türen auch als Luftschutzräume genutzt werden konnten, was jedoch in den Dokumenten nicht gesondert vermerkt wird:

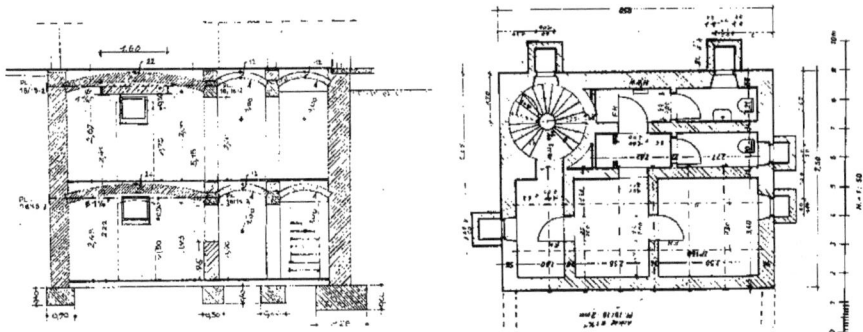

Diese Entwicklung hat sich quasi erst ‚in letzter Minute' vor dem weiteren Baubeginn vollzogen, nachdem B. Hopp am 31.12.1937 die Baugrube zusammen mit dem Bauunternehmer Heitmann besichtigt und den H&J-Mitarbeiter, Herrn Köhler, beauftragt hatte, entsprechende Kellerzeichnungen anzufertigen.[118] Diese sind dann zu Beginn des neuen Jahres fertig geworden, wie die Architektenzeichnungen ausweisen, die auf den 13.1.1938 datiert sind. Vermutlich wurden sie am selbigen Tag bei der KV-Sitzung vorgelegt und trotz der damit verbundenen Kostensteigerung um 10% genehmigt.[119]
Für die Grundsteinlegung musste eine weitere Entscheidung definitiv getroffen werden - nämlich die Festlegung auf den Namen der Kirche, da eine entsprechende Urkunde in den Grundstein zu deponieren war. Über die Diskussion im Fuhlsbütteler Kirchenvorstand liegen Materialien vor. Sollte der offenbar bereits im Umlauf befindliche Name ‚Vicelinkirche' gewählt werden? Er findet sich sogar noch in einem Angebot vom 13.2.1938 und einer Rechnung vom 13.7.1938 – also deutlich nach der Entscheidung für den Namen Maria-Magdalenen. Ende November 1937 wird vom Vorsitzenden an alle KV-Mitglieder die Aufforderung zu einer persönlichen Meinungsäußerung und Stellungnahme in der Namensfrage gerichtet:[120]

---

[117] KG_Maria-Magdalenen (2013) S. 20f.
[118] Hopp_B_Tagebuch_1937-10-11_bis_1938-04-21_WP_20151006_200.pdf S. 85 = S. 44r.
[119] Ob es staatliche Zuschüsse für den Bau unter dem Turm als offizielle Luftschutzkeller-Anlage gegeben hat, ist noch nicht erkennbar. Die Bauzeichnung vom 13.1.1938 enthält jetzt auch „Eisen-Beton"-Konstruktionselemente.
[120] Die zwei erhaltenen Reaktionen auf den Aufruf sind auf den 29. und 30. November 1937 datiert.

> An die Herren Kirchenvorsteher.
> Abredegemäß übersende ich Ihnen den kurzen Aufsatz von Herrn Pastor Timm über Vicelin. Zur Sache selbst ist es wohl gut noch einmal zu sagen, daß auch das Pfarramt sich durchaus nicht etwa auf diesen Namen festgelegt hat. Bei Ablehnung der Begriffsnamen (z.B. Gnadenkirche) erschien ihm unter den wenigen noch möglichen Namen Vicelin lediglich als der beste. Sind bessere Namensvorschläge zu machen, an denen die Sache des Glaubens und Bekenntnisses ebenso deutlich wird, dann haben wir die Möglichkeit der Auswahl. Ich bitte Sie nunmehr um Prüfung des Vorschlages und eventuelle Benachrichtigung bis Mitte kommender Woche.
> gez. Zacharias-Langhans.

Die nicht datierte Karte an alle KV-Mitglieder stellt den bisher im Gespräch befindlichen künftigen Namen ‚Vicelin' für die Kirche ausdrücklich zur Diskussion und fordert zu möglichen Alternativ-Vorschlägen auf. Beigefügt ist ein von Pastor R. Timm verfasster dreiseitiger Aufsatz.[121]

Schriftlich sind zwei zu ‚Vicelin' ablehnende Stellungnahmen erhalten, die jedoch auch nicht für Maria-Magdalenen votieren. In der o.g. KV-Sitzung am 13.1.1938 wurde jedoch eine definitive Entscheidung für ‚Maria-Magdalenen-Kirche' getroffen. In der Festschrift von 1963 gibt Willsch an:

> „...[es] kam Pastor Zacharias-Langhans die Eingebung. ... einmal um der Maria Magdalena selbst willen, die am Ostermorgen als erste dem Auferstandenen begegnete ..., zum andern besitzt ihr Name einen in Hamburg noch nicht vergessenen Klang".[122]

Ob dieser Klang durch das positiv unterstützende Interesse des Altbürgermeisters, C.A. Schröder, neu zu Gehör gekommen und als Hintergrund der Eingebung zu denken ist, erscheint als sehr wahrscheinlich: Dieser fungierte auch im hohen Alter noch als ‚Oberalter' der St. Jacobi-Gemeinde für die Altenwohnheime der Hauptkirchen. Diese – u.a. als Nachfolge-Einrichung des ehemaligen Maria-Magdalenen-Klosters – waren zwar inzwischen außerhalb der Altstadt gelegen (heute im ‚Hospital zum Heiligen Geist' in Poppenbüttel), sie setzten aber bewußt die alte Tradition fort.[123]

2.2.1 Grundsteinlegung am 6.2.1938

Vor der Grundsteinlegung sind vom Landesbischof und den Hauptpastoren Schöffel und Knolle bereits Gratulationen eingegangen, die insbesondere auf die Wahl des Namens MM mit seinem Bezug auf dessen alte hamburgische Tradition abheben.[124] Diesen Hintergrund hat auch Pastor Timm in einem Artikel für das Hamburgische Gemeindeblatt ausführlich dargestellt:

---

[121] Siehe den Text der historischen Ausarbeitung von R. Timm im Anhang S. 123. Sie stellt die Figur des ‚Vicelin' vor. Die Darstellung hebt nicht schwerpunktmäßig auf ‚Wehrkirchen' ab und trägt auch nur in ganz wenigen Passagen eine Wortwahl ein, die die mögliche Namenswahl als Ausdruck eines verstärkten Interesses an eine Annäherung an NS-Ideologie erkennen ließe. Im Schlussabschnitt finden sich Worte wie ‚Nordmark' usw.
[122] KG_Maria-Magdalenen (1963) S. 8.
[123] Siehe zur Funktion C.A. Schröders ausführlich bei Schade (2009b).
[124] Auch KG_Maria-Magdalenen (1963) 1963 S. 4 enthält einen entsprechenden Abschnitt und die Abbildung der „Maria-Magdalenen-Klosterkirche auf dem Adolfsplatz". – Zu diesem Bauwerk und seiner Geschichte siehe auch Wiek (1979) ZVHG.

„Die neue Kirche trägt einen Namen, der in Hamburg seine Geschichte hat. Im Jahre 1806 wurde die alte Maria Magdalenenkirche, welche auf dem Platz der heutigen Börse stand, abgebrochen. Sie war eine kleine Kirche mit spitzem Türmchen, in welchem zwei Glocken hingen... In evangelischer Zeit war sie eine Filialkirche zu St. Petri. Vorher diente sie dem Kloster gleichen Namens, das von Franziskanern bewohnt wurde, als Klosterkirche. Ihr Erbauer war Adolf IV. von Schauenburg. Nach der Schlacht von Bornhöved im Jahre 1227, welche Holstein, Lübeck und Hamburg von der dänischen Herrschaft befreite, erbaute er in Hamburg das Kloster und die Kirche, sie erhielten ihren Namen von dem Maria Magdalenentage, an dem die Schlacht stattgefunden hatte. In der Reformationszeit wurde die Maria Magdalenenkirche zur ersten evangelischen Predigtstätte Hamburgs. Als erster lutherischer Pastor wirkte dort seit dem 4. Juni 1523 der ehemalige Franziskaner Stephan Kempe...

Wenn nun die neue Kirche den alten Namen aufnimmt, so geschieht das vornehmlich um des Namens selbst willen. Es ist der Name einer Frau, an welcher der Herr seine Herrlichkeit offenbar gemacht hat. Er befreite sie aus der Finsternis ihres Lebens und, von seinem Worte erleuchtet wurde sie seine Jüngerin und folgte ihm auf seinen Wegen nach. Ihr Leben ist ein Zeugnis für die Herrlichkeit unseres Herrn, wie es schlichter und klarer, aber auch eindrucksvoller nicht gegeben werden kann. Die Gestalt der Maria Magdalena, welche nach ihrer Heilung von sieben bösen Geistern mit anderen Frauen dem Herren folgte, ist für uns ein Bild der Frau in der Nachfolge Jesu. Sie hat die schwersten Stunden unseres Herrn mit durchlebt und in vorbildlicher Liebe und Treue zu ihm gehalten. Auch ihr Glaube war eine Zeit lang erschüttert. Aber der Herr schenkte ihr die Gewißheit seiner Auferstehung. Und da er sich ihr vor allen anderen Menschen als der vom Tode Auferstandene zu erkennen gab, wurde sie den Männern, welche den Glauben verloren hatten, zur Botin ..."[125]

Neben der alten hamburgischen Tradition des Namens der Maria-Magdalenen-Kirche ist es der Bezug auf die biblische Tradition, der besonders durch die Detailangaben in Markus 16,9 im Zusammenhang von Auffindung des leeren Grabes und Erscheinung des Auferstandenen illustriert wird.[126] – Diese Akzentuierung der Auferstehungsbotschaft ist auch ein wichtiges Element der Grundstein-Urkunde. Sie ist u.a. in den verschiedenen Festschriften wiedergegeben:[127]

Im Namen Gottes des Vaters und des Sohnes und des Heiligen Geistes legen wir verordneten Kirchenvorsteher und Pastoren der Lukaskirche zu Fuhlsbüttel heute am 6. Februar des Jahres [1938] den Grundstein der Maria-Magdalenen-Kirche. In Verantwortung unseres Amtes haben wir uns entschlossen, dem größer und weiter wachsenden Klein Borstel seine eigene Kirche zu schaffen, auf daß das Evangelium

---

[125] Gemeindeblatt für Winterhude, Alsterdorf, Ohlsdorf vom 13. Februar 1938. Zum vollständigen Text siehe unten im Anhang den Abschnitt 5.5 „R. Timm (1938) zur Grundsteinlegung" S. 127.
[126] Der Verweis auf die Heilung von den sieben bösen Geistern, der aus Mk 16,9 entnommen ist, illustriert bei Timm ihre Vorbild-Funktion als Glaubenszeugin, die einen schwierigen Weg in die Nachfolge Jesu erlebt hatte. – Ähnliche Bezugnahmen auf Mk 16,9 werden in den Namens- und biblischen Erklärungen der Festschriften nicht präsentiert; vgl. etwa KG_Maria-Magdalenen (2013) S. 24f. MM-Spekulationen à la Dan Browns ‚Sakrileg' und entsprechende Spiegel-Infos entfernen sich noch weiter von biblischen Texten – siehe etwa den Verweis bei Timm (2005) Masch S. 115. Zur Weite der biblischen und nachbiblischen Konstruktionen um Maria Magdalena siehe den ausführlichen Artikel von Endell (1938) HambKZ S. 72-75.
[127] Der folgende Text entspricht dem in KG_Maria-Magdalenen (1963) S. 17; mit geringen Abweichungen findet er sich auch KG_Maria-Magdalenen (1998) S. 23f.

inmitten des Ortes nun sein Haus finde und die Gemeinde, seit Jahren notdürftig hausend im engen Raum eines Wohnhauses, hinfort die Stätte habe, ihres Glaubens zu leben, allein sich bauend wider alle Mächte der Finsternis auf den dreieinigen Gott und seine Verheißung.

Denn das bekennen wir vor aller Welt und vor euch Nachfahren, die ihr einst diesen Grundstein öffnet: wir haben in einer Zeit, da viele unserer Brüder sich wieder abwenden von Christo, den dreieinigen Gott aufs Neue erkannt als den Allmächtigen, der allein seine Kirche erhalten kann wider die Pforten der Hölle. Darum wissen wir auch für dieses Ihm geweihte Haus keinen anderen Grund als Ihn, der sich uns in Christo zum Vater gegeben hat und uns bei Christo erhält im rechten, einigen Glauben durch den Heiligen Geist. Und des zum Zeichen legen wir das Bekenntnis der Kirche, daß die Gemeinde einmütig in der Stunde der Grundsteinlegung sprach, in diesen Grundstein und gründen so alle Zukunft dieses Hauses auf Ihn, den allmächtigen Gott. Er halte seine Augen offen über dieser Kirche, daß nie ein anderer Geist darinnen seine Stimme erhebe als der Geist des Vaters und des Sohnes.

Damit aber die Gemeinde stets erinnert werde an die Herrlichkeit des Vaters, der uns in Christo Jesu berufen hat von der Finsternis zu seinem wunderbaren Lichte, geben wir dieser Kirche mit Ernst und Willen den Namen der Maria Magdalena. Ihr, die erlöst von den Mächten der Finsternis ihrem Herrn folgte und ihm diente, unter seinem Kreuze stand und an seinem Grabe weilte, hat sich am Ostermorgen als dem ersten von allen Menschen auf Erden der Auferstandene zu Trost und Hoffnung der Gemeinde offenbart, daß [s]ie Zeugin seiner ewigen Herrlichkeit würde unter den zagenden Brüdern. Möge so die Gemeinde, die in diesem Hause ein[-] und aus[]geht, allezeit in Wort und Sakrament der Herrlichkeit des Auferstandenen gewiß werden, daß sie ein Zeugnis seiner Auferstehung vor der Welt sei und bekenne wie einst Maria Magdalena: „Ich habe den Herrn gesehen".

Die Grundstein-Urkunde ist insofern bemerkenswert, dass sie einen verklausulierten Bezug auf die besonderen Zeitumstände enthält. Das ist nicht ganz ungewöhnlich. Die Urkunde der von G. Langmaack entworfenen St. Jürgen-Kirche in Langenhorn-Ochsenzoll etwa, für die zwei Monate später im April 1938 der Grundstein gelegt wurde, nimmt Bezug auf das Jahr, „in dem mit Gottes Hilfe unter unserem Führer Adolf Hitler das großdeutsche Reich wiedererstanden ist".[128] Die zeitgeschichtlichen Ereignisse um den ‚Anschluss' Österreichs, die zur Hervorhebung des ‚großdeutschen Reiches' geführt haben, datieren auf den März 1938. Als am 6. Februar 1938 die Klein Borsteler Urkunde eingemauert wurde, existierte diese Situation noch nicht. Dort wird jedoch ebenfalls – wenn auch nur indirekt – auf Sachverhalte der eigenen Zeit Bezug genommen:

„wir haben in einer Zeit, da viele unserer Brüder sich wieder abwenden von Christo, den dreieinigen Gott aufs Neue erkannt als den Allmächtigen, der allein seine Kirche erhalten kann wider die Pforten der Hölle."

Der Zeitbezug richtet sich hier nicht auf die äußeren Rahmenbedingungen. Vielmehr werden innere Spannungen artikuliert, die die „Zeit, da viele unserer Brüder..." betreffen – und deren inhaltliche Abkehr von Christus, der im Zusammenhang mit dem „dreieinigen Gott" gedacht wird. Das Stichwort, dass es „allein" auf den Allmächtigen ankommt, seine Kirche zu erhalten, wäre einerseits als

---

[128] Festschrift KG_St_Jürgen_Ochsenzoll (1989) S. 53.

Rückbezug auf die lutherische Erkenntnis „allein aus Gnaden" zu verstehen. Aber neben dieser Traditions-Rückbindung könnte andererseits auch eine gegenwartsbezogene Entgegnung zu kirchlichen Haltungen gemeint sein, die entweder NS-Allmachtsansprüche auch gegenüber der Kirche akzeptieren oder die menschliches Bekenntnis-Handeln ins Zentrum rücken. Als zeitgeschichtlicher Hintergrund werden diese inneren Konflikte vor Augen gestellt.

Diese Formulierungen sind nicht ganz so deutlich wie diejenigen, die unmißverständlich auch auf die äußeren Rahmenbedingungen bezogen in der Grundsteinurkunde der Muttergemeinde kurz zuvor am 5.12.1937 beim Quasi-Neubau von St. Lukas ‚für die Nachfahren' eingemauert wurden:

> „Nicht auf unsere Kraft, sondern allein auf Gottes Gnade hin haben wir den Umbau gewagt in einer Zeit, da wieder viele unserer Brüder im deutschen Volke sich von Christo abwenden und der Kirche Jesu den Untergang wünschen. Wir haben dabei allein auf Gott geschaut, der uns in Jesu Christo berufen hat von der Finsternis zu seinem wunderbaren Lichte. ... Sehet zu, daß euch niemand beraube durch die Philosophie und lose Verführung nach der Menschen Lehre und nach der Welt Satzungen, und nicht nach Chisto. Denn in IHM wohnt die ganze Fülle der Gottheit leibhaftig.
>
> Mit diesen Worten bekennen wir euch, daß wir keinen anderen Grund für unsere Kirche wissen und wollen außer dem dreieinigen Gott, der allein unsere Hoffnung ist und auf den allein auch Deutschland im letzten Grunde seine Hoffnung setzen kann. Des zum Zeugnis legen wir das Bekenntnis der Kirche, das die Gemeinde in der Stunde der Grundsteinlegung einmütig sprach, in diesen Grundstein..."[129]

Zwar in manchen Elementen sich an St. Lukas anlehnend, jedoch nicht ganz so klar abgrenzend wird die Klein Borsteler Position hauptsächlich über das gemeinsame Schlüsselwort „allein" als die ‚neu-lutherische' Sicht markiert. Damit verbleibt die Formulierung stärker bei der 1938 auch vom Landesbischof Tügel und OKR Drechsler gegenüber den Deutschen Christen und der Bekennenden Kirche nach Innen vertretenen Position, ohne die äußeren Rahmenbedingungen zu nennen. Im oben zitierten Gemeindeblatt mit dem Artikel zur Grundsteinlegung am 6.2.1938 gibt es u.a. ein Foto, das OKR Drechsler bei der Feier zeigt:[130]

---

[129] Abdruck der Urkunde in KG_St_Lukas_Fuhlsbüttel (1963) S. 24.
[130] Das Einfügen der Kapsel links ist abgebildet bei R. Timm (1938) GemBlatt ; ebenso die Hammer-Sprüche in der Mitte; die Abbildung rechts zeigt OKR Drechsler (KG_Maria-Magdalenen (1998) S. 24).

Hammersprüche
bei der Grundsteinlegung in Klein-Borstel.

1. Land, Land, Land, höre des Herrn Wort! (Jeremia 22, 29.)
2. Gottes Wort ist ein Licht, das in der Finsternis scheinet; es leuchtet heller als die Sonne am Mittag. (Luther)
3. Wo Gottes Wort rein gepredigt wird, da will er sich gewiß finden lassen; wo aber dasselbe nicht ist, da ist fein Haus nicht, und wenn man lauter Kirchen aufeinanderbaute. (Luther)
4. Wir müssen gewiß sein, daß die Seele kann alles Dinges entbehren ohne das Wort Gottes, und ohne das Wort Gottes ist ihr mit keinem Ding geholfen. (Luther)
5. Durchs Wort ist die Welt überwunden, durchs Wort die Kirche errettet worden. So wird sie durchs Wort wieder instandgesetzt werden. (Luther)
6. Lasset euch da nicht irren, mein liebes Volk: so Gott für uns ist (als ich des gewiß bin), wer will uns Schaden tun? Der Glaube ist stärker denn alle Feinde. Unsere Lampe kann niemand auslöschen. (Luther)

Die sechs Hammerschläge des Vertreters des Landesbischofs, OKR Drechsler, der auch 1937 bereits Pastor Timm ordiniert hatte,[131] sind jeweils nach Lutherworten gewählt und unterstreichen die gemeinsame theologische Ausrichtung.
Dass alle bei der Grundsteinlegung anwesenden Gemeindeglieder oder Pastoren gemeinsam die ‚neu-lutherische Position' geteilt haben, ist eher unwahrscheinlich.

Von den auf dem Bild[132] sichtbaren Pastoren sind bisher namentlich ab der 4. Person von links identifiziert:
Bahnson (mit Spitzbart)
R. Timm (mit geöffnetem Buch)
Drechsler (hinter R. Timm)
Zacharias-Langhans (barhäuptig).

Die Grundsteine der drei H&J-Kirchen in Wellingsbüttel, St. Lukas in Fuhlsbüttel und MM in Klein Borstel sind übrigens bereits am 5.5.1937 gemeinsam beim Hamburger Bildhauer Ulmer (Werkstätten für Friedhofskunst Gschwendtner & Ulmer, Fuhlsbüttelerstraße 741) bestellt und nach einer von H&J mitgelieferten Zeichnung von Ulmer hergestellt worden „... und zwar aus Tüsterkalkstein."
Im Auftrag heißt es weiter (in Bezug auf die Lutherkirche): „Zunächst muss ein Stück schnellstens fertiggestellt und an Herrn Maurermeister C.H. Carstens, Brahmfeld(!), Lübeckerstr. 52 geliefert werden. Die Grundsteinlegung ... findet

---

[131] Siehe zu den Ausbildungs- und Berufsstationen die Zusammenstellung aus der Personalakte von R. Timm, die sich bei Timm (2005) Masch S. 52 findet.
[132] Das Bild findet sich mit der Personen-Erläuterung bei Timm (2005) Masch S. 149.

bereits während des Pfingstfestes statt."[133] Die übrigen zwei für St. Lukas und Maria-Magdalenen sollten für spätere Verwendung bereitgehalten werden. Möglicherweise musste das gewünschte Gesteinsmaterial erst beschafft werden, denn erst am 20.5.1937 dokumentiert Jäger das am selben Tag geführte Gespräch mit Ulmer und mit der darin getroffenen Preisabsprache von 86,-- RM im Schreiben an Ulmer.[134] Aus der Eile erklärt sich vermutlich auch die etwas unterschiedliche Gestaltung der ansonsten gleichartigen Grundsteine. Für Wellingsbüttel blieb in den drei Tagen bis zur Grundsteinlegung keine Zeit zu verlieren, so dass dort nur die Jahreszahl in den Deckel eingearbeitet wurde:

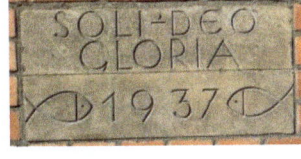

St. Lukas

Maria-Magadlenen

Lutherkirche
[23.5.1937]

[5.12.1937]

[6.2.1938]

Allerdings haben sich nach der Grundsteinlegung sowohl in St. Lukas als auch in Maria Magdalenen gegenüber den Bauzeichnungen und älteren Planungen noch wesentliche Veränderungen vollzogen.

Aus den Hopp'schen Notiz-Tagebüchern geht hervor, dass bereits am Mittwoch, dem 6.4.1938 Richtfest gefeiert werden sollte, wie am 31.3. vermerkt ist:

„Am Mittwoch soll Richtfest sein in Kl. Borstel".

Für Jungen aus Klein Borstel scheint das Bauwerk in dieser Phase eine Attraktion besonderer Art dargestellt zu haben, wie aus dem Bericht des damals 12-jährigen Peter Schründer hervorgeht:

„Die evangelisch-lutherische Kirche Maria-Magdalenen fand ihren Platz gegenüber dem Haus Stübeheide 174. Vorher gab es einen provisorischen Kirchsaal im Haus Stübeheide 152, also gleich neben unserem Haus. Der Hausbesitzer war gleichzeitig der Küster. In dieser Eigenschaft begleitete er den Neubau der Kirche und nahm seinen Sohn und mich öfter mit. Uns machte es Spaß zuzuschauen, besonders als die Querbalken über das Kirchenschiff gelegt wurden. Diese waren so schön breit, dass wir gut von einer Seite zur anderen laufen konnten. Die Gefährlichkeit unseres Tuns war uns nie bewusst geworden."[135]

Sobald nach dem Richtfest Dachpfannen und eine Decke den Innenraum schützten, konnten die weiteren Innenarbeiten beginnen.

---

[133] KG_Osterkirche_Nr_359.pdf S. 156.
[134] KG_Osterkirche_Nr_358.pdf S. 184.
[135] Schründer (2015) JAV S. 73f.

2.2.2 Die architektonische Gestaltung der Kirche MM

Im Abschnitt „IV. Architekturbeschreibung" der Baudokumentation des ehemaligen Kirchenkreises Alt-Hamburg, inzwischen Hamburg-Ost, wurde 1992 die Gestaltung der H&J-Kirchen von 1938, in Hamburg MM und St. Lukas, gewürdigt:

> „Die Verwandtschaft der Bauwerke untereinander ist nicht zu übersehen, zumal bestimmte Formelemente wiederholt angewendet werden. Gemeinsam ist [i]hnen vor allem die sorgfältige Detailbearbeitung, die für die Ausstattung der beiden Hamburger Kirchen noch reichhaltiger ausfiel als in Hamm."[136]

Hier ist ein Vergleich auch mit der in Hamm-Norden bereits am 20.3.1938 eingeweihten St. Johannes-Kirche vollzogen, der wohl nicht auf die Goldwaage zu legen sein dürfte, sondern eher dem Lokalpatriotismus (bzw. weniger genauen Kenntnis der Kirche in Hamm) zuzuschreiben ist.[137]

WP_20141012_021_Johanneskirche
Sicht zum erhöhten Altarraum

WP_20141012_106_Johanneskirche
Blick vom Altar zur Orgelempore

Richtig ist es bei einer Zusammenschau aber auf jeden Fall die Sorge um die genaue – wie von den Architekten in ihren Entwürfen vorgegebene und gewünschte – Ausführung aller dieser Gebäude hervorzuheben.[138]
Auch viele der verwendeten Gestaltungselemente sind ähnlich: markante Balken-Inschriften und farblich abgestimmter Kassetten-Schmuck an Holzteilen der Emporen und Türen, kleine Glasfenster in Abtrennungen und ursprünglich ein gemauerter Steinaltar sowie teils Kronleuchter und Tonnendecken-Konstruktionen.[139] Aber gerade das zuletzt genannte Element der Decken-Tonne, das sich

---

[136] Baudokumentation_KK_Alt-Hamburg_Nr_30_Maria_Magdalenen.pdf Abschnitt IV S. 1.
[137] Dazu existieren inzwischen ausführliche Dokumentationen durch mehrere Festschriften der KG_Hamm (2006) „Kirchbau in schwerer Zeit"; KG_Hamm (2013) „Aus Hoffnung geschnitzt. Die Johanneskirche Hamm-Norden – in Gedanken und Bildern"; Dietrich (2013) DWL „Die Johanneskirche in Hamm-Norden" S. 74-83.
[138] So sind etwa die Änderungswünsche von B. Hopp an die für die Johanneskirche in Hamm tätige Glasmalerin Elisabeth Coester von Dietrich (2013) DWL S. 80 (bei Anm. 19) dokumentiert. – Dieser Artikel ist auch online verfügbar; siehe im Literaturverzeichnis.
[139] Zum Vergleich der H&J-Bauten in der St. Johannes-Kirche in Hamm-Norden, 1938, und der Lutherkirche in Hamburg-Wellingsbüttel, 1937; vgl. bereits Kautzsch (1939) KuK.

so nicht in MM findet, zeigt, dass die jeweiligen anderen Bauten z.B. durch die Breite des zu überspannenden Innenraums und von der erforderlichen Sitzplatzanzahl her unterschieden sind. Zudem weicht der jeweilige Baukontext stark ab: In Hamm etwa erforderte der zugehörige Friedhof unterhalb des erhöhten Altarraums die Einbeziehung einer darunter gelegenen (ebenfalls sehr detailliert von B. Hopp ausgestalteten) Krypta, in Fuhlsbüttel sollten die Fundamente des umgebauten und erweiterten Vorgängergebäudes möglichst weiter genutzt werden, während in Klein-Borstel eine relativ geringe Sitzplatzzahl sowie zwischenzeitlich eine Einbeziehung des Dachbodens als zusätzlich nutzbarer Gemeinderaum vorgesehen war. Die Architekturbeschreibung verweist ebenfalls auf diesen Kontext:

„Jedoch führte das erweiterte Raumprogramm zu ungewöhnlichen Proportionen, so daß die wuchtige Gebäudeform an einen mittelalterlichen Bau mit einem wehrhaften Westwerk erinnert."[140]

HAA_ORh_028.7_(0565)

HAA_ORh_028.2_(0560) HAA_ORh_028.6_(0564)

In der MM-Festschrift von 2013 ist die Architektin Christiane von Knorre in ihrem der Architektur der Kirche gewidmeten Beitrag „Eine Kirche ohne Eisen und Stahl – zur Bausituation 1938" ebenfalls der Frage nachgegangen, wieweit der Typus der

---

[140] Baudokumentation_KK_Alt-Hamburg_Nr_30_Maria_Magdalenen.pdf Abschnitt IV S. 2.

Wehrkirchen ‚entwurfsleitend' gewesen sein könnte. Allerdings sieht auch sie keine ungebrochene Linie zum H&J-Entwurf:

> „Ein Rückgriff auf einen mittelalterlichen Bautypus und eine Verwendung romanischer Stilelemente erscheint allerdings erstaunlich, wenn man bedenkt, welche baulichen und stilistischen Entwicklungen seit der Zeit der archaischen Dorfkirchen geschehen waren."[141]

Doch ist die archaisierende Dorfkirchen-Anmutung sicher mit Bewusstsein gestaltet worden, wie etwa die Verzierungen der Fenster-Rundbögen und Türsituation zeigen:

HAA_ORh_028.2_(0560)

Oben: Fenster im Turm von Westen
Links: Seitenfenster
HAA_ORh_028.3_(0561)   Mitte: Eingangstür

HAA_ORh_028.4_(0562)

Die besonderen, rund-gerippten Formsteine, die in den Fotos zu sehen sind, wurden in speziellen Modeln hergestellt. Diese sind von H&J nochmals vor der Fertigung der Steine kontrolliert worden, so dass dann nachher erst die Formsteine als Sonderanfertigungen gebrannt wurden.[142]

So bleibt insgesamt festzuhalten, was auch in der „Architekturbeschreibung" der Baudokumentation formuliert wurde:

> „Nach den großen Leistungen der Baukunst zwischen 1920 und 1933 ist es schwierig, so anders geartete Bauwerke aus der Zeit kurz vor dem Zweiten Weltkrieg zu beschreiben oder einzuordnen. Gewiß hat die Wiederentdeckung des Handwerks mit seinen künstlerischen Möglichkeiten nicht in den 30-iger Jahren stattgefunden, sondern erheblich früher. Aber im Kirchenbau stellte sich doch ein eigener Abschnitt heraus, der nähere Betrachtung verdient. Vielleicht ist gerade durch den Zwang zu bescheidenen Bauformen und begrenzter Materialwahl etwas entstanden, was, für sich gesehen, ein kaum bemerktes Maß an Vollkommenheit []erreichte. Noch stehen diese Kirchen nach weit verbreiteter Einschätzung hinter den Nachkriegsbauten zurück."[143]

Zu bedenken ist bei der architektonischen Gestaltung der Kirchen in dieser Zeit vor allem, dass die – zwar auch in der Nachkriegszeit selbstverständlich vorhandene –

---

[141] KG_Maria-Magdalenen (2013) S. 19.
[142] Informationen dieser Art sind den diversen Schreiben der Bauakte detailliert zu entnehmen.
[143] Baudokumentation_KK_Alt-Hamburg_Nr_30_Maria_Magdalenen.pdf „IV. Architekturbeschreibung" S. 4.

Wechselwirkung mit den Auftraggebern der Architekten ein geringeres Maß an Freiraum beinhaltete. Gegenüber einer größeren Experimentierfreudigkeit vor 1933 und in der Nachkriegszeit mussten Auftraggeber und Architekten für die Bandbreite dessen, was sie sich an neuer Formgebung wünschten, viel stärker Reaktionen einer tendenziell kirchenfeindlichen Öffentlichkeit vorwegnehmen.

2.2.3 Die Gestaltung des Altarraumes

Während in der ersten Kostenabschätzung des Inventars noch „Holzbildhauerarbeiten am Altar M 2 500.--" als gesonderter Betrag ausgewiesen waren, ist es zu einer Umbesinnung im Blick auf die Altarraumgestaltung gekommen. Einige der Bauzeichnungen und entsprechend das Kirchenmodell zeigen noch ein großes Kruzifix über dem Altar. In dem oben bei Anm. 116 wiedergegebenen Entwurf im Längsschnitt ist im Altarraum hinter dem Altar ein Kreuz mit dem daran hängenden Körper Christi zu erkennen:

Die Ausschnitts-Vergrößerung aus dem Foto des Originals des Längsschnittes,[144] der oben bei Anm. 116 im ganzen zu sehen ist, zeigt einen direkt hinter dem Altar mit Abstand zur Wand angebrachten Kruzifixus. Leider sind die verschiedenen Bauzeichnungen nicht alle datiert, so dass nicht zu entscheiden ist, wie sie der lang anhaltenden Diskussion um die Altarraumgestaltung genau zuzuordnen sind. Deutlich scheint zu sein, dass es ein Schwanken zwischen einem plastischen und allein-stehenden Kruzifixus einerseits und einem Wandgemälde alternativ dazu andererseits gegeben hat.

---

[144] WP_20160120_035 (entsprechend auch im Scan) 3095_600_BA_LS_01..

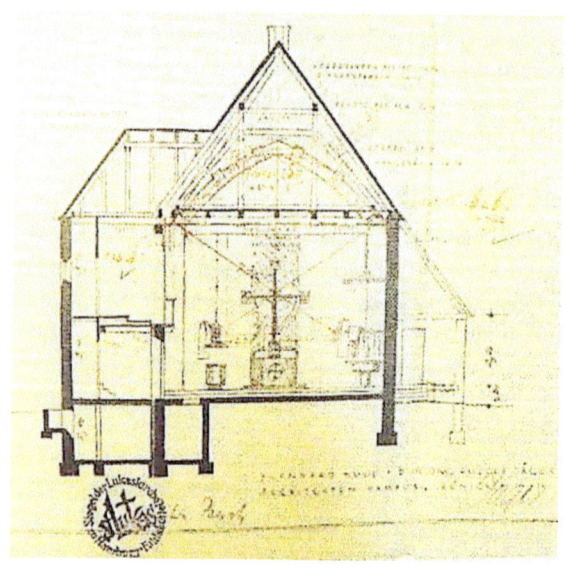
Der von Pastor Besch abgezeichnete Entwurf mit dem Querschnitt und der Sicht auf den Altarraum zeigt in der Bauzeichnung per Handzeichnung die hineingemalten Ausstattungselemente: neben dem zentralen Kreuz über dem Altar sind ein Taufständer mit einer abgehängten Kuppel darüber möglichst plastisch eingezeichnet wie auch die Kanzel mit abgehängtem Schalldeckel.[145]

Die diagonalen Hilfslinien im Altarraum, die mit ihrem Schnittpunkt auch das Zentrum des Kreuzes treffen, markieren ganz deutlich die theologische Absicht auch der Ausgestaltung mit einem Wandbild:

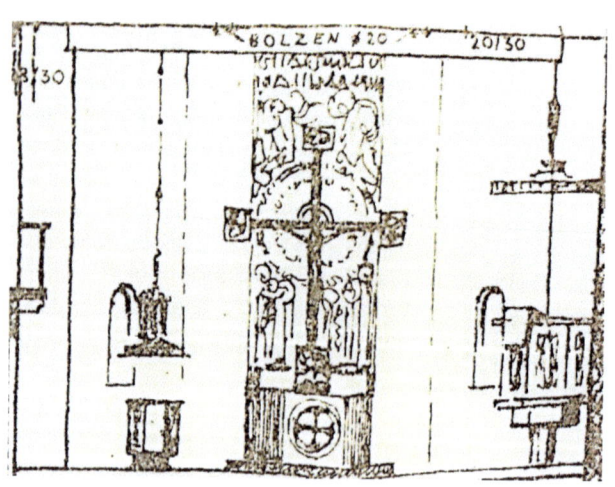
Die originale Vorlage der Zeichnung[146] lässt bei der Betrachtung einer digitalen Ausschnitts-Vergrößerung erkennen, dass oberhalb des Kreuzes eine deutende Schrift sowie himmlische Figuren und seitlich dazu weitere Figuren unter dem Kreuz geplant waren – vergleichbar dem Wandbild in St. Nicolaus.[147]

---

[145] Dieses Bild, jedoch ohne entsprechende Kommentierung, findet sich auch KG_Maria-Magdalenen (2013) S. 21.
[146] Foto WP_20160120_027 (entsprechend auch im Scan) 3095_600_BA_A-A + B-B der Bauabteilung des KK Hamburg-Ost.
[147] Siehe dazu im Detail Gleßmer / Lampe (2016).

Ob und wann genau nun in den Entwürfen von H&J die Vorstellungen aufgenommen wurden, die sich eine Kombination eines plastischen Kruzifixes mit umgebenden Deutungselementen dachten – ähnlich wie in St. Lukas – oder doch allein ein Wandbild – wie es dann nach einem weiteren zeichnerischen Entwurf Anfang September 1938 – schließlich realisiert wurde, muss z.T. offen bleiben. Deutlich ist jedoch, dass auch nach der Anfertigung des Modells, in dem ein plastisches Kruzifix zu sehen ist, in der zweiten Jahreshälfte 1938 noch Änderungen durchzuführen waren, denn die Überlegungen zu den Einsparungen und Finanzierungsproblemen gingen auch nach der Grundsteinlegung und dem Richtfest noch weiter. Die bereits angesprochene Veränderung um den Altar zog sich dabei über mehrere Monate hin,[148] und die Notiz-Tagebücher von B. Hopp weisen aus, dass es zahlreiche Gespräche mit den Fuhlsbütteler Pastoren Zacharias-Langhans und Besch, aber auch mit den Mitgliedern des Bauausschusses R. Timm, Germann und Kämpfer erforderte, weitere Wünsche an den Kirchbau einzubeziehen und auszugleichen:
So ist am 9.6.1938 notiert: „Kl. Borstel German[n] will bemalte Decke", woraufhin eine Woche später, am 16.6.1938, eine Besprechung mit Pastor Timm zu diesem Thema stattfand.[149] Mehrere Ausmalungen zeugen von gewissem Erfolg:

HAA_ORh_029.3_(0575)   HAA_ORh_029.6_(0578)   HAA_ORh_029.7_(0579) Treppe zwischen 2. und 3. Turmstockwerk

Da für die Bau-Finanzierung die Landeskirche zuständig war, ist es nicht unwichtig, dass am 18.6.1938 notiert ist „Zach teilt mit", es hätten Dr. Pietzcker, der Syndikus des Landeskirchenamts, zusammen mit dem Altbürgermeister Dr. Carl August Schröder (1855-1945) bei ihm einen Besuch abgestattet, „die sich positiv zur Altar-Sache geäußert haben".

---

[148] Zuerst im Notiz-Tagebuch wird eine Diskussion um den Altar mit den Pastoren „Zach und Besch" am 20.4.1938 erwähnt; dann folgt am 26.4. ein Gespräch mit P. Timm und Herrn Germann.
[149] Von den Ausmalungen zeugen mehrere Fotos von O. Rheinländer: HAA_ORh_029.3_(0575) mit ausgemalter Decke im obersten Turmzimmer; HAA_ORh_029.4_(0576) Tür im darunter liegenden Turmzimmer; HAA_ORh_029.7_(0579) Treppe zwischen diesen beiden Turm-Etagen; HAA_ORh_029.6_(0578) Tür auf der Empore zum Treppenhaus.

Diese Notiz ist insofern sehr wichtig, weil B. Hopp 1935 die Turmhalle in der Hauptkirche St. Jacobi im Auftrag von Landesbischof Tügel renoviert hatte. Dieser schrieb: „Zu Ehren des Altbürgermeisters und seiner Familie haben wir die Turmhalle ... nach meinen Vorschlägen, deren Sinn der verständnisvolle Kirchenarchitekt Bernhard Hopp ... sofort künstlerisch erfaßte, zu einem wahren Schmuckkästlein gewandelt".[150]

Insofern gab es von daher ein positives Interesse auch an anderen Vorhaben Hopps. Zudem gab es auch eine entferntere verwandschaftliche Beziehung C.A. Schröders zu Pastor Timm: denn P. Timms Großmutter ist eine geborene Schröder gewesen, wie der Chronist und Familienforscher Klaus Timm notiert hat.[151] – Da die Genealogie des Altbürgermeisters auch bereits zwei Generationen vorher einen Bürgermeister aufweisen kann, nämlich Christian Matthias Schröder (1742–1821, Bürgermeister 1816), ist der Familien-Stammbaum gut dokumentiert. Trotz des über vier Generationen reichenden verwandtschaftlichen Abstandes ist es bei dem starken Zusammenhalt innerhalb dieser Großbürgerfamilie, die bis in die Gegenwart ihre Familientraditionen regelmäßig pflegt,[152] nicht verwunderlich, dass der Altbürgermeister C.A. Schröder seine gleichaltrige Großcousine und ihre Familie im Bewusstsein hatte.

---

[150] Zu diesem Umbau siehe den Bericht von B. Hopp (1935) HambKZ S. 174f sowie auch die Bemerkungen des Landesbischofs und Jacobi-Hauptpastors Tügel (1972) S. 293: „Zu Ehren des Altbürgermeisters und seiner Familie haben wir die Turmhalle ... nach meinen Vorschlägen, deren Sinn der verständnisvolle Kirchenarchitekt Bernhard Hopp ... [Anmerkung mit Verweis] sofort künstlerisch erfaßte, zu einem wahren Schmuckkästlein gewandelt". (Foto WP_20151010_034.jpg) Schröder und Tügel waren 1935 Nachbarn in den Häusern Mövenstraße Nr. 1 und Nr. 3, zudem war Schröder (1855-1945) auch im Alter sowohl kirchlich – z.B. 1931-1945 als Oberalter von St. Jacobi – als auch politisch – z.B. 1933 als Bürgerschaftsabgeordneter der Kampffront Schwarz-weiß-rot – engagiert; vgl. Stolt (2010) ZVHG in der Rezension zu dem lesenswerten, dokumentarischen Beitrag von Schade (2009b) zu den Protokollen der Oberalten.
[151] Vgl. dazu die Dokumentationen bei Timm (2005) Masch S. 22f zur Großmutter Henriette („Henny") Timm, geb. Schröder, (1855-1933), Tocher von Johann Diedrich Schröder (1806-1893).und Henriette Sophie (1814-1894). Vgl. dazu die genealogische Übersicht ebda. S. 16. Ein Bruder von Johann Diedrich S. war Rudolph S. (1821–1887) verheiratet mit Clara (1829-1910; Tochter des Johann Heinrich Frhr. v. Schröder). Hier treffen sich die Genealogen der Zweige der Schröder-Familien (siehe dazu Hauschild-Thiessen (2007) NDB).
[152] Siehe dazu etwa im Hamburger Abendblatt vom 3.9.2014 den Artikel von Jens Meyer-Odewald „Die Schröders sind eine hanseatische Familie".

So kommt der Notiz in dem späteren Zeitungsbericht zur Einweihung doch besondere Bedeutung zu, wenn dort auch die Anwesenheit des inzwischen 83-jährigen alten Herrn genannt wird.[153] – Das ist auf jeden Fall eine auffällige Besonderheit und möglicherweise steht dieser Sachverhalt auch mit der Namensgebung der Kirche mit ihm und mit seiner oben erwähnten Finanzierungs-Intervenion in Zusammenhang. Denn es gab zwar die alte Maria-Magdalenen-Kirche seit 1806 nicht mehr,[154] jedoch existierte bis 1943 die Nachfolge-Einrichtung des ehemaligen Maria-Magdalenen-Klosters in administrativer Obhut C.A. Schröders.[155]

Nach den Sommerferien 1938 kommt es am Samstag, dem 13.8., zu einer direkten Besprechung mit einem Mitarbeiter des Landeskirchenamts wegen der Finanzierungsfragen. Nach seinem eigenen Urlaub in der ersten Augusthälfte notiert Hopp am Montag, dem 29.08.1938, zu Kl. Borstel: „Besprechung mit J[äger], Germann und Pastor Timm Altar: Kreuz und Altarschrein sollen zu Donnerstag nächster Woche vorliegen". Viel Zeit kann er in dieser Zeit nicht für eine Neukonzeption gehabt haben, da sowohl Alsterdorf, Klein Borstel und Fuhlsbüttel (neben weiteren Teilnahmen an externen Planungen wie u.a. Berne, Sundern sowie an Wettbewerben) auf dem jeweiligen Tagesprogramm Platz finden mussten. Am 3.9.1938 ist noch einmal eine Besprechung mit dem zweiten Fuhlsbütteler Pastor Besch zum Thema „Altar Kl. Borstel" vermerkt, und am Sonntag, 4.9.1938, kann Hopp dann auch eine auf Architektenpapier gepauste Planungsskizze vorlegen, die jetzt eine große Wandmalerei mit Kruzifix vorsieht: „P. Besch: 1:10-Altar-Pause Kl. Borstel gegeben".

---

[153] Dazu siehe unten bei Anm. 200.
[154] Siehe oben bei Anm. 125.
[155] Dieses hatte inzwischen die Funktion eines Wohnstiftes und wurde in die Richardstraße nach Eilbek verlagert: „es enthielt 48 Wohnungen für alleinstehende Frauen", so Schade (2009b) S. 19. – Siehe zu dem vom Architekten Hugo Groothoff entworfenen Gebäude, ehemals (von 1901-1943) in der Richardstraße 77, im Wikipedia-Artikel zum „Hospital zum Heiligen Geist (Hamburg)". – Ein Foto von Dr. C.A. Schröder findet sich bei Schade (2009b) S. 8. Dort auch S. 69 über ein im Hamburger Rathaus in der NS-Zeit entferntes Gemälde Schröders, das erst 1995 dorthin zurückgekehrt ist. - Als Kirchenvorsteher von St. Jacobi war der Altbürgermeister Dr. C.A. Schröder ein wichtiger Vertreter in dessen Verwaltungs-Gremium der Oberalten von 1931-1945.

Im Nachlass B. Hopps finden sich mehrere Schwarz-weiß-Pausen, die Hopp wohl als Entwurfsbätter genutzt hat bzw. die davon übrig geblieben sind.[156]

Die nebenstehend abgebildete Pause ist z.T. koloriert und zeigt typische Merkmale Hopp'scher Arbeit:

1. Die Schriftform u.a. mit dem markanten „G".
2. Die Stilisierung der Figuren und deren Faltenwürfe.
3. Die Verlebendigung durch die Person im Altarraum.

Untypisch ist dagegen die ungenaue und skizzenhafte Zitierung des Bibeltextes:

4. Dort müsste eigentlich von dem „neuen Gebot" die Rede sein.

Dieser Entwurf führt ganz deutlich zu der späteren Realisierung:

Links: HAA_ORh_028.9_(0567) mit genauem Text aus Joh 13,34 (Altar hier ohne das Abendmahlsbild).

Allerdings scheint mit dem Entwurf oben die Diskussion um die Altargestaltung noch nicht abgeschlossen gewesen zu sein, denn es findet sich noch eine weitere Entwurfszeichnung, die das spätere Datum 16.9.1938 trägt. Darauf ist weiterhin ein Kruzifix zu sehen:

---

[156] Die kolorierte Pause wie auch die übrigen finden sich im Privatbesitz der Familie, der für den Zugang zu ihren Materialien auch an dieser Stelle – besonders Frau Ilse Hopp – gedankt sei.

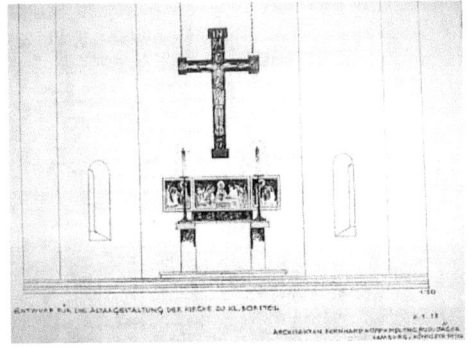

Hier[157] sieht es fast so aus, als sei nicht ein massiver gemauerter Steinaltar zu sehen, sondern eine auf zwei Ständern ruhende Altar-Tischplatte. Doch entsteht dieser Effekt durch ein zentral von der Altarplatte herabhängendes bodenlanges Parament. Zudem findet sich ein an Ketten von der Decke abgehängtes Kruzifix über und ein Triptychon auf dem Altar.

Das Triptychon ist zwar auch nur ganz schemenhaft im vergrößerten Ausschnitt zu erkennen, doch besteht kein Zweifel, dass eine Abendmahlsszene den Mittelteil bildet. Das zentrale Element, der Kelch, Jesus mit der Gloriole und umgebende Jünger sind sicher auszumachen. Der linke Flügel stellt möglicherweise eine Fußwaschungszene dar. Was als Thema des rechten Flügels skizziert ist, lässt sich nur vermuten: eventuell eine Gethsemane-Szene:

Diese Dinge so detailliert und in ihrer zeitlichen Abfolge darzustellen, ist deshalb wichtig, weil die Einweihung der Kirche in der Adventszeit erfolgen sollte und wenig Zeit für die Realisierung der Wunschvorstellungen blieb, die offenbar von mehreren Seiten an den Architekten gerichtet wurden. Auf jeden Fall wäre für B. Hopp die künstlerische Ausführung der drei im Nahbereich und vor Weihnachten 1938 fertigzustellenden Kirchen (St. Nikolaus, Maria-Magdalenen, St. Lukas) allein nicht zu leisten, ohne zusätzliche Hilfe von weiteren Künstlern in Anspruch zu nehmen. Deutlich ist jedoch, dass die Entwurfsarbeit und Konzeption der Gestaltungselemente vollständig von H&J durchgeführt wurden. Da durch spätere Veröffentlichungen z.T. der Eindruck entstehen konnte, dass das Gemälde im MM-Altarraum nicht der Urheberschaft B. Hopps zuzuschreiben, sondern das Werk des befreundeten Malers Hermann Junker sei, sind diese Details und der oben dargestellte Entwurf, die Pastor Besch am 4.9.1938 übergebene „1:10-Altar-Pause", wichtige Anhaltspunkte. Der oben bereits geschilderte Vergleich dieser „1:10-Altar-

---

[157] WP_20151202_119.

Pause" mit dem schließlich fertiggestellten Altarwandbild zeigt, wie nahe der Entwurf (trotz etwas abweichendem Text) der Ausführung dieses Hopp'schen Entwurfes ist; links das Foto mit der neuen Altarplatte (ca. 1946), rechts ein Farbfoto, wie sich das Wandbild gegenwärtig betrachten lässt:[158]

HAA_ORh_028.11_(0569)
Von gegenwärtigen Betrachtern wurden besondere Beobachtungen angemerkt: Es wurde vermutet, dass in der Gloriole des Kruzifixus etwa die Form eines ‚Helms' erahnt werden könnte. Dort sind im Detailausschnitt unterschiedliche Farbelemente sichtbar, die jedoch in der älteren Schwarz-Weiß-Aufnahme noch nicht erkennbar – also wohl als Farb-Alterung – erklärbar sind.

 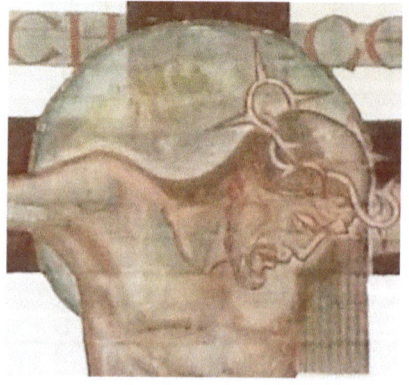

---

[158] Links Ausschnitt aus dem Foto HAA_ORh_028.11_(0569), rechts aus einem Farbfoto vom 5.1.2016 (DG_DSCN0326) mit etwas anderer Perspektive.

Bereits 1939 fragte sich auch Pastor Wilhelmi, der über die neuen Kirchen in Klein Borstel und in Wellingsbüttel berichtete, ob und wo möglicherweise die Namenspatronin der Kirche MM zu sehen sei:[159]

Dabei fällt eins auf oder vielmehr wird vermißt: nirgends ist, soweit wir gesehen, die Beziehung zum Namen der Kirche gesucht. Es ist ohne weiteres verständlich und anzuerkennen, daß das Bild an der Hauptstelle, über dem Altar, in einer evangelischen Kirche nicht jemand anders zeigt als den Herrn selbst; hier den Gekreuzigten. Aber weder in den beiden Gruppen Trauernder, die sich um das Kreuz scharen, ist Maria Magdalena, jedenfalls nicht deutlich, zu sehen, noch auf den Bildern an den Emporen, obwohl doch die Szenen am Grabe (Matth. 28, 1) und im Garten (Joh. 20, 11 ff.), vielleicht auch die Grablegung und die Benachrichtigung der Jünger (20, 18) eigentlich darnach rufen, in einer M.-M.-Kirche. Auch die Salbung Jesu könnte vielleicht hinzugenommen werden, wenn es auch katholischen Ursprungs ist, M.-M. mit der großen Sünderin in eins zu setzen (Luf. 7, 37 ff.), weswegen sie auf den katholischen Heiligenbildern auch immer mit dem Salbgefäß abgebildet zu werden pflegt. Bei aller verständlichen und gebotenen Zurückhaltung, was die Darstellung biblischer Personen in unseren evangelischen Kirchen angeht, würde man diese Bilder aus dem Leben der M.-M. doch in „ihrer" Kirche gern sehen.

1 2 3   4 5 6

Unter dem Kreuz dargestellt sind sechs Personen, deren Identifizierung in Frage steht.

Eine Beschreibung durch Hopp bzw. durch diejenigen, die mit ihm die Gestaltung des Altarraumes besprochen haben, liegt nicht vor. So ist von den biblischen Berichten und formalen Darstellungselementen der Personen 1 bis 6 auszugehen. Nr. 1 ist u.a. durch einen Bart als älterer Mann in etwas abgewandter Haltung erkenntlich gemacht; von Nr. 6 ist nur der Hinterkopf und Teile der Haartracht zu sehen. Als Frauen sind drei der Personen (2, 3 und 4) sicher zu identifizieren. Zwischen Jesus am Kreuz und den Darunterstehenden ist – wie in Joh 19,25-27 angegeben – eine Gesprächssituation durch die Kopf- und Mundhaltung Jesu angedeutet. Er richtet sich an die Person 5, die wiederum zu 2 blickt, so dass am ehesten an eine Darstellung von Joh 19,27 und die an den Jünger Johannes gerichteten Worte zu denken wäre: „Siehe, deine Mutter!". Das würde bei 2 voraussetzen, dass hier die Mutter Jesu dargestellt sein soll, was möglicherweise mit der grau-weißen Haarfarbe einer älteren Frau zum Ausdruck gebracht würde. So würden nur noch 3 und 4 als Kandidatinnen für eine Identifikation als Maria Magdalena verbleiben. Diese beiden unterscheiden sich dadurch, dass 3 mit ihrer Hand um 2 herumfasst, was dann die nähere persönliche Beziehung bildhaft ausdrücken würde, und auf die Bezeichnung die ‚Schwester seiner Mutter' in Joh 19,25 zurückzuführen wäre. So bliebe nur 4, bei der über ihrem Haar eine Andeutung eines Kopftuches erkennbar ist, als Maria-Magdalena übrig, was dem Text der in Joh 19,25 erwähnte Zeugin unter dem Kreuz entspräche.

---

[159] Wilhelmi (1939) BarmBote S. 194.

2.2.3.1 Wandbild-Urheberschaft und Arbeitsteilung

Eine Zuschreibung, die nur Hermann Junker als Urheber des Altarbildes nennt, findet sich zuletzt in der zweiten Auflage des „Neuen Rump" von 2013.[160] – Die Informationsquelle für diese Angabe scheint ein handschriftlich gefertigtes Künstlerlexikon zu sein, das am Ende des Artikels zitiert wird: „Zabel KL". – Von dessen Autor, Heinz Zabel, liegen auch zahlreiche Bild-Dokumentationen zu Hamburger Kirchen vor, zu denen eine listenartige Aufstellung „Dia-Sammlung" 1998 veröffentlicht wurde.[161] Auch darin findet sich unter Nr. 430 die Angabe „Altarbild (1938) von Hermann Junker".[162] Die Baudokumentation des Kirchenkreises Alt-Hamburg von 1992 hatte differenzierter formuliert: „Wandmalerei hinter dem Altar von Hopp beeinflußt (entworfen?), ausgeführt von H. Junker."[163] Dagegen findet sich in der älteren gedruckten Veröffentlichung „Die Kirchen der Hamburgischen Landeskirche", die von Kühn / Rohrbeck 1970 erarbeitet wurde, der beide Künstler nennende Eintrag: „Wandmalerei B. Hopp und H. Junker".[164] Die MM-Festschrift von 1963 berichtet im Zusammenhang der Einweihung:

> „Hinter dem Altar erhob sich das große Fresco der Kreuzigungsgruppe – wie das Altarbild von Hopp entworfen und von Jungk gemalt."[165]

Hier ist die arbeitsteilige Herstellung vorausgesetzt, wenn auch der Name von Hermann Junker nicht richtig wiedergegeben wird. (Unten wird im Abschnitt über Hermann Junker seine Zusammenarbeit mit Hopp an Hand der Hoppschen Notiz-Tagebücher im Detail nachgezeichnet).

Die Frage nach der Urheberschaft des Entwurfes zur Wandmalerei ist auf Grund des oben bei Anm. 156 wiedergegebenen Vorentwurfs vom 3.9.1938 eindeutig zu beantworten: es ist Bernhard Hopps Werk. – Die Schwierigkeit, die sich für die Näherbestimmung der Autorschaft und des Namens in der sich wandelnden Überlieferung in der Sekundärliteratur ergibt, hat sich vermutlich daraus ergeben, dass in der Familie von Hermann Junker (1903-1985) einerseits noch Kenntnis über seine Tätigkeit in Klein Borstel existierte, aber andererseits keine Beauftragung oder Rechnung in der Überlieferung der Gemeinde für ihn vorlag. Andererseits hat B. Hopp eine entsprechende Rechnung für die Ausmalung der Altarnische gestellt,[166]

---

[160] Bruhns (2013²) Rump S. 222: „Auftr: 1938 Ohlsdorf Maria-Magdalenen-Kirche: Altarbild." – Wortgleich findet sich der zitierte Text auch in einer Kurzbiografie auf einer Webseite des Kunsthandels, die unter Objektnummer 109432 das Ölbild von Junker „Die Rissener Sandkuhlen bei Hamburg" anbietet.
[161] Hrsg. G. Paasch (1998) unter Nr. 430.
[162] Die Bilder der Sammlung finden sich auch im Denkmalschutzamt, dem ich für Einsichtnahme und Unterstützung sehr danke.
[163] Baudokumentation_KK_Alt-Hamburg_Nr_30_Maria_Magdalenen.pdf Teil „II. Baubeschreibung" S. 2.
[164] Kühn / Rohrbek (1970) S. 226.
[165] KG_Maria-Magdalenen (1963) S. 8.
[166] Der folgende Bildausschnitt ist aus einem Foto von G. Engler entnommen, das er während der Ausstellung zum 75. Kirchenjubiläum 2013 machen konnte und das er für das H&J-Projekt zur Verfügung gestellt hat.

die unter dem Datum vom 9.1.1939 an die Kirchengemeinde Fuhlsbüttel gerichtet ist und die für seinen künstlerischen Beitrag zur Ausgestaltung der Kirche mehrere von ihm ausgeführte Arbeiten berechnet. Die erste der Positionen benennt: „Für die Malerei in der Altarnische und das Tafelbild (Abendmahl) auf dem Altar vereinbarungsgemäß RM 1.500.--":

```
Bernhard  H o p p                        Hamburg 36, Königstr.14/16
Kunsthandwerker und Architekt            den 9. Januar 1939.


   R e c h n u n g  für die Kirchengemeinde in Fuhlsbüttel.

   Betr.: Neubau der Maria-Magdalenen Kirche in Klein Borstel.

   Für die Malerei in der Altarnische und das
   Tafelbild (Abendmahl) auf dem Altar
   vereinbarungsgemäss . . . . . . . . . . . . . . . . RM  1.500.--
   Für die Bemalung aller 11 Emporenfelder mit fi-
   gürlichen Darstellungen
   je Feld RM 200.-- = . . . . . . . . . . . . . . . . " "  2.200.--
   Für die Beschriftung der Glocken (Entwurf) und
   Ausführung in der Glockengiesserei Schilling
   Apolda. . . . . . . . . . . . . . . . . . . . . . . " "    200.--
   Für den Entwurf und die teilweise eigene Ausfüh-
   rung der dekorativen Malereien im Turmsaal, der
   Tür zur Orgelempore, Wand des Sitzungszimmers und
   das Aufzeichnen der Balkeninschriften . . . . . . . " "    400.--
```

Die in der ersten Rechnungsposition genannte „Malerei in der Altarnische" bezieht sich auf die auch heutzutage noch sichtbare Kreuzesdarstellung an der Stirnseite der Apsis.

2.2.3.2 Das Abendmahls-Tafelbild auf dem Altar

Dagegen ist das in dieser Rechnungsposition ebenfalls genannte „Tafelbild (Abendmahl) auf dem Altar" nach dem bisherigen Kenntnisstand wohl nicht mehr erhalten. Nach dem Bericht in der Festschrift von 1963 war es jedoch bei der MM-Einweihung auf dem Altar vorhanden:

„Ein dreiviertel Jahr später, am 11. Dezember, dem 3. Adventssonntag, wurde die Kirche Maria Magdalenen in einem Weihegottesdienst ihrer Bestimmung übergeben. Herr Germann, der erste Klein Borsteler Kirchenvorsteher in Fuhlsbüttel, berichtet darüber: ‚In feierlichem Zug brachten die Kirchenvorsteher die Altarbibel und die Altargeräte aus dem Kirchsaal zur neuen Kirche. An der Kirchentür übergab der Architekt Hopp den Kirchenschlüssel dem Oberkirchenrat Drechsler, der ihn dem Vorsitzer des Kirchenvorstandes, Pastor Zacharias-Langhans weiterreichte'. Der Kirchenraum und die Bankreihen des schlichten Kircheninneren wurde durchschritten und die Bibel auf den Altar an ihren Platz vor dem goldfarbenen Tafelbild der Einsetzung des Abendmahls gelegt. Dazu sang der Chor mit Instumentalbegleitung den Satz ‚Verleih uns Frieden gnädiglich' von Schütz. ‚Die Festpredigt über Psalm 24,7-10 hielt Pastor Rudolf Timm, der vom Kirchenvorstand einstimmig zum ersten Pastor an Maria Magdalenen gewählt worden war.'"[167]

Bisher ist auf keinem Foto vom „goldfarbenen Tafelbild der Einsetzung des Abendmahls" auch nur ein entfernter Eindruck zu gewinnen. Es ist in der Nachkriegszeit ersetzt worden. In der Baudokumentation des Kirchenkreises Alt-Hamburg ist vermerkt:

„Altaraufsatz aus Basalt mit erhabener Inschrift und Darstellung eines Grabkreuzes, erst 1946 hinzugefügt."[168]

Ein Farbfoto des Aufsatzes von Heinz Zabel, das sich in der Kartei des Denkmalschutzamtes befindet, enthält als Beschriftung den Vermerk „Altar-Stein v. Oskar Ulmer (1888-1963)".[169]

Ein Teil der nicht datierten Innenaufnahmen der Kirche von Otto Rheinländer entstammen anscheinend erst der Nachkriegszeit.[170] Warum das Tafelbild mit der Abendmahlsszene ersetzt wurde, ist nicht dokumentiert. Die Bezeichnung ‚Grabkreuz' wurde wahrscheinlich gewählt, um das trapezförmige grafische Element unterhalb des Kreuzes als Symbol für das leere Grab zu kennzeichnen.[171]

Auf jeden Fall ist die Inschrift „Er ist auferstanden" dem Inhalt des Wandbildes und der Botschaft der Maria Magdalena angemessen.
Von dem früheren Abendmahls-Tafelbild könnte der Entwurf in der „1:10 Altar-Pause" erhalten sein, der oben bereits im Zusammenhang mit der Wandmalerei abgebildet ist.[172] - Wie bei den anderen von Hopp und Jäger gebauten Kirchen beschränkte sich deren Entwurfs-Tätigkeit keineswegs auf die architektonisch-konstruktiven Aspekte. Vielmehr war ihr Verständnis der Architekten-Aufgabe die ganzheitliche Bemühung um eine künstlerische Gesamtgestaltung des Äußeren und Inneren des jeweiligen Kirchgebäudes. Gerade auch die Ausbildung Bernhard Hopps als Kunstmaler erlaubte es ihm, in die Architekten-Zeichnungen jeweils auch bereits die möglichen künstlerischen Ausgestaltungen des Raumes möglichst plastisch hinein zu zeichnen. Auch wenn weitere Künstler herangezogen wurden,

---

[167] KG_Maria-Magdalenen (1963) S. 8.
[168] Baudokumentation KK Alt-Hamburg 1992, Teil „II. Baubeschreibung" S. 2.
[169] DSA_430_Maria-Magdalenen_Karteikasten_WP_20150910_028.pdf S. 73.
[170] HAA_ORh_028.11_(0569) Ausschnitt.
[171] Vgl. unten S. 66. Der Hersteller Oskar Ulmer hat vielfach mit Hopp auch bereits in der Vorkriegszeit zusammengearbeitet; siehe oben u.a. zum Grundstein bei Anm. 134.
[172] Siehe oben bei Anm.156.

so erhielten sie ziemlich genaue Vorgaben für das von ihnen zu gestaltende künstlerische Ausstattungselement.[173]

In mehreren Fällen liegen aber auch nicht nur solche ausgestalteten Architektenzeichnungen vor, sondern detaillierte Entwürfe einzelner Elemente. Der folgende Ausschnitt aus der genannten Entwurfszeichnung zeigt den Altar mit dem ursprünglich geplanten und - nach der Rechnung und der Beschreibung der Kirchweihe zu urteilen - 1938 auch realisierten Tafelbild:

Das Abendmahls-Motiv – ähnlich das Motiv der Emmaus-Jünger, die den Herrn beim Brechen des Brotes erkennen – gehört zu den von Bernhard Hopp besonders geschätzten Elementen zur Ausgestaltung des Altarraum-Geschehens, um den ‚Tisch des Herrn' in seiner gottesdienstlichen Funktion herauszuheben.

Exkurs:
> Ein Triptychon, in dem Hopp zentral auf der Innenseite die Abendmahls-Szene dargestellt hat, findet sich ebenfalls im Nachlass der Familie Hopp. Dabei handelt es sich allem Anschein nach um den Wettbewerbsbeitrag von Bernhard Hopp von 1930 für die Ausgestaltung des Altars der St. Ansgarkirche in Langenhorn. Dieser Wettbewerb ist insbesondere deshalb ausführlich beschrieben worden, weil der schließlich erst-platzierte Beitrag von Anita Rée wegen derer „nicht-arischen" Abstammung schließlich nicht aufgestellt, sondern in Räumen der Katharinen-Kirche verwahrt und schließlich in den

---

[173] Vergleiche dazu etwa die Entwurfs-Zeichnung für das vom „Bildhauer Jahn, Lübeck" zu fertigende Altarbild für die Kirche St. Lukas in Fuhlsbüttel (siehe bei Anm. 223), die sich im Archiv Ost-Hamburg als Baudokumentation des Kirchenkreises Alt-Hamburg Nr. 29 findet.

Bombenangriffen 1943 zerstört wurde. In der monografischen Ausarbeitung im Rahmen der Dissertation von Maike Bruhns zu Anita Rée finden sich dazu nähere Angaben sowie die Vorgaben der Ausschreibung durch den Kirchenrat der Hamburgischen Landeskirche:

„Am 24.4.1930 wurden im Wettbewerbsverfahren die Maler Bernhard Hopp, Arthur Illies und Walter Rentzig aufgefordert, Entwürfe einzureichen. Die Jury bildete einen Ausschuß, dem Senior Horn, Hauptpastor Knolle, Rechtsanwalt Bruntsch, Professor Sauerlandt und Oberbaurat Brunke angehörten. Bis zum 1. Juni 1930 sollten die Entwürfe vorliegen und thematisch folgende Darstellungen enthalten: als Mittelbild des Triptychons ein Abendmahl, als Seitenbilder den Einzug in Jerusalem und den Verrat des Judas und als Außenbilder die klugen und die törichten Jungfrauen".[174]

Auch wenn der Kontext der St. Ansgar-Kirche und der Vorgang des Entwurfs zu dem Hoppschen Triptychon acht Jahre früher liegen, so mag es doch einen Eindruck auch vom ehemaligen Tafelbild in MM geben:[175]

Der Text, den Hopp über diese Szene geschrieben hat, erscheint auf den ersten Blick befremdlich: „Joh 13,18 Der mein Brot isset, der tritt mich mit Füßen". Es handelt sich um ein von Johannes genutztes Psalmen-Zitat, das im Kontext in Joh 13,18 eingeführt wird:

„Nicht rede ich von euch allen; ich weiß, welche ich erwählt habe. Aber es muß die Schrift erfüllt werden (Ps. 41,10): ‚ Der mein Brot isset, der tritt mich mit Füßen'."[176]

Im Kap 13 des Johannes-Evangeliums, das ein Abendessen mit der Fußwaschung berichtet, handelt es sich nicht um eine Passamahl-Feier am ‚Gründonnerstag', - sondern die Schlachtung der Passa-Lämmer ist erst am Tag der Kreuzigung vorausgesetzt. Das geht aus der Zeitangabe in Joh 18,28 sowie dem Vers 19,36 hervor, wo das Schriftzitat „Ihr sollt ihm kein Bein brechen" (aus der Pesach-Anordnung in 2.Mose 12,46) auf Jesus als das ‚wahre Osterlamm' angewendet wird.

Im geschlossenen Zustand sind auf der Außenseite des Triptychons ‚die klugen und die törichten Jungfrauen' (Mt 25,1-13) zu sehen:[177]

---

[174] Bruhns (1986) S. 153; vgl. dazu auch den Dokumententeil.
[175] Mit freundlicher Genehmigung durch Frau Ilse Hopp in ihrer Privatwohnung fotografiert (WP_20150928_014.jpg).
[176] In Mk 14,18 findet sich in einer kürzeren Form eine Anspielung auf Ps 41,10.
[177] WP_20150928_011; innen links: WP_20150928_013, rechts: WP_20150928_016.

Auf den beiden Innenseiten sind der Einzug nach Jerusalem sowie die Verratsszene abgebildet:

Die Abendmahls-Szene ist von Hopp frei nach dem Text des Johannes-Evangeliums gestaltet und stellt unter den zwölf Jüngern besonders die mit dunklen Farben dargestellte Figur des Judas heraus.

Im Hause der Familie Hopp (in der Straße Ahlfeld 53 in Fuhlsbüttel) wurde es von seinem Sohn Asmus nach dem Tod von B. Hopp (1962) auf dem Dachboden gefunden. Es fand dann seinen Platz an der Wand über dem Esstisch der jungen Familie Asmus und Ilse Hopp. Heutzutage (2015) befindet es sich bei Ilse Hopp, die es mir freundlicherweise gezeigt und den Hintergrund, soweit er ihr bekannt war, erläutert hat.

Zurück zu Maria Magdalenen:

Wie mag die MM-Abendmahlsszene besonders gestaltet gewesen sein? – Reflektiert die Altarraum-Ausmalung insgesamt den inneren Konflikt, den die Grundstein-Urkunde deutlich thematisiert („Zeit, da viele unserer Brüder sich wieder abwenden von Christo")? - Der Bibeltext unter der Königskrone, die das Reich Gottes symbolisiert, ist ebenfalls nach innen formuliert:

> „Ein neu Gebot gebe ich euch, daß ihr euch untereinander liebet, gleichwie ich euch geliebet habe."[178]

Der Text zielt aber mit dem nächsten Vers über die innere Situation hinaus:

> „Daran wird jedermann erkennen, daß ihr meine Jünger seid, so ihr Liebe untereinander habt."

---

[178] Joh 13,34.

Der Text interpretiert indirekt auch die Bedeutung der gemalten Kreuzes-Szene mit dem Liebesgebot an diejenige, die sich als Jünger verstehen und die wie die Namenspatronin Maria Magdalena[179] zu Zeugen der Auferstehung und zu Gemeindegliedern werden. Sie sollen als Boten die Liebe Gottes weitergeben und erkennbar machen. Wie die Grundstein-Urkunde formuliert:

> „Sie hat die schwersten Stunden unseres Herrn mit durchlebt und in vorbildlicher Liebe und Treue zu ihm gehalten ...[und] wurde ...den Männern, welche den Glauben verloren hatten, zur Botin...".

Es steht zu vermuten, dass B. Hopp im Altarraum mit dem Abendmahlsbild ebenfalls auf die Grundstein-Urkunde Bezug nimmt und den thematisierten Konflikt der Gemeindesituation irgendwie bildhaft darin mit zum Ausdruck gebracht hat. Wurde möglicherweise das Element des Verrates von ihm ähnlich wie in dem Triptychon-Entwurf von 1930 zur Darstellung gebracht? Könnte das auch Grund für eine Ersetzung in der Nachkriegszeit gewesen sein? - Solange jedoch das Tafelbild nicht wieder aufgefunden ist, müssen solche Annahmen im Bereich nicht belegbarer Vermutungen verbleiben.

In der Festschrift von 1963 findet sich S. 11 ein Foto, unter dem vermerkt ist „Das Innere unserer Kirche in den ersten Jahren". Es ist leider etwas unscharf, lässt aber erkennen, dass auf dem Altar noch nicht die Basaltplatte mit dem Kreuz und der Inschrift zu sehen ist. Fotos, die die verschiedenen Entwicklungszustände der Gestaltung zeigen, stellen vor ein Problem der genaueren Datierung. Da dieses Foto sich bereits in einem 1940 publizierten Buch auch bereits findet, muss es sicher zuvor entstanden sein.[180] Sind die Aufnahmen ohne das Abendmahlsbild auf dem Altar und noch nicht fertiggestellter Kanzelbemalung aber möglicherweise sogar vor der Einweihung aufgenommen worden?

Es handelt sich um eines der Bilder, die vom Fotografen Otto Rheinländer im Auftrag von H&J angefertigt wurden und das mit dem Original-Negativ noch vorhanden ist. Dadurch ist auch gut ein Ausschnitt zu erstellen, wie er durch das rote Kästchen links markiert ist. Dieser hebt den Schattenwurf der Bänke hervor, durch den eine Eingrenzung der Datierung erfolgen kann.[181]

Der Sonnenschatten fällt von Süden fast parallel zu den Fliesenkanten in den Mittelgang. Bestimmt man das Verhältnis zwischen Bankhöhe+Podest zur Schattenlänge, so ergibt sich ein Winkel der Sonnenhöhe von ca. 35°. Das Bild

---

[179] Diese findet sich sowohl in der johanneischen Fassung – in Joh 19,25 – als auch bei den Evangelisten Matthäus 27,56 und Markus 15,40 (jedoch nicht bei Lukas).
[180] Dieses Bild ist auch bei Wendland (1940) im Abbildungsteil S. 13 zu sehen.
[181] Foto: HAA_ORh_028.9_(0567).

lässt so auf ein Datum der Aufnahme in der Mittagszeit ungefähr um die Tag-und-Nachtgleiche entweder im Herbst 1938 oder im Frühjahr 1939 zurückschließen.[182] Eine genauere Datierung erlauben die auf den Liedertafeln z.T. angeschlagenen Gesangbuchlieder und Liedstrophen, die ja schon auf die Nutzung der Kirche – also das Frühjahr 1939 – deuten:

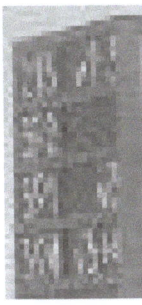

Aus dem Originalfoto HAA_ORh_028.9_(0567) lässt sich in der Ausschnittsvergrößerung noch sehr gut ersehen, welche Lieder vom vorherigen oder für den nächsten Gottesdienst angeschlagen sind:

213 v 1-5
392
391 v 3
394 v 3+4

Im sogenannten „Sakristeibuch" einer Predigtstätte wird u.a. für jeden Sonntag festgehalten, welche Lieder gesungen sowie welche Lesungs- und Predigttexte im Gottesdienst verwendet wurden:

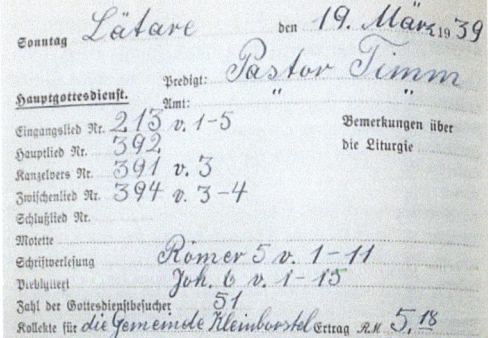

So lässt sich das Datum der Liedauswahl aus dem „Sakristeibuch I", das die Gottesdienste vom 2.2.1936 bis 23.11.1942 verzeichnet, und indirekt des Fotos HAA_ORh_028.9_(0567) mit einer Ungenauigkeit von ca. zwei Wochen bestimmen. Dieselben Liednummern finden sich auf den Fotos HAA_ORh_029.2_(0574) und HAA_ORh_028.13_(0571).

Damit ist auch der im Folgenden gebotene Bildausschnitt links, der ebenfalls aus der genannten Original-Vorlage zu dem Foto aus der Festschrift von 1963 entnommen ist, näher bestimmt:[183]

---

[182] Siehe zu den Details und Hilfsmitteln der Berechnungsmethode unter http://mirjamglessmer.com/2016/01/05/using-a-shadow-to-estimate-the-date-a-photo-was-taken/. Weiteren Aufschluss bieten die Liedertafeln; siehe dazu unten und bei Anm. 187.
[183] HAA_ORh_028.9_(0567); rechts daneben der Ausschnitt aus dem jüngeren Bild (nach 1946 siehe oben bei Anm. 170) HAA_ORh_028.11_(0569).

Deutlich zu sehen ist links das Foto vom Frühjahr 1939 mit der leeren Tafel, die nicht mehr das bei der Einweihung am 11.12.1938 erwähnte Abendmahlsbild bietet. Die Tafel ist erkennbar kleiner als der spätere Basalt-Block mit der Inschrift rechts. Was mag genau in diesem Vierteljahr seit der Kirchweihe vorgefallen sein?
In Tonband-Aufzeichnungen, die I. Willsch am 3.4.1963 von Gesprächen mit Frau Dr. T. Bertog über die Zeit der Zugehörigkeit von MM zur Gemeinde St. Lukas vor 1947 angefertigt und 2007 verschriftet hat, sind zum rätselhaften Verschwinden des Abendmahlsbildes einige Anmerkungen erhalten:

> „Die letzte Tat dieser Fuhlsbütteler Geschichte ist die schwarze Tafel auf dem Altar. Da kann ich ja heute noch in die Luft gehen. Eines Tages war die andere weg und dann war diese da. Die erste war das ‚Abendmahl' von Hopp, das Bild ‚Die Einsetzung des Abendmahls', von Hopp gemalt in derselben Art wie seine Tafeln und sein Kreuz, und zwar auf Goldgrund; die Gesichter waren nicht ausgeführt, sondern nur angedeutet. Ob sie noch einmal ausgeführt werden sollten, kann man bei Hopp nie wissen, denn die Sachen sind ja zum großen Teil nicht fertig und werden ja nun nicht fertig. Aber nach meiner Ansicht sollten die so sein, weil man diese Sachen ja gar nicht in dem Sinne ausführen kann; es sollte es ja auch nicht. Und eines Tages kommen wir in die Kirche und da ist es weg und da ist da so eine schwarze Tafel. Und da wurde gesagt, die Pastoren hätten sich beklagt, das könnten sie nicht mit ansehen, diese Gesichter da. Also: Wer das gewesen ist, habe ich nie 'rausgekriegt. Jedenfalls war unsere Kirche hin, das kann ich Ihnen ganz offen sagen. Denn das andere war aus einem Guß; und diese Art der Malerei mit dem Goldgrund mit dem Abendmahl gab eine derartige Konzentration im Blick, durch den Goldgrund, und war ein so leuchtender Mittelpunkt, der zudem natürlich doch überhaupt fabelhaft paßte,- nicht, ich meine, der Inhalt der schwarzen Tafel ist ja gut, aber kein Mensch sieht ja, was es ist. Das können Sie von hinten doch nicht sehen. Sie sehen doch von hinten keine Schrift und nichts, es ist ja ein fürchterliches Dings. Das ist ja auch das nächste, was Pastor Kersten entfernt.
>
> Das Abendmahls-Bild hat Hopp vernichtet aus Ärger, ich glaube, er hat es übermalt; ich weiß es nicht, ich kann es nicht sagen. Er soll sich wahnsinnig geärgert haben. Kann ich dem Mann ja auch nicht verdenken. … Es ist entfernt worden. Ja, vor allen Dingen: Wir hier in der Gemeinde sind überhaupt nicht gefragt worden. Das Ganze war noch vor dem Krieg."[184]

Des Rätsels Lösung, wann wohl zwischen Einweihung und dem oben besprochenen Foto vom Frühjahr 1939 das Bild mit der Abendmahlsszene vom Altar entfernt wurde, ergibt sich aus Einträgen in den Hopp'schen Notiz-Tagebüchern vom 26.1.1939:

---

[184] Die Abschriften sind mit Zustimmung von I. Willsch zur Nutzung für die Gemeinde an Herrn J. Hoffmann übergeben und von ihm freundlicherweise zur Verfügung gestellt worden.

„P. Timm beanstandet Altarbild (Abendmahl) und die Altarleuchter", und als Merkposten daneben: „Altarl[euchter] Kl. Borstel von Thomsen (Drechsler) holen lassen".

Im Blick auf das beanstandete und schon am 9.1.1939 berechnete Altarbild findet am 6.3.1939 eine Besprechung mit Oberbaurat Brunke statt, zu der Hopp notiert:

„Br[unke] hält Kl. Borstel für den besten Innenraum. Altarbild besser entfernen."

Leider sind mehrere Entwurfsskizzen für einen neuen Altaraufsatz undatiert, die sich im alten Aktenbestand der Firma Hopp & Jäger zu Klein Borstel fanden, der 1985 von Dr. D. Brunzema an die Bauabteilung (heute des Kirchenkreises Hamburg-Ost) gegeben wurde:

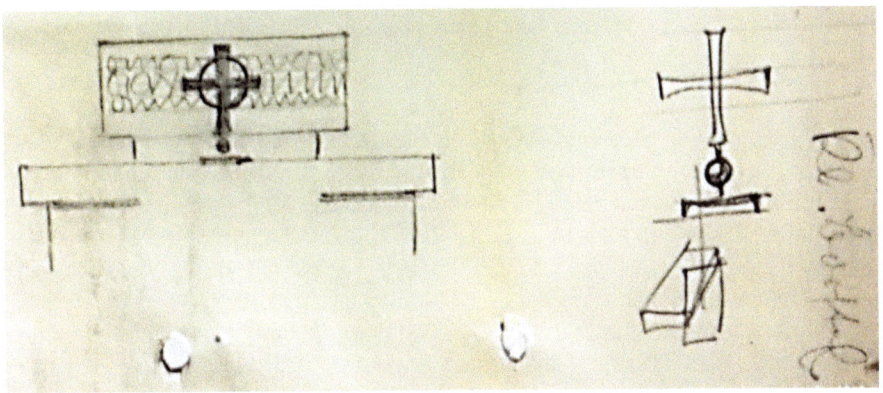

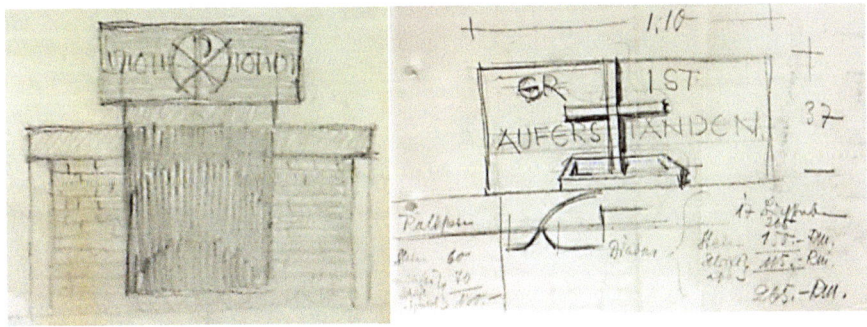

Die rechts abgebildete Skizze mit den Bemaßungen und Preisberechnungen entspricht wahrscheinlich in etwa der auch an Oscar Ulmer gegebenen Vorzeichnung, die jedoch nicht mehr erhalten ist. Es könnte sein, dass diese Zeichnungen bald nach dem oben genannten Gespräch mit Oberbaurat Brunke sowie der Entfernung des Abendmahl-Tafelbildes entstanden sind, jedoch die Realisierung durch die Ereignisse 1939 nicht mehr zu Stande kam.

Aus welcher Zeit genau weitere Fotos stammen, die die Kanzel noch ohne ihre spätere Bemalung der Bildflächen zeigen, wäre unsicher, wenn nicht z.T. die Liedertafeln mit fotografiert wären. Der Ausschnitt aus dem Foto links HAA_ORh_028.13_(0571) ist demnach zum gleichen Zeitpunkt im Frühjahr 1939 aufgenommen, wie das oben besprochene Foto vom Altar ohne Abendmahlsbild.[185]

In der Festschrift von 1988 wird ebenfalls ein ähnliches Foto wiedergegeben,[186] das wohl von der Seitenempore aus aufgenommen wurde, jedoch auch eine andere Liedauswahl auf der Tafel zeigt. Es handelt sich um die Aufnahme vom Fotografen Rheinländer HAA_ORh_028.14_(0572). Hier (wie im Festschrift-Foto) sind die folgenden Lieder angeschlagen 503; 160; 434 v 11; 243 v 1+4.[187] – Anzunehmen ist, dass diese Aufnahmen aus der Zeit 1946 stammen, als der Fotograf auch den neuen Altaraufsatz der Basaltplatte fotografiert hat, und dass die Ausmalungen der Kanzel- und Orgel-Emporentafeln möglicherweise erst in der Nachkriegszeit zu einem etwas späteren Zeitpunkt erfolgt sind.

2.2.4 Weitere Gestaltungselemente des Kirchenraumes

Der Kirchraum ist so gestaltet worden, dass zwar im Normalfall nur 182 feste Sitzplätze in den Bankreihen beidseits des Mittelgangs vorhanden sind. Jedoch wurde in den Planungsunterlagen darauf hingewiesen, wie insbesondere zu den großen Feiertagen die Sitzmöglichkeiten erweitert werden könnten:

> „Der Hauptgemeinderaum ist 8.60 m breit und hat bis zur ersten Stufe des Altarraumes eine Länge von ca. 14.40 m. In ihm können 182 Plätze auf festem Gestühl angebracht werden. Der Vorraum fasst 58 Sitzplätze auf Stühlen, sodass damit 240 Sitzplätze zusammen zur Verfügung stehen. Vor dem festen Gestühl im Gemeinderaum ausserdem noch ca. 20 Stühle hinzugestellt werden zusammen 260 Plätze. Der Altarraum hat bis zur Apsis eine Tiefe von 4.00 m, sodass ausreichend Raum bleibt für die Unterbringung von Konfirmanden, Hochzeits- oder Taufgesellschaften und für Aufführung von Krippenspielen. An den Hauptfesttagen würde man im Mittelgang einseitig 18 Notsitze unterbringen, so dass insgesamt 278 Sitzplätze gewonnen wären. Die Hauptempore gibt Raum für ca. 75 Sitzplätze, wenn der Orgelplatz frei gelegt wird. (zusammen 353 Sitzplätze) Wird vorläufig eine kleine Orgel, wie wir vorschlagen würden, auf der kleinen

---

[185] Zu sehen sind wieder die Lieder 213 v 1-5; 392; 391 v 3; 394 v 3+4 vom 19.3.1939.
[186] Eine Seitenzählung ist in diesem Festschrift-Heft leider nicht vorhanden - gezählt S. 25.
[187] Diese Liednummern finden sich auch auf dem Foto HAA_ORh_029.1_(0573), auf dem erst sechs der Bildtafeln der Emporenbrüstung vorgezeichnet, jedoch noch nicht koloriert sind; vgl. auch unten das Foto HAA_ORh_009.28-15_(0324) bei Anm. 194.

Seitenempore des Altarraumes angebracht, dann würden weitere 22 Sitzplätze frei, sodass insgesamt 375 Sitzplätze nunmehr zur Verfügung stünden. Im Altarraum können an der Nordwand 3 Reihen zu je 7 Stühle aufgestellt werden ... Die Aufnahmefähigkeit des Kirchenraumes schwankt demnach zwischen 180 Plätze auf festem Gestühl bis zu 400 Plätze an Hauptfeiertagen."[188]

Für diese Planung sind neben dem Kirchraum im engeren Sinne der Vorraum und die Emporen wichtige Ergänzungs-Elemente, die auch durch besonderen Schmuck in die Gestaltung einbezogen sind.

2.2.4.1 Die Balken-Inschriften

Bereits in den ersten noch undatierten Entwürfen für den Kirchbau, die dann auch den Bauzeichnungen vom 24.11.1937 zugefügt wurden, findet sich eine Balken-Inschrift unterhalb der Orgelempore:

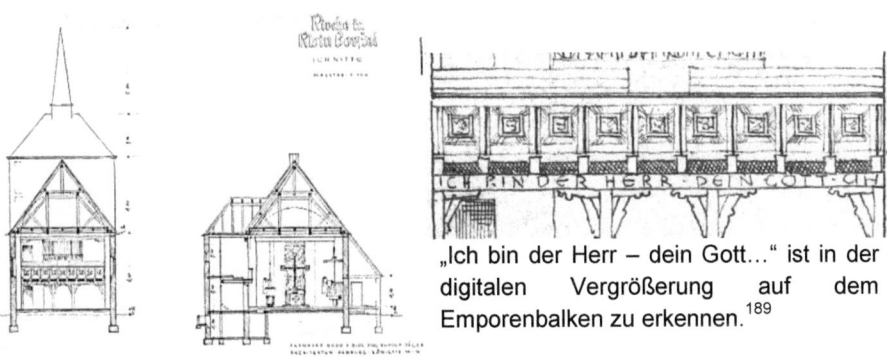

„Ich bin der Herr – dein Gott..." ist in der digitalen Vergrößerung auf dem Emporenbalken zu erkennen.[189]

In diesem Entwurf war jedoch noch nicht die Abtrennung des Vorraumes vorgesehen, die in der späteren Bauausführung – wie in den meisten Vorkriegs-Kirchen von H&J – realisiert wurde.
Die dann verwirklichte Gestaltung beginnt für die die Kirche Besuchenden im Inneren bereits mit einer ersten Balken-Inschrift, die vom Vorraum aus über der Tür und der - ggf. an den großen Festtagen versenkbaren – verglasten Abtrennung zum Kirchenschiff zu sehen ist:

---

[188] Textauszug aus „Erläuterung Betr.: Vorhaben Predigtstätte in Klein Borstel" S. 1.
[189] Mit Genehmigung der Bauabteilung Hamburg-Ost aus „3095_600_BA_A-A + B-B.jpg".

Der Ausschnitt aus dem Rheinländer-Foto HAA_ORh_-028.8_(0566) zeigt den Blick vom Vorraum in den Kirchraum und einen Teil der Balken-Inschrift: „Seid stille und erkennet, daß ich Gott bin" (Psalm 46,11).

Über diesem Vorraum findet sich die Empore – und an der Innenseite des Balkens unterhalb der Bildtafeln der Emporenbrüstung eine zweite Inschrift, die jedoch meist wenig wahrgenommen wird:

„Wie dünkt euch um Christus" Matth 22,42[190]

Warum gerade dieser Text 1938 gewählt wurde, ist bisher nicht erkennbar, wirkt aber aus der Rückschau – nicht nur wegen der inzwischen ungebräuchlichen Wortwahl des Luthertextes – als erklärungsbedürftig. Im alten Luthertext lautet der Kontext der Frage Jesu an die Pharisäer wie folgt:

[41]Da nun die Pharisäer beieinander waren, fragte sie Jesus [42]und sprach: Wie dünkt euch um Christus? wes Sohn ist er? Sie sprachen: Davids.

Den Pharisäern, die zuvor zu ihrer Frage nach dem „vornehmsten Gebot" die Erläuterung erhalten hatten, dass diesem Gebot das folgende gleichwertig sei: „Du sollst den Nächsten lieben wie dich selbst", entgegnet Jesus mit einer weitergehenden Gegenfrage. Er spricht sie auf ihre Endzeithoffnung und Messias-Erwartung (= Christus) an: „Was denkt ihr von dem Christus?", wie die Frage im revidierten Luthertext heißt.

Möglicherweise geht es also bei dem Zitat in der Balken-Inschrift darum, dass christlicher Glaube nur im Zusammenhang auch der jüdischen Messias-Erwartung zu verstehen ist, was von denjenigen bestritten wird, die eine „Entjudung" christlicher Überlieferungen fordern.[191] So könnte die Balken-Inschrift auf die in der Grundstein-Urkunde genannten inneren Konflikte Bezug nehmen und zugleich das Komplement zur ersten Balken-Inschrift bilden, – der aus dem „jüdischen" Psalmen-Buch entnommenen Aufforderung „Seid stille und erkennet, daß ich Gott bin".

---

[190] Die Inschrift ist auf der unten folgenden Abbildung der Bildtafeln der Emporenbrüstung zu sehen: WP_20150910_098 / (vgl. auch im Archiv die Material-Mappe KG_Maria-Magdalenen_75_Jahre_1938-2013_Ausstellung_Kunstwerke.pdf S. 5). Vergleichbar ist evtl. Gess (1901).

[191] In der Zeitschrift ‚Das Evangelische Hamburg', die seit März 1937 unter der Bezeichnung ‚Das Niederdeutsche Luthertum' erschien, findet sich der Beitrag „Wie bezeugen wir die Gottessohnschaft Jesu nach den Synoptikern?". Dieser Artikel beginnt mit genau der Frage der Balken-Inschrift: „Die Hauptfrage des Christentums: ‚Was dünket euch um Christus, wes Sohn ist er?' steht wieder einmal im Vordergrunde. Das ist zu begrüßen, legt uns Pastoren aber die Pflicht auf, nun aufs neue unsern Gemeinden und vor allem unserer Jugend zu ‚beweisen', daß Jesus der Sohn Gottes ist…" Bracker (1937) EvHamburg S. 250.

Eine dritte Balken-Inschrift findet sich über der Vorraum-Tür zum Windfang vor der Außentür, wie sie der Ausschnitt aus dem Foto[192] erkennen lässt: „Er ist unser Friede". Mit diesem biblischen Votum aus dem Epheserbrief 2,14 verlassen die Besuchenden das Kirchgebäude. – Auch hier ist vermutlich die Wahl der Textstelle nicht zufällig erfolgt, sondern auf den umgebenden Kontext in Eph 2 bezogen sowie auf die Ansage der hebräischen Bibel in Micha 5,4.[193]

Eine weitere, aber eher unscheinbare Balkeninschrift findet sich über der Tür zur Küsterkammer, dem Nebenraum zum Windfang:

Hier finden sich ornamental noch mit jeweils einem Kreuz verziert die griechischen Buchstaben Alpha und Omega sowie zentrisch das Christus-Monogramm.

2.2.4.2 Die Bildtafeln an den Emporenbrüstungen

Für die oben vorgetragenen, kontextbezogenen Deutungen der Balken-Inschriften und insbesondere des umgebenden Zusammenhangs der Pharisäer-Frage spricht vor allem der Text direkt über der Balken-Inschrift in der zentralen Kassetten-Bildtafel an der Orgelempore, die nur – und in Entsprechung zum Text aus Joh 13,34 beim Kreuz im Altarraum – die Worte enthält:

„Gott ist Liebe" (1. Joh 4,16)

Mit diesem Text aus dem 1. Johannesbrief, der – zusammen mit der Fortsetzung „...und wer in der Liebe bleibt, der bleibt in Gott und Gott in ihm" – zu den zentralen biblischen Merkversen des kirchlichen Unterrichts gehört hat, wird wiederum der Tenor der Balken-Inschriften und der Grundstein-Urkunde nach rechter Gotteserkenntnis und gemeindlicher Praxis aufgenommen.

---

[192] HAA_ORh_029.5_(0577).
[193] Remé (1937) EvHamburg S. 305ff.

Auch die acht umgebenden Bildtafeln (alle von links nach rechts von 1 bis 9 nummeriert) stellen zentrale biblische Themen dar:

1  Die Taufe Jesu durch Johannes den Täufer (Mk 1,9f)

2 Die Münze des Kaisers: Gebt dem Kaiser, was des Kaisers ist (Matth 22,15ff)

3  Die Tempelreinigung (Mk 11,15ff)

4 Die Salbung Jesu (Mk 14,3)

5  Texttafel „Gott ist Liebe"

6  Der 12-jährige Jesus im Tempel (Luk 2,41)

7  Die Hochzeit zu Kana (Joh 2)

8  Der Kleinglaube des Petrus (Matth 14,30f)

9  Thalita Kumi – Mädchen, stehe auf
– dein Glaube hat dich gesund gemacht (Mk 5,37)

Aus dem Stadium der noch unfertigen Kirchenbemalung stammt der folgende Foto-Ausschnitt, der erst sechs der Bildtafeln der Orgelempore als Vorzeichnungen und noch ohne Kolorierung zeigt:

HAA_ORh_009.28-15_(0324)[194] – bzw. der Ausschnitt:

Das im Folgenden rechts abgebildete Rheinländer-Foto[195] zeigt im Ausschnitt links daneben die fünf Tafelbilder der Empore, die in die Nordwand links vom Altarraum eingearbeitet sind. Auch auf diesem Foto ist das Altar-Tafelbild vom Abendmahl nicht vorhanden und auch die Kanzel-Tafeln sind noch nicht bemalt. Es ist ebenfalls an eine Aufnahme aus der Zeit Ende September 1938 (oder Ende März 1939) zu denken:

---

[194] Dazu auch unten bei Anm. 203f.
[195] HAA_ORh_028.10_(0568).

Zu sehen sind Szenen aus der Passionsgeschichte, wie sie auch das folgende Schwarz-Weiß-Foto sowie das Farbfoto unten zeigen:

HAA_ORh_029.2_(0574)

Im einzelnen sind es folgende Szenen, deren Fotos zur besseren Erkennbarkeit stark aufgehellt sind:

1.  Der Einzug Jesu in Jerusalem auf einem Eselfüllen (Mk 11)

2. 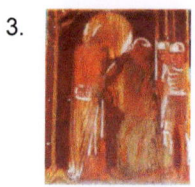 Gebet Jesu in Gethsemane: „Vater, lass diesen Kelch an mir vorübergehen" (Mk 14,32)

3.  Die Gefangennahme Jesu und der Verrat durch Judas (Mk 14,43)

4.  Vor Pilatus (Mk 15)

5. Auf dem Kreuzweg – Simon von Cyrene (Mk 15,21)

Die Bilder der Seitenempore führen thematisch in der Passionsgeschichte den Leidensweg Jesu bis kurz vor der Kreuzigung vor Augen. Die Kreuzigungsszene ist dann im Zentrum über dem Altar als Kruzifixus mit den Zeuginnen und Zeugen der Kreuzigung inklusive der Namenspatronin in der Wandmalerei dargestellt. Der Vergegenwärtigung der Bedeutung des Kreuzesgeschehens am ‚Tisch des Herrn' diente ursprünglich zudem das Abendmahl-Altarbild, das dann später durch den Granitblock mit der textlichen Auferstehungsverkündigung ersetzt wurde. Die

Fortsetzung bildet dann die Bild-Serie an der Kanzel mit dem auf den Tod Jesu folgenden Geschehen und mit den Anfängen der nachösterlichen Gemeinde.

2.2.4.3 Die Kanzel und ihre Bildtafeln

Jedoch war zum Zeitpunkt der Einweihung die Ausmalung der fünf Kassetten an der Kanzel noch nicht fertiggestellt. Bisher ist auch noch nicht deutlich, wann genau diese Arbeiten durchgeführt wurden. Es ist aber erkennbar, dass die Bildgestaltungen aus einem kompositorischen Gesamtplan heraus gedacht sind. Zentral ist – wie an der Emporen-Brüstung – eine Tafel, die einen Bibeltext bietet und zwar aus Apostelgeschichte 1,11:

„Ihr Männer von Galiläa, was stehet ihr und sehet gen Himmel [?]

Dieser Jesus[,] welcher von euch ist aufgenommen gen Himmel[,] wird kommen[,] wie ihr ihn gesehen habt[,] gen Himmel fahren"

Links daneben sind zwei österliche Darstellungen: des leeren Grabes (Mk 16,5) und der Emmaus Jünger (Luk 24,13),

sowie rechts eine Pfingstdarstellung (Apg 2,4f) und die Bekehrung des Paulus vor Damaskus (Apg 9,3ff).

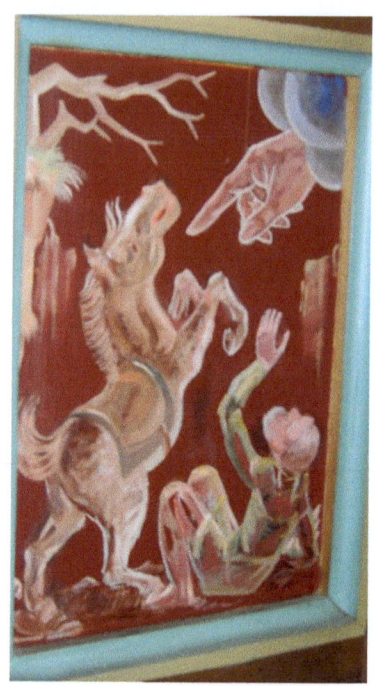

Zum Zeitpunkt der Einweihung waren – wie gesagt – diese Bilder zwar noch nicht fertiggestellt, aber vermutlich bereits konzipiert. Jedoch war an der Kanzel die plastische Ausschmückung mit den beidseits die Treppe flankierenden geflügelten Löwen als Holzbildhauerarbeit bereits hergestellt.[196]

Anscheinend erst kurz vor der Einweihung sind die beiden Glocken in den Turm hineingebracht und montiert worden.[197] Die Festschrift von 1998 enthält dazu zwei Abbildungen, die das dafür außerhalb des Turmes in Vorbereitung befindliche Gerüst sowie die Glocken noch auf dem Boden stehend zeigen. Dass für den Glocken-Einbau die Dachhaut noch einmal geöffnet werden musste, war aber bereits zuvor bekannt und mit einem entsprechenden Balkenabstand eingeplant

---

[196] Auch hier ist bisher nicht deutlich, wer diese Figuren in Holz gearbeitet hat. In der Rechnung des Tischlers Thomsen wird ein Extrapreis für das beidseitige Kanzeltreppen-Geländer berechnet. Am ehesten kommt jedoch für die Anfertigung der Figuren der Holzbildhauer H. Herdin, Schumannstraße 8a, in Frage, auf dessen Rechnung vom 31.10.38 neben „Buchstaben Kerbschnitt in Holzbalken geschnitzt" auch zwei Positionen „2 Schlußstücke an der Kanzel [und] 3 Seiten geschnitzt 105 RM" aufgeführt sind; siehe KG_MM_Archiv_Bauakte_Teil2_WP_20160106_277.pdf S. 106.

[197] KG_MM_Archiv_Bauakte_Teil1_WP_20160106_002.pdf S. 76 vom 17.12.1937 sowie S. 78 vom 28.11.1938.

worden. Ob und wann die für den klanglichen Ausgleich mit der Lutherkirche erforderliche Abstimmung stattgefunden hat, auf die die Lieferfirma Schilling, Apolda, die auch dort geliefert hatte, vorsorglich hingewiesen hat, war bisher den Unterlagen nicht zu entnehmen..
Vor der Einweihung konnte die Orgel noch nicht fertiggestellt und eingebaut werden. Erst nachdem drei Angebote im Juli 1938 angefordert und ausgewertet waren,[198] konnte auch die Abstimmung mit der ausgewählten Firma Kemper stattfinden. Als für die Orgel zusätzliche Mittel vom LKA bereitgestellt wurden, hatte dieses bereits darauf hingewiesen, dass bei der Einweihung noch ein Harmonium zu verwenden sein würde. Wegen des Kriegsbeginns konnte die Orgel (wohl) erst Palmarum 1940 eingeweiht werden.[199]

2.2.5 Einweihung

Oben ist bereits aus dem Bericht zur Einweihung zitiert, der sich in der Festschrift 1963 findet und in dem die Existenz des Abendmahlsbildes erwähnt wird. – Mehrfach werden darin auch Worte des Kirchenvorstehers Richard Germann wiedergegeben, der selbst vom Antrag für die Landeskirchliche Mittelbereitstellung bis hin zur Mitarbeit im Bauausschuss an den Vorgängen um die Gestaltung der Kirche und Vorbereitung der Einweihung beteiligt war. Von wem der Bericht in der Hamburgischen Kirchenzeitung von 1938 stammt, ist leider nicht bekannt. Dort ist eine ausführliche Beschreibung zur Einweihungsfeier der Kirche und Einführung von Pastor Timm überliefert:[200]

> „Maria Magdalenen - Einweihung der Kirche in Klein Borstel
>
> Statt des kleinen Andachtssaals hat Klein-Borstel nun eine eigene Kirche. Wie aus dem Erdboden herausgewachsen steht sie da: Eine echte Dorfkirche mit massigem, kantigen Turm und einem Innern mit Zeugnissen deutscher Handwerkskunst. Am dritten Adventssonntag wurde sie eingeweiht. Das Gotteshaus war bis auf den letzten Platz besetzt. Draußen bliesen die Posaunen. Bei Glockengeläut hielten der Vertreter des Landesbischofs, Geistliche und Kirchenvorsteher, darunter Altbürgermeister D. Dr. Schröder, ihren Einzug. Architekt Hopp übergab die Schlüssel, Oberkirchenrat Drechsler überbrachte der Gemeinde die Grüße des Landesbischofs. Er würdigte dann die Freude der Gemeinde darüber, daß sie jetzt die Maria-Magdalenen-Kirche habe. Er dankte dem Architekten, seinen Helfern, allen Arbeitern und den Gemeindemitgliedern, daß sie freudig gearbeitet und geopfert hätten für das Zustandekommen des schönen Werkes. Der Redner knüpfte daran die Mahnung, daß an dieser Stätte stets das lautere Evangelium gepredigt werden solle, das sich in Jahrtausenden bewährt habe. ...
>
> Die von Harmoniummusik begleitete Liturgie hielt Pastor Besch. Der der Gemeinde bestimmte Pastor Rudolf Timm predigte zum ersten Male von der neuen Kanzel über die Adventsbotschaft. Der Frauenchor sang unter Leitung der Organistin Gisela Kob sehr fein und feierlich.

---

[198] Die Anforderung sind in den Ausschreibungsbedingungen vom 15.7.1938 enthalten; KG_MM_Archiv_Bauakte_Teil1_WP_20160106_002.pdf S. 180-182.
[199] Siehe das Schreiben in KG_MM_Archiv_Bauakte_Teil2_WP_20160106_277.pdf S. 18 v. 29.8.1939.
[200] Bericht in HambKZ (1938) S. 279 (= Hamburger Nachrichten). Siehe Kopie im Anhang.

Dann vollzog Oberkirchenrat Drechsler die Einführung von Pastor Timm, dem er das Wort ans Herz legte: ‚Dafür halte uns jedermann, daß wir sind Diener Christi und Haushalter über Gottes Geheimnisse.' Der Eingeführte legte darauf die Verpflichtung ab. Die Feier wurde umrahmt von den Gesängen der Gemeinde."

Hervorzuheben ist an diesem Zeitungsbericht, dass neben den anderen Beteiligten namentlich auch der Altbürgermeister C.A. Schröder genannt wird. Ihn verbindet, wie oben bei Anm. 150 bereits erwähnt ist, zu Hopp eine längere Bekanntschaft. Ob er den Altarraum in der geplanten Endgestaltung gesehen hat,[201] ist nicht bekannt. Noch nicht vollständig fertiggestellt waren zum Zeitpunkt der Einweihung Hopps Malereien an der Kanzel.[202] Und ebenso waren die Bilder an der Orgelempore noch nicht zu Ende gestaltet, wie Pastor Wilhelmi in seinem Bericht von 1939 über den Besuch der Kirche notierte.[203] Die Rechnung vom 9.1.1939 lässt annehmen, dass auch zu diesem Zeitpunkt noch nicht alle Ausmalungen fertiggestellt waren.[204]

2.3 Das Andenken an Pastor Rudolf Timm

Die Meinungen über Pastor Timm gehen in der Gegenwart stark auseinander. Oben ist der Konflikt um die Deutung des nicht mehr vorhandenen Briefes der von Rudolf Timm konfirmierten Ursula Valentin bereits geschildert. In den schriftlichen Dokumentationen stehen auf diesem Hintergrund die gegensätzlichen Beurteilungen unausgeglichen im Raum: Auf der einen Seite die Darstellung in der Festschrift von 1998, auf der anderen die von Klaus Timm (und Holger Tilicki, der jedoch ganz unkritisch K. Timm referiert).[205] Wie der verschwundene Brief mit Sicherheit zu deuten gewesen sein mag, lässt sich nicht mehr rekonstruieren. Die von Klaus Timm vorgenommene Interpretation weist jedoch sowohl in der Rekonstruktion der Chronologie und der Sachverhalte um die vorangehenden Pastoren Lüder, Dr. Günther und Bahnson deutliche Mängel auf und ist auch bei der Zitation aus dem Bericht ans Landeskirchenamt von Pastor Timm 28.1.1938 sehr einseitig. So wird zwar die SA- und NSDAP-Mitgliedschaft referiert, jedoch die Selbstzuordnung zur Bekennenden Kirche schweigend übergangen, die in dem von ihm als Faksimile abgedruckten Dokument im vorangehenden Absatz seine theologische Position beschreibt.[206]

Dass die Zuwendung zu den Konfirmandeneltern, die Pastor R. Timm für die ihm bevorstehende Zeit als seine Aufgabenstellung des Gemeindeaufbaus in dem Bericht genannt hat, auch die Gemeindeglieder Valentin umfasst, ist wahr-

---

[201] Siehe oben zum Besuch am 18.6.1938 mit Dr. Pietzcker bei Pastor H. Zacharias-Langhans.
[202] Siehe oben bei Anm. 187.
[203] Wilhelmi (1939) BarmBote S. 194 „...die Bilder waren, als wir die Kirche besichtigten, erst angelegt".
[204] Dort werden 11 gemalte Emporenbilder berechnet, was zu den erst 6 der 9 Kassetten der Orgel-Empore (wie auf dem Foto HAA_ORh_009.28-15_(0324) oben bei Anm. 194) und 5 der Seiten-Empore passt.
[205] Siehe oben bei Anm. 55.
[206] Timm (2005) Masch S. 66 (oben bei Anm. 99 zitiert).

scheinlich. So wäre auch das Verständnis der Festschrift nachvollziehbar, das sich auf die Zeit nach der Anprangerung des christlichen Gemeindegliedes Valentin durch den >Stürmer< (Ende Februar 1937) als ‚Jude' bezieht.
Auf jeden Fall bleibt die Entwicklung der Persönlichkeit von Pastor R. Timm weiterhin etwas spannungsvoll und rätselhaft in ihrer zweiseitigen Ausrichtung auf Bekennende Kirche und zugleich einer (über das Maß bei anderen Pastoren dieser Zeit hinausgehende) Identifizierung mit den NS-Organisationen. Die letztere hat ihn dazu gebracht, sich bereits vor Kriegsbeginn am 14.5.1939 freiwillig als Soldat zu melden und einen Offiziersanwärter-Kurs zu besuchen. Die zugehörigen Dokumente hat Klaus Timm zusammengetragen und aufbereitet. Ob seine Vermutungen über die psychische Situation des Pastors zutreffen, lässt sich ohne die Klaus Timm (möglicherweise) zugänglichen privaten Dokumente (insbesondere Briefwechsel mit der Schwester des Pastor Timm, Marianne Timm 1913-1993[207]), nicht realistisch einschätzen:

> „Timm war Freiwilliger, er hat seine Gemeinde freiwillig verlassen, er wurde nicht einberufen. Viele waren froh als er ging; Timm hatte sich z.t. unbeliebt gemacht. Er setzte sich zwischen die Stühle, den Spagat zwischen Pastor und SA-Scharführer konnte er auf Dauer nicht glaubwürdig durchhalten. Timm wußte auch um das Schicksal der ghettoisierten Juden-Christen, der Andersdenkenden, der Kriegsgegner, und er wußte, daß er zu allen Skandalen schwieg.
>
> Diese schizophrene Situation wollte/mußte Timm durchbrechen, durch Flucht nach vorn, Flucht in die Wehrmacht, wie ein Legionär, der heimatlichem Desaster entflieht."[208]

Als Unteroffizier ist er dann am 15.2.1942 im Krieg gefallen.

2.3.1 Gedenktafel

In der Kirche MM findet sich eine Gedenktafel, die auch in der Festschrift von 1963 auf S. 9 abgebildet ist, - sowie folgende Erläuterung:

> „Er hoffte zwar, nach achtwöchiger Übung wieder zurückzusein, und bis zum August konnte er auch noch zweimal in unserer Kirche predigen. Doch zu der Zeit wusste er schon, daß er nicht erwartungsgemäß in die Gemeinde zurückkehren würde. Am 1. September 1939 brach dann der Krieg aus, und Rudolf Timm kam als Unteroffizier an die Front. Die Gemeinde in Klein Borstel sollte ihren Pastor nicht mehr wiedersehen. In einem seiner letzten Briefe aus Rußland schrieb er – wie von einer Vorahnung erfüllt – die Worte, die heute noch eingemeißelt in eine Gedenktafel im Kirchenvorraum, seinen festen Glauben und sichere Zuversicht auf Jesu Verheißung bezeugen. Gleichzeitig äußerte er den Wunsch, daß – wenn es soweit kommen sollte – Pastor Uhlmann sein Amtsnachfolger in Klein Borstel würde. Am 15. Februar 1942 fiel Pastor Rudolf Timm auf

---

[207] Von Timm (2005) Masch S. 216 wird in „Kap 12.0 Veröffentlichungs-Programm" bereits eine Dokumentation als Band 6 unter dem Titel „Pastorin Marianne Timm – PTj – 2006" angekündigt. In dem mir freundlicherweise zugesandten „Klaus-Timm-Gesamtwerk-Verzeichnis Stand: 09-2015" ist dieser Titel nicht mehr enthalten. Wie Klaus Timm jedoch mündlich mitteilte, ist er im Besitz von zahlreichen Korrespondenzen von Marianne Timm. Zur Biografie dieser besonderen Pastorin siehe Hering (1997) SB.
[208] Timm (2005) Masch S. 111.

vorgeschobenem Posten bei Juchnow in Rußland. In einem Trauergottesdienst nahm die Gemeinde Abschied von ihrem Pastor, der allen ans Herz gewachsen war."[209]

Wie genau dieser Bericht an Detailinformationen orientiert ist, wenn es heißt, „die Gemeinde ... sollte ihren Pastor nicht mehr wiedersehen", muss offen bleiben. Gemeint ist vermutlich das Gottesdiensthalten durch Pastor Timm. Zur Gedenktafel gibt Klaus Timm u.a. die Zeitzeugen-Information wieder:

> „Herr Teuchert berichtete mir, daß Pastor Timm diese Gedenktafel – wie ein Epitaph – vor Abreise ins Feld selbst gestaltet und geschaffen hat bzw. herstellen ließ – ob nun SOLI DEO GLORIA – oder zum Eigen-Ruhm, wer will das so genau wissen."[210]

Was das Herstellen angeht, so lässt die Form des Buchstaben „G" erkennen, dass der Entwurf der Gedenkstein-Schriftgestaltung anscheinend von Bernhard Hopp mit seinen typischen Buchstabenformen vorgenommen wurde:

Pastor
Rudolf Timm
geb. 21.7.1911, gef. 15.2.1942
bei Juchnow

Und sollte es wirklich so sein, dass mir doch etwas zustösst, so soll auch in diesem Augenblick nichts anderes laut werden in euren Herzen und Gedanken als der Lobpreis Gottes, von dem ich weiss, dass Er sich auch meiner erbarmt hat. Sein Wille ist gut und Sein Handeln über alles erhaben – Wir gehen ein in Seine Herrlichkeit

Trotz einer kleinen Abweichung zwischen ‚in einem seiner letzten Briefe' und ‚vor der Abreise ins Feld selbst gestaltet' wird übereinstimmend die Autorschaft des Gedenktafeltextes auf Pastor Timm zurückgeführt. Ob er selbst möglicherweise auch die Durchführung des Auftrages zur Einmauerung der Gedenktafel (rechts in der Nordseite im Vorraum der Kirche) schon irgendwie geregelt hatte, ist nicht bekannt. Dass diese Tafel bereits beim von Pastor Zacharias-Langhans über einen Monat später, am 22.3.1942, gehaltenen Trauergottesdienst vorhanden war, ist denkbar – jedoch bisher ohne Beleg. Das Schreiben der Familien der Eltern R. Timms und seiner Braut Marie-Renate Schröder vom April 1942 enthält fast

---

[209] KG_Maria-Magdalenen (1963) S. 9. Den Trauergottesdienst hielt Pastor H. Zacharias-Langhans. Seine Traueransprache ist u.a. bei Timm (2005) Masch S. 131-133 überliefert. Dort auch S. 137f eine maschinenschriftliche ‚Vita', die P. Zacharias-Langhans verfasst hat und mit Handzeichen Drechsler vom 19.3.1942 auch mit ‚Gruss LB' dem Landesbischof weitergeleitet wurde.
[210] Timm (2005) Masch S. 111.

wortgleich die auf der Tafel wiedergegebene Passage aus einem Schreiben Rudolfs.[211]

Die offene Frage nach dem genaueren Datum der ‚Veröffentlichung' der Gedenktafel und den Hintergründen, wer sie veranlasst hat, verbindet diese mit einem weiteren Element des Gedenkens, das sich früher ebenfalls in der Kirche befunden hat: Ein Ölbild des Pastors, der in wesentlichen Teilen die Planung, Bau und Einweihung der Kirche MM begleitet hat. Bevor diesem Bild und dem Gedenken an Pastor Timm weiter nachgegangen werden soll, ist vorher ein Exkurs in mehreren eigenen Abschnitten notwendig, um die ebenfalls an der Kirchenausgestaltung beteiligte Persönlichkeit des Malers Hermann Junker und ihr Verhältnis zu den Architekten zu erläutern. Möglicherweise ist Junker auch der Maler des Ölbildes von Pastor Timm, um das es dann nachher gehen soll.

2.3.2 Der Maler Hermann Junker

Aus dem Nachlass von B. Hopp ist eine Aufzeichnung seiner Witwe, Edite Hopp (1901-1985), erhalten, die die Anfänge der Bekanntschaft mit dem Maler Hermann Junker aus eigenem Erleben schildern konnte. In der Zeit nach ihrer Heirat 1923 war sie zusammen mit ihrem Mann, inzwischen Kunstmaler und Dekorations-Malermeister,[212] mit an einer der Arbeitsstellen. Dort geht es um die in diesem Jahr durchgeführte Ausmalung

> „... bei einem Ausflugslokal in Rugenbergen. Während dieser Arbeit war wieder einmal Unruhe und Streit. Zur Hilfe für die Ausmalung erschien ein vornehmer, dunkelmähniger Herr mit Lederkoffer, der von uns angestaunt wurde, ich war mit draussen in R., da wir noch keine Kinder hatten. Der Herr, dem mein Mann keine Malergesellenarbeit zutraute, war Hermann Junker, ein Student der Kunstschule. Abends sassen wir in unserem bescheidenen Zimmer in Rugenbergen, tranken Rotwein und hörten seine Lebensgeschichte. Sein Vater war Konsul in Marokko gewesen, sein[e] Kindheit verlebte er in einer Kolonial-Villa grossen Stils. Die Eltern konnten ihn vor der Internierung 1914 im Kriege zu Verwandten nach Deutschland schicken, aber der Glanz war nach dem Kriege dahin. Von diesem Tag in R. hielt die Freundschaft durch ein ganzes Leben, durch gute und noch mehr böse Zeiten..."[213]

Hermann Junker begegnet auch beruflich durchgängig in den Notiz-Tagebüchern Hopps, die ab 1936 erhalten sind. Seit der Zeit, als das Architekturbüro in der Königstraße 14-16 (später Poststraße) seinen zentralen Ort in der Hamburger Innenstadt gefunden hatte, und auch Junker eine Malschule im Neuen Wall (von 1929-1939[214]) betrieb, trafen sich Hopp und Junker regelmäßig. Dies geschah einerseits, um sich bei einer Tasse Kaffee informell miteinander auszutauschen, und andererseits auch vor Ort bei Bauten, an deren künstlerisch-malerischen Ausstattung Junker beteiligt war.

---

[211] Siehe das gedruckte Schreiben „Allen denen, die durch die Nachricht vom Soldatentod unseres lieben Rudolf mit uns betroffen sind..." bei Timm (2005) Masch S. 129f.
[212] Hopp_B_HEW_WB_Lehre_Meister_Hans-Jürgen_Edite_WP_20151029_212.pdf S. 138: Der Meisterbrief im Nachlass ist auf den 18.2.1920 datiert.
[213] Hopp_Edite_Fortsetzung_zu_Erinnerungen_an_Rothenburgsort.pdf S. 6
[214] So die Angabe bei Bruhns (2013²) Rump S. 222.

Die Verbindung zwischen Junker und Hopp mag auch bereits vor den durch die Hopp-Tagebücher dokumentierten Jahren regelmäßig stattgefunden haben. Denn Junker hatte seine Lehrzeit beim Dekorationsmaler Otto Schmarje (1868-1920[215]) absolviert. Da Hopp 1930-1933 ein Atelier in Harvestehude zwischen Mittelweg und Alter Rabenstraße in der Badestraße (Nr. 29 - in Nachfolge des Glasmalers J. Nickelsen) nutzte und dort in der Straße in Nr. 19 ab 1907 das Grundstück der Firma Otto Schmarje ebenfalls eine örtliche Verbindungsmöglichkeit geboten hat, so ist möglicherweise bei späteren Besuchen Junkers in Hamburg bei Schmarje auch mit Treffen des ‚Nachbarn' Hopp zu rechnen.

Zu Hopps Kompagnon Rudolf Jäger, der wie Junker dem Jg. 1903 angehörte, sowie ebenfalls zu dessen Familie bestand eine langjährige gute Freundschaft.[216]

Gemeinsam sind einerseits Hopp & Jäger und andererseits H. Junker in einem Ausstellungskatalog des Kunstvereins in Hamburg „Maler, Bildhauer und Architekten" von Oktober-November 1935 aufgeführt, die der ‚Reichskammer für bildende Künste' angehören, was unten weiter erläutert werden soll.[217]

Junker hat u.a. auch die Familien-Mitglieder sowohl von Hopp als auch von Jäger in Öl gemalt. Weitere Gemälde und Zeichnungen von Junker finden sich im Hopp'schen Nachlass.[218]

Eine kurze[219] biografische Skizze zur Person Hermann Junkers bietet das Hamburger Künstlerlexikon, „Der Neuer Rump", das zuletzt in zweiter Auflage von Maike Bruhns 2013 aktualisiert wurde. Außer den bereits genannten Details finden sich u.a. für die interessierende Zeit folgende Angaben:

> „... Er war mit H. Schnegg und A. Rée befreundet, wohnte in Hanstedt... Vor 1933 Beitritt zur HKüS ... In der NS-Zeit sehr angesehen. Seit 1951 wieder eigenes At.[elier] in Hbg. ... W[erke]: Porträts. Selbstbildnisse. Etwas steife Figurenbilder ... Landschaften, Hamburg-Ansichten, Landschaft der Umgebung ,,, Versierte Aquarelle .... Auftr[äge]: 1938 Ohlsdorf Maria-Magdalenen-Kirche: Altarbild. – E[inzelausstellungen]: 1937 Hbg. K[unst-]V[erein] ... G[emeinschaftsausstellungen]: 1930. 1933, 1935, 1937, 1940 HBG: KV. ..."

Die bereits oben genannte Angabe über den Auftrag für das Altarbild für Maria-Magdalenen muss einer der angegebenen Literatur-Referenzen entstammen, was wohl auf „Zabel KL" zurückverweist. Denn hinter diesem Kürzel verbirgt sich ein M. Bruhns handschriftlich zugängliches Künstlerlexikon. Von diesem Autor Zabel stammt auch eine Liste zu einer Dia-Sammlung, in der für das Altarbild ebenfalls

---

[215] Bruhns (2013²) Rump S. 399.
[216] Im Familienbesitz von E. Jäger befinden sich Fotos von den privaten Besuchen des Ehepaars Rudolf und Mechthild Jäger beim Ehepaar Hermann und Ilse Junker in ihrem Haus „in Hanstedt, Am Höllenberg 3" [Bruhns (2013²) Rump S. 222]; siehe auch unten bei Anm. 245.
[217] Verfügbar unter HAA_Schramm_S_531_Ausstellung_1935_Rabenstr.pdf.
[218] Hopp_G_Unter_d_Bett_2015-09-18.pdf S. 56.57 (Keitum), 58 (Landungsbrücken), 59 (B.Hopp 30.8.1962) 60 („Das letzte Mal mit Bernhard Hopp 3.9.1962"), 62 (in Öl), 63 (in Öl vor zerstörter Ruine).
[219] Zu einer ausführlicheren biografischen Darstellung siehe Vossen (1991) S. 62ff und unten bei Anm. 234.

allein Hermann Junker als Urheber genannt wird, jedoch keine Quelle aus der sich der „Auftrag" ergeben könnte.[220] Der Sachverhalt, wie er sich oben aus der zeitlichen Abfolge der Diskussionen um die Gestaltung des Altarraumes im Sommer 1938 bis in den September hinein dargestellt hat, kann frühestens in den letzen beiden Septemberwochen geklärt gewesen sein. – So konnte Hopp erst ab diesem Zeitpunkt an eine Ausführung des von ihm bereits am 4.9.1939 vorgelegten Entwurf denken. In dieser Zeit warteten auch die beiden anderen Projekte, Renovierung der St. Nicolaus-Kirche (Einweihung am 19.10.1938) und der Um- und Erweiterungsbau St. Lukas (Einweihung am 18.12.1938) auf die künstlerische Fertigstellung. Die sich dadurch ergebende Verdichtung und der Zeitdruck können an Hand des Tagebuchs detailliert nachvollzogen werden.

2.3.2.4 Die Arbeitszusammenhänge und H. Junker

In allen drei Projekten war der Bereich des Altarraums auszugestalten und Hopp hatte bereits im Juni mit Junker eine Verabredung getroffen, dass er dessen Atelier im Sommer nutzen könnte, wie er unter dem 17. Juni 1938 in seinem Notiz-Tagebuch vermerkt:

> „20 ° bei Junker: ich kann für Juli-August das Atelier bekommen für den Fuhlsbüttel-Altar."[221]

Seine Reservierung des Raums hatte Hopp eigentlich wohl nur für die Ausgestaltung des „Fuhlsbüttel-Altar" gedacht, denn für diesen waren zwischenzeitlich verschiedene Varianten – sowohl ein plastisches Kruzifix als auch eine Ausmalung – in der Diskussion.

Auch in St. Lukas befindet sich in der Apsis direkt hinter dem Altar eine geschlossene Wand, die eine gemalte Kreuzes-Szene hätte aufnehmen können. Ebenso sind hier zwei kleinere Fenster seitlich in die Apsis eingelassen.[222] Die Dimensionierung ist ähnlich der in Maria Magdalenen.

---

[220] Zu Zabel siehe auch oben bei Anm. 161.
[221] Hopp_B_Tagebuch_1938-04-22_bis_1938-10-15_WP_20151004_008.pdf S. 29.
[222] Aus einer perspektivischen Bauskizze von B. Hopp, aus der mit freundlicher Genehmigung der Bauabteilung des Kirchenkreises Hamburg-Ost, der nebenstehende Ausschnitt entnommen ist (Digitalisat in 3092_600_BE_SK.jpg).

Für eine Ausmalung mit einem Altarwandbild sind Vorbereitungen mit größerem Platzbedarf notwendig, um auf Kartons in Originalgröße die geplante Wandmalerei vorbereiten zu können. Dafür würde das Atelier von Junker den nötigen Platz geboten haben.

Allerdings scheint der Klärungsprozess in Fuhlsbüttel in Bezug auf St. Lukas zu dem Ergebnis geführt zu haben, dass doch ein plastisches Kruzifix zusammen mit einer in mehrere Tafeln gegliederten Retabel gewünscht wurde, wie sie der Entwurf von B. Hopp vom 4.4.1938 für den „Bildhauer Jahn, Lübeck" zeigt.[223]

Am 20.6.1938 notiert Hopp zu Fuhlsbüttel und Junker u.a.:

„dem Holzbildhauer Schriften aufgezeichnet

Dann mit Zach. + Besch bespr.: Glasfensterentwürfe, Fu[hlsbüttel], Turmmodell 1:50 ist gut, kann so ausgeführt werden. Altar-Bildfolge durchgesehen + bestätigt.

Kaffee mit Junker

mit Junker besprochen: Altartafeln für Fuhlsbüttel"

Vom folgenden Tag an ist Hopp dann in Westfalen zu den verschiedenen Bauvorhaben unterwegs und kommt erst in der Nacht zum 1.7.1938 zurück, um dann am Samstag dem 2.7. sich wieder um die Hamburger Projekte zu kümmern:

„Junker hat von 8 Tafeln Fuhlsbüttel, 5 St[ü]ck schon grundiert. Mittwoch sehen."

Nach Fahrten mit Jäger zu den Projekten im Südelbe-Raum (Balje, Oederquart, Stade, Mulsum, Bargstedt, Elsdorf) trifft er Junker wie verabredet am Mittwoch, dem. 6.7.:

„Junker einen Scheck über RM. 100,- für Miete betr Altar Fu gegeben..."

Erst am folgenden Tag erfolgt der Eintrag zu einem Telefongespräch (in Abwesenheit des normalen Ansprechpartners und KV-Vorsitzenden P. Zacharias-Langhans):

„P. Besch, der mitteilte:

1. Altar Fuhlsbüttel ist genehmigt.

2. Hopp + Jäger sollen zu engeren Wettbewerben nicht mehr herangezogen werden wegen unklaren Geschäftsgebahrens.

---

[223] Skizze in der Baudokumentation_KK_Alt-Hamburg_Nr_29_St_Lukas_Fuhlsbüttel.pdf S. 85.

3. Ausstattung ist wesentlich gestrichen.
4. Wir möchten vom Obigen noch keinen Gebrauch machen."

Am selben Tag folgen weitere Notizen zu den beiden Altar-Vorbereitungen und Besprechungen in MM (mit P. Timm) und St. Lukas (mit Junker). Für den St. Lukas-Altar fährt Hopp dann am Sonnabend, dem 9.7. (zusammen mit dem Sohn Hans-Jürgen), nach Lübeck (sowie auch zum Orgelbauer Kemper) und notiert:

> „Bespr. mit Jahn, Bildhauer wegen Altar-Arbeit. Jahn wird Dienstag nach Hbg. kommen zu örtl. Besichtig[un]g."

Am selben Samstag-Nachmittag kehrt er nach Hamburg zurück und hat „zu Junker Atelier Farben gebracht". Am Dienstag, 12.7., ist dann „½ 10 ° Jahn in Fuhlsbüttel" und Hopp notiert:

> „Jahn macht guten Eindruck. Ob seine Arbeit gut wird, ist abzuwarten. J. muß lernen, sich unterzuordnen. Mit Jahn ab[en]ds Alsterhotel"

Am nächsten Tag notiert er:

> „… mit dem Maler Farben angesetzt am Altar. Es ist wenig getan. Besuch hätte 14 Tage später sein müssen."

Am Freitag, dem 15.7., bringt Hopp noch Post auf den Weg: „Jahn, Lübeck soll nach Hbg kommen zu Bespr. mit Brunke." Dann beginnt sein eigener Familienurlaub, der allerdings durch einen akuten Krankenhaus-Aufenthalt seiner Frau ungeplant verläuft, sowie ihm nach der Rückkehr bei seinen überraschenden Besuchen auf den Baustellen in Hamburg zeigt, dass dort keine Arbeiter aktiv sind. In der Sommerzeit laufen die Arbeiten dann trotz der Bemühungen der Architekten nur langsam voran. – In Bezug auf die Altarraumgestaltungen geht es am 29.8. morgens weiter: „Wesp streicht Fuhlsbüttel Altarraum" und in Klein Borstel:

> „½ 2° mit Germann wieder am Bau … J[äger] kommt mit den Altar-Zeichnungen an Bau Kl[ein] B[orstel] – Besprechung mit Jäger, Germann und Pastor Timm Altar: Kreuz und Altarschrein sollen zu Donnerstag nächster Woche vorliegen. Farben angesetzt in den oberen Räumen."

Samstag, den 10.9., trifft Hopp nach morgendlichem Besuch an den Baustellen nachmittags wieder Junker. Nach dem Gottesdienst am 11.9. „P. Timm getroffen – über Emporenfelder gespr[ochen]. T. will morgen 4 ° am Bau sein.", was dann am nächsten Tag auch notiert ist „… mit H. Germann + P. Timm über Bilder d. Emporen gespr[ochen]. … 7° abds Haus Skizzen Altar Fu." – Am folgenden Tag, dem 13.9.: „P. Timm bringt die Emporenskizzen in die Wohnung mit Korrekturen", so dass er am 16.9. notieren kann: „Kl. Borstel Emporen-Füllung[en] gemalt + angesetzt."

Inzwischen ist Pastor Zacharias-Langhans wieder aus dem Urlaub zurück und Hopp notiert am 21.9.:

> „Zach. teilt mit, daß Germann morgen zu Dr. Pietzker gehe, wegen Altar Kl. Borstel."

Am folgenden Tag findet daraufhin eine Besprechung mit P. Zacharias-Langhans statt

„... wegen Anmaßung in der Stellung des Ki[rchen-].Vorst[ands] zu unserer Honorarforder[un]g Altar Kl. Borstel. Z. verschließt sich nicht meinen Vorstellungen, meint, daß nun ... der K.V. nicht wissen könnte, weil man nur einmal im Leben baue."

24.9.
„9 ° Kl. Borstel, wo ich Beleuchtungskörper entwerfe. Germann kommt mit Frl. Bunhardt (?). G. erzählt von der Bespr[echung] mit Pietzker und bestätigt den Auftrag 600 RM für Emporenwände"

28.9.: „alles ist deprimiert wegen der Kriegsgefahr"
29.9.: „abds Besuch Junker[,] der uns ein Bild stiftete"

1.10.: „9 ° Kl. Borstel mit Germann, der mitteilt, daß die 240,- RM bisherige Arbeit für Altar nicht bezahlt werden sollen, der Rest aber eingeworben werden soll."

3.10.: „Kl. Borstel Inschriften"
5.10.: „Mit Timm + Zacharias Beschrift[un]g Kl. Borstel"
6.10.: „Kl. Borstel ... Schrift aufgetragen"

Leider fehlen im fortsetzenden Notiz-Tagebuch, das auf dem Deckel die Angabe „16.10.1938 bis 8.9.1939" trägt, sowohl herausgerissene Seiten vor dem 21.11., aber auch Eintragungen für fast den gesamten Monat Dezember. Erst am 28.12. setzen die Notizen wieder ein, nachdem inzwischen sowohl die Einweihungen Alsterdorf (19.10.), Klein Borstel (11.12.) und Fuhlsbüttel (18.12.) stattgefunden haben, – und zwischenzeitlich die Arbeitsdichte anscheinend keine Zeit für Einträge im Notiz-Tagebuch gelassen hat. Auf einer undatierten Seite vor dem 28.12.1938 findet sich jedoch noch ein Eintrag, der für die Frage der Beteiligung von Hermann Junker an der Ausgestaltung des Altarraum-Wandbildes wichtig ist:

„200,- vom Postsch[eck]Kto geholt ... als Ausgleich der von mir Junker gegebenen 200,- RM für Kl. Borstel".[224]

Der Vorgang könnte so zu deuten sein, dass Hermann Junker bei der Ausmalung des Wandbildes Hopp nach dem Hin-und-Her über die Beschlussfassung zur Altarraumgestaltung und der dadurch eingetretenen zeitlichen Ballung im Herbst des Jahres zur Hilfe gekommen ist und dafür direkt von Hopp den o.g. Betrag als Bezahlung erhalten hat. Hopp selbst hat dann im Januar 1939 eine Rechnung gestellt,[225] die jedoch den von ihm beauftragten Hermann Junker nicht nennt, der seinen Entwurf (ähnlich dem am 4.9. vorgelegten[226]) umgesetzt hat.

2.3.2.5 Bilder und Dokumentationen zu H. Junker

Das Hamburgische Architekturarchiv hat im Bestand „Schramm"[227] ein Buch von 1935, das auf dem Hintergrund einer Ausstellung im Kunstverein und in dessen damals neuem Haus (Neue Rabenstraße 25) Maler, Bildhauer und Architekten auflistet, von denen 144 Objekte bzw. Bilder gezeigt wurden. Die Auswahl, so wird im Vorwort festgehalten, folgte einem Grundsatz:

---

[224] Hopp_B_Tagebuch_1938-10-16_bis_1939-09-08_WP_20151006_300.pdf S. 9.
[225] Dazu siehe oben bei Anm. 166.
[226] Siehe dazu oben bei Anm. 156.
[227] HAA_Schramm_S_531_Ausstellung_1935_Rabenstr.pdf.

„...der Ausstellungsleiter hat die Malerei insgesamt unter dem Blickwinkel der Großzügigkeit, der Formengewalt und der Farbfernwirkung in Betracht gezogen, wie sie im *Wandbild* ihre letzte Erfüllung findet."[228]

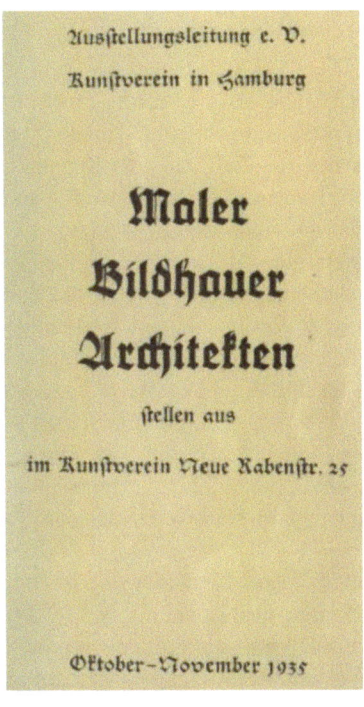

In diesem Katalog finden sich diejenigen hamburgischen Künstler, „... die in der Kammer ihre Mitgliedschaft erworben haben." – Als Zielsetzung und Inhalt wird angegeben: „Gemeinschaft der Standesgenossen untereinander und Dienst der Standesgenossen am Volk und seiner lebendigen Bewegung."[229]

Dazu zählt u.a.

Hermann Junker
36. Bildnis einer Cubanerin, Oel-Tempera

aber es werden auch aufgeführt:

Bernhard Hopp mit Rudolf Jäger
129. Kapelle in Born (Darß)

Rudolf Jäger mit Bernhard Hopp
130. Kapelle in Born (Darß)

Sowohl die Architekten Hopp und Jäger als auch Junker hatten sich soweit mit dem NS-System arrangiert, dass sie Mitglieder der Reichskulturkammer wurden und damit die Voraussetzung erfüllten, um auch öffentliche Auftragsarbeiten übernehmen zu können.[230] – Ob die Gestaltung von Kirchenräumen mit Wandbildern als bewusste Anpassung an die in der NS-Zeit fortgesetzte Favorisierung dieser Art künstlerischer Ausdrucksform zu verstehen ist, die etwa in den 20er Jahren in Hamburg bereits durch die Aufträge von Fritz Schumacher zur Gestaltung von Kunst am Bau Zuspruch gefunden hatte,[231] mag offenbleiben. Hopp hatte zumindest 1930 bereits „Christus über den Wogen" für den Groß Borsteler

---

[228] HAA_Schramm_S_531_Ausstellung_1935_Rabenstr.pdf S. 4.
[229] HAA_Schramm_S_531_Ausstellung_1935_Rabenstr.pdf S. 4.
[230] Die Formulierung „Bei absoluter Distanzierung zum Nationalsozialismus schuf Hermann Junker am 1. Mai 1933 ein großformatiges Ölgemälde der Mai-Demonstration nach der Machtergreifung Adolf Hitlers auf dem Hamburger Rathausmarkt..." [Vossen (1991) S.65 sowie die Farbtafel 2 nach S. 16] stellt mit dem Wort ‚absolut' vor ein Deutungsproblem.
[231] Schumacher (1932) enthält die Dokumentation von 12 solchen geförderten Kunstwerken in Hamburger öffentlichen Gebäuden.

Gottesdienstsaal als großes Altarbild gestaltet.[232] Auch bei Hermann Junker stellt sein Malstil keine ‚intolerable' Herausforderung an die NS-Zeitgenossen dar. In der o.g. Kurzbiographie von Maike Bruhns in „Der Neue Rump" wird in der Kurzbiografie zu Hermann Junker notiert:

„In der NS-Zeit sehr angesehen."[233]

Wenn einerseits von ‚NS-Kunst' (für die es jedoch keine klare positive Definition, sondern nur die negative Ausgrenzung von als ‚entartet' bezeichneten Werken gibt) und andererseits von solchen ‚Kunstwerken aus der NS-Zeit', die von Künstlern gestaltet wurden, die nicht in die Vorurteils-Schablonen des Vorwurfs von ‚Kulturbolschewismus' passten, gesprochen wird, so wäre die Zuordnung von Hermann Junker in die zweiten Kategorie vorzunehmen. Bei Hermann Junker ist deutlich, dass er sich auf jeden Fall nicht auf Grund seines Ansehens in der NS-Zeit in das erste Schema eingruppieren lässt. – Dass er sich in seiner Überlebensstrategie nicht ideologisch korrumpieren lassen hat, zeigt eine beträchtliche Zahl von besonderen Portraits, die er während seines Militärdienstes in einem Lazarett 1942-1944 von sowjetischen Kriegsgefangenen angefertigt hat. Diese Bilder zeigen Menschen verschiedener Ethnien des Vielvölkerstaates der damaligen Sowjetunion, die in der Propaganda des NS-Systems als ‚Untermenschen' bezeichnet wurden. Diese hat Junker jedoch fotografisch genau und ohne jede rassistische Verzerrung ihrer Physiognomien dargestellt.

Nach seiner eigenen sowjetischen Gefangenschaft ist dieses bemerkenswerte Zeitzeugnis in Bildern aufbewahrt, die in einer Ausstellung des Museums für Völkerkunde 1991 posthum gezeigt und in einem noch erhältlichen Katalog dokumentiert wurden.[234] Junker konnte im Herbst 1947 ‚vorzeitig' aus der Kriegsgefangenschaft zurückkehren, weil Hinterbliebene von ehemaligen sowjetischen Kriegsgefangenen ihn im Gefangenenlager bei Riga aufgespürt und sich für seine Entlassung eingesetzt hatten. Sie waren ihm dankbar, weil von ihm gezeichnete Portraits ihrer ums Leben gekommenen Angehörigen an sie gelangt waren.

Die Sammlung der Personenbilder ist von Junker selbst testamentarisch dem Hamburgischen Museum für Völkerkunde vermacht worden, das zum „50. Jahrestag des Einmarschs deutscher Truppen in die Sowjetunion am 21./22. Juni 1991"[235] unter dem Titel „Freundbilder, Feindbilder: Portraits sowjetischer Kriegsgefangener (1942 - 44) gezeichnet von Hermann Junker" eine viel beachtete Ausstellung inklusive historischer Aufbereitung durchgeführt hat.[236]

---

[232] Siehe http://de.wikipedia.org/wiki/St._Peter_%28Hamburg-Gro%C3%9F_Borstel%29.= „Festschrift 50 Jahre St. Peter".
[233] Bruhns (2013²) Rump S. 222.
[234] Vossen (1991).
[235] Vossen (1991) S. 8.
[236] Im Hamburger Abendblatt etwa erschien am 26.6.1991 ein ausführlicher Bericht.

2.3.2.6 Weitere Bilder von Hermann Junker und H&J

Zu den von Junker gemalten Portraits gehören u.a. diejenigen, die er von seinen beiden Freunden B. Hopp und R. Jäger mit den für ihre Tätigkeiten 1947ff typischen Hintergründen (Kirchenrestaurierung / Grindelhochhäuser) hergestellt hat:

Bernhard Hopp[237]   Rudolf Jäger[238]

Wahrscheinlich ist die Vorlage zum Portait-Element im Bild von Rudolf Jäger, das ca. 1964 in Entsprechung zu dem früheren Hopp-Gemälde entstand, noch erhalten:

Ein Foto im Besitz der Familie Jäger ist von Hermann Junker unterschrieben und mit dem Text versehen worden:

„Dipl. Ing. Rudolf Jäger
Sommer 1964 in Hanstedt
aufgenommen"

---

[237] Im Nachlass von Dr. G. Hopp mit deren freundlicher Genehmigung (WP_20150918_081 = Hopp_G_Unter_d_Bett_2015-09-18.pdf S. 63).
[238] HAA_Bestand_Jäger B001: „Portrait Rudolf Jäger von Hermann Junker (ohne Datum, ca. 1960-70), im Rahmen" (WP_20150910_007)

Zu dem Ölbild von B. Hopp scheint ebenfalls noch eine Vorlage von Junker erhalten zu sein; es scheint nämlich ein Gemälde von ihm aus einer der großen Hamburger Hauptkirchen als Vorlage für den Hintergrund gedient zu haben:

Dieses Bild trägt ein Datum, dessen Jahreszahl 1923 noch erkennbar ist. Allerdings ist nicht ganz sicher, ob es auch von Junker stammt. Er war 1923 in Hamburg und besuchte hier die Kunstgewerbeschule. In dieser Zeit hatte er die Bekanntschaft mit dem Ehepaar Hopp auf einer seiner ersten Beschäftigungsstellen gemacht.[239]

Das Bild findet sich mit anderen Junker-Bilder im Nachlass von Dr. Gisela Hopp, so dass auch die Urheberschaft von Junker als wahrscheinlich angenommen werden kann.

Dieses Bild ist in einer feinen Bleistift-Strich-technik ähnlich einer Radierung gezeichnet, sowie im Nachgang mit einigen Aquarellfarben geringfügig abgetönt worden.
WP_20150918_071

Ein letztes Bild vom bereits erkrankten Bernhard Hopp hat Junker wenige Tage vor dessen Tod am 18.9.1962 gezeichnet:

Die Zeichnung auf grauem Karton hat Junker selbst beschriftet

„Das letzte Mal mit Bernhard Hopp 3.9.1962".[240]

Dieses Bild zeigt die außerordentliche Gabe Junkers, sich in die gemalte Person des Portraitierten einzufühlen.

---

[239] Siehe dazu oben bei Anm. 213 das Junker-Gemälde von B. Hopp, das diesen vor dem Hintergrund der Ruine von St. Katharinen zeigt.
[240] WP_20150918_077 (=Hopp_G_Unter_d_Bett_2015-09-18.pdf S. 60). Eine wenige Tage zuvor am 31.8.1962 ähnlich angefertigte Zeichnung auf grauem Karton (WP_20150918_076 = Hopp_G_Unter_d_Bett_2015-09-18.pdf S. 59) zeugt von der Dichte der Kontakte Junkers in den letzten Lebenswochen seines Freundes.

2.3.2.7 Gisela Hopp und ihr Bruder Hans-Jürgen

Für das Verhältnis von H&J zu Junker ist charakteristisch, dass sie den Freund, nachdem dessen Atelier im Neuen Wall und ein großer Teil seines Werkes zerstört war, auch in dessen wirtschaftlicher Situation nach seiner Rückkehr aus der Kriegsgefangenschaft zu unterstützen suchten: Sie ließen nicht nur sich selbst, sondern auch ihre Kinder von ihm porträtieren und kauften auch weitere Bilder von ihm.
Im Nachlass von Dr. Gisela Hopp sind u.a. zwei Bilder Junkers erhalten, die zwei der Kinder von Bernhard und Edite Hopp zeigen.

Gisela Hopp (1925-2015)[241]   Hans-Jürgen Hopp (1928-1945)[242]

Auf der Rückseite des die Leinwand aufspannenden Holzrahmens ist unter der aufgedruckten Nummer „36" das Bild handschriftlich signiert mit „Herm. Junker" sowie von einer anderen Hand davor zugefügt „nach Foto".[243]

---

[241] WP_20150610_118.
[242] WP_20150610_115.
[243] WP_20150610_117 sowie die Fotovorlage WP_20150610_116.

Das Bild von Hans-Jürgen ist posthum gemalt, was also frühestens nach der Rückkehr Junkers aus der Kriegsgefangenschaft ab dem zweiten Halbjahr 1947 der Fall gewesen sein könnte. Die noch in Zellophan geschützte Vorlage findet sich ebenfalls im Nachlass von Dr. Gisela Hopp.

Das Bild von Hans-Jürgen Hopp ist erst nach dessen durch einen Unfall am 18.10.1945 verursachten, tragischen Tod entstanden, – ebenso wie die künstlerische Gestaltung der Familien-Grabstätte auf dem Ohlsdorfer Friedhof, die Bernhard Hopp selbst entworfen hat, dadurch motiviert war:

WP_20150914_026   WP_20150914_030

2.3.2.8   Von Junker der Familie Hopp vermachte Bilder

Ein interessantes und zu mancherlei Fantasien anregendes Bild hat Hermann Junker 1948 auf der Rückseite mit einer Widmung für B. Hopp versehen. Es ist im Stil von Albrecht Dürer als Radierung gearbeitet und trägt auch Initialen, die denen Dürers ähneln:

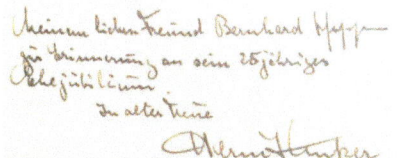

WP_20150918_036
Die ähnlich den Dürer-Initialen gestalteten Buchstaben AG sowie die Darstellung der Ziffern, die möglicherweise 1530 andeuten sollen (was 2 Jahre nach Dürers Tod wäre), sind für die Augen eines wissenden Betrachters – wie B. Hopp – Anstoß, über die Authentizität des Bildes nachzudenken.

Mehrere weitere Bilder von Junker im Nachlass von Dr. Gisela Hopp dokumentieren sowohl die Befähigung dazu, Landschaften und Stadt- und Gebäudeeindrücke wiederzugeben als auch die Vertrautheit mit Lebensstationen der Familie Hopp:

WP_20150610_120   WP_20150918_075   WP_20150918_073
Born auf dem Darß   Hamburg Landungsbrücken   Kirche i. Keitum/Sylt 1949

2.3.2.9 Junker-Bilder im Besitz der Familie Jäger

Auch von den Kindern der Familie Jäger hat Hermann Junker in der Zeit nach seiner Rückkehr aus der Kriegsgefangenschaft Ölbilder angefertigt.

Das von dem kleinen Emmerich Jäger (Jg. 1943) ist vielfach auch auf Ausstellungen von Junker gezeigt worden.

(Portrait von Emmerich Jäger 1947, Öl (45x45 cm, mit Rahmung)

Ebenso befindet sich u.a. ein Aquarell der Kirche in Keitum im Besitz der Familie, das vermutlich von Junker – wie die oben dargestellte Zeichnung – in der frühen Nachkriegszeit gemalt wurde. In seiner Junker-Biographie wird von Vossen diese Zeit erwähnt:

> „1949 konnte sich der Künstler in Braderup auf der Insel Sylt im Haus der Witwe Andrea Petersen von den Strapazen des Krieges und der Gefangenschaft erholen. Aus dieser Zeit stammt eine Vielzahl von Aquarellen vor allem von der Ostseite der Insel. Die Faszination der Seelandschaft und der Wechsel von Licht und Farben haben den Maler immer wieder zu dieser Nordseeinsel hingezogen."[244]

Kirche in Keitum Sylt, Aquarell (32x38 cm mit Rahmung)

(vgl. dazu auch oben die Zeichnung WP_20150918_073 aus dem Nachlass von Dr. Gisela Hopp, bei der Junker auch das Jahr 1949 neben seiner Signatur vermerkt hat)

In einem Vermerk vom 6.9.2015 hat Emmerich Jäger Details über die Verbindungen seiner Familie zu Hermann Junker und dessen Frau Ilse festgehalten:[245]

> „1. Folgende Unterlagen und Gemälde von Hermann Junker befinden sich im Nachlaß von Mechthild und Rudolf Jäger:

---

[244] Vossen (1991) S. 67.
[245] Der Vermerk und Anlagen werden ein ergänzender Bestandteil des Nachlasses R. Jäger im HAA.

- Portraits (in Ölfarbe) von 1947 der Kinder Joachim, Irmela und Emmerich Jäger ... Das Portrait von Emmerich Jäger befindet sich bei E. Jäger. Es wurde (nach Aussagen von Mechthild Jäger) teilweise von Herrn Junker für Ausstellungen ausgeliehen ...
- Kirche von Keitum auf Sylt, Aquarell (bei E. Jäger) - Anlage
- Portrait (in Ölfarbe) von Rudolf Jäger mit den Grindelhochhäusern im Hintergrund (befindet sich im Archiv der Hamburgischen Architektenkammer)
- 3 Fotos zu Besuchen von Mechthild und Rudolf Jäger bei Hermann Junker, datiert vom 25. Aug. 1977 (Bestandteil des geplanten Nachtrags zum Nachlaß von Architekt Rudolf Jäger im Hamburgische Architekturarchiv) – Anlage ein Foto mit Widmung
- 3 Fotos bzw. Postkarten von Bildern mit Motiven aus Hamburg (vermutlich) von Hermann Junker
- Postkarte von Ilse Junker an Mechthild Jäger vom 13.9 1979

2. Weitere bekannte Gemälde

- Nach meiner Erinnerung hat Hermann Junker auch Bernhard Hopp portraitiert. Das Gemälde befand sich in seinem Arbeitszimmer im Büro der Architekten im 3. Stock im Büro an der Poststraße 14-16 in Hamburg.
- Kirche in Fredenbek bei Stade: Christus am Kreuz (gemalte Figur in einem Kreuz über dem Altar). Ein Farbfoto befindet sich im Nachlaß von Rudolf Jäger im Hamburgischen Architekturarchiv."

Eines der Fotos von den Besuchen des Ehepaar Jäger bei dem Ehepaar Junker zeigt auch eines der Selbstportraits des Malers sowie ein Bild seiner Frau:

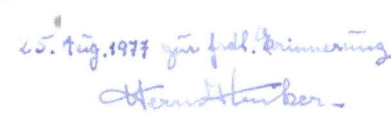

Besuch von Mechthild und Rudolf Jäger bei Hermann Junker am 25.08.1977.

vermutlich aufgenommen von Frau Ilse Junker in Dierkshausen bei Hanstedt/Nordheide, Am Höllenbergweg 3

Auch unter den Fotos von Otto Rheinländer existieren mehrere Innenaufnahmen zur Kirche in Fredenbek aus der Zeit von 1962:

Im Unterschied zur Vorkriegszeit hat sich im Verhältnis zwischen ausführenden Künstlern und den Architekten die Art und der verpflichtende Charakter der Vorentwürfe sicherlich geändert. So werden in dieser späteren Zeit für die Künstler größere Freiheiten in der Gestaltung ihres Werkes gegolten haben. – Trotzdem steht auf Grund der engen Verbindung zu B. Hopp zu vermuten, dass von Junker der leidend und mit Wundmalen dargestellte Kruzifixus in Absprache und Übereinstimmung mit den Gestaltungsvorstellungen der Architekten entstanden ist.

Deutlich ist aus den erhaltenen Informationen zu Hermann Junker und zum Verhältnis von H&J zu ihm, dass die 1923 begonnene Freundschaft sich über die Jahrzehnte hinweg erhalten hat und sich u.a. in zahlreichen Bildern dokumentiert.

2.3.3 Ein Gemälde zum Gedenken an Pastor Timm?

Ein Ölgemälde, das Pastor Timm im Hamburgischen Ornat mit Halskrause darstellt, hat sich wie oben erwähnt nach dessen Tod in der Kirche MM befunden. Dieses Gemälde des jungen Pastors sei nach Informationen, die Klaus Timm mündlich gegeben hat, von der Verlobten des Gefallenen in Auftrag gegeben worden.

Eine Angabe über den Maler liegt jedoch bisher nicht vor. Da Hopp die Gedenktafel für Pastor Timm im Vorraum entworfen hat, sowie Hermann Junker auch an der Ausmalung der Kirche beteiligt gewesen ist und dadurch mit Pastor Timm ebenfalls bekannt war, wäre es möglich, dass er diesen nach einem ähnlichen Foto gemalt haben könnte.[246]

---

[246] Ein sehr ähnliches Personenfoto von Rudolf Timm – allerdings in Uniform als Soldat - ist bei K. Timm (2005) Masch S. 114 als eines von sechs Bildern, die ihm „von Fr. Hertha Krawczyk, Stübeheide Nr. 149 am 18.10.03" gegeben worden sind, abgebildet.

Ähnlich hat Junker später den 1945 bei einem Unfall ums Leben gekommenen Sohn Hans-Jürgen Hopp portraitiert. Seine Fähigkeit, lebensnahe Portraits zu malen, ist oben in mehreren Abschnitten weiter ausgeführt.

Das Bild von P. Timm war eine Zeit lang in der Kirche aufgehängt, jedoch von den Späteren entfernt und auf einem Schrank in der Kirche deponiert worden. In der Veröffentlichung von Klaus Timm findet sich sowohl eine Schwarz-Weiß-Abbildung als auch auf dem rückwärtigen Deckblatt eine farbige Kopie – wie nebenstehend – sowie einige Angaben zur Fundgeschichte.[247]

Die Umstände, unter denen das Bild aus der Kirche entfernt wurde, sind jedoch noch nicht im Detail bekannt und scheinen nur in mündlicher Form überliefert zu sein.

Vom Stil und der Darstellungsart des Bildes her spricht manches für die Urheberschaft von Hermann Junker. Für eine weitere Aufklärung dieses Sachverhalts bedarf es jedoch vermutlich der Mithilfe der Anverwandten der Braut aus der Familie Schröder, die bereits mit ersten Informationen geholfen hat.[248]

Über die Familie wird möglicherweise auch mehr Sicherheit in der Frage zu gewinnen sein, wie die persönliche und theologische Entwicklung dieses jungen Pastors und der Umgang mit seinem Andenken zu beurteilen ist.

Dazu ist es wichtig, auch die folgenden Sachverhalte zu beachten: Aus den bisher verfügbaren Dokumenten geht hervor, dass seine Verlobte dem Landesbischof Tügel bereits bekannt war. Nachdem dieser die Verlobungsanzeige vom August

---

[247] Das Foto zeigt einen Ausschnitt des gerahmten Bildes, wie es bei Timm (2005) Masch auf dem äußeren hinteren Umschlagdeckel in Farbe und auf S. 93 in schwarz-weiß abgebildet ist. Zu dieser Abbildung wird S. 92 (auch S. 218 bei Nr. 22) eine detaillierte Angabe zur Herkunft des scheinbar verschwundenen Bildes gemacht, das sich in einem der Turmzimmer nach entsprechender Recherche durch K. Timm wieder anfand. In einem Brief vom 29.2.2016 hat K. Timm als Ergänzung für eine spätere Auflage mitgeteilt: „Max Himpe malte Ende 1947 lt. Hörensagen das Timm-Bild".

[248] Aus der Verlobungsanzeige (siehe Anm. 249) sind die Namen der Eltern bekannt, über die sich dann ergibt, dass einer ihrer Brüder Gerhard Schröder (1910-1989) der ehemalige und langjährige Bundesminister (1953-1969) für die Ressorts (Inneres, Auswärtiges, Verteidigung) war (Oppelland (2007) NDB). Über dessen Sohn, Prof.Dr.Dr. hc Jan Schröder sind freundlicherweise weitere Informationen zu seiner Tante aus einer privat gedruckten und von ihrem zweiten Bruder Adelbert Schröder in den 1990er Jahren verfassten Biografie „Meine Schwester Marie-Renate Schröder" (Kopie aus den Seiten 11-12) zugänglich gemacht worden (zitiert als Schröder (1990) Masch).

1940 erhalten hatte – mit den näheren Angaben zur Braut, der Volontärärztin Marie-Renate Schröder, sowie zu den Brauteltern[249] – antwortete er an Pastor Timm:

> „… Beim Lesen des Namens Ihrer lieben Braut kommt mir die Frage, ob ich diese einmal kennengelernt habe. Ich erinnere mich, daß aus dem Kreise junger Studentinnen in Hamburg, der Anschluß an die Kirche suchte, ein gleicher Name mir entgegentrat. Irre ich mich, dann nehmen Sie es nicht für ungut, und jedenfalls grüßen Sie Ihre liebe Braut herzlich von mir."[250]

Rudolf Timm erklärt daraufhin in seinem Dankschreiben am 29.8.1940 dem Landesbischof den Sachverhalt:

> „… Haben Sie herzlich Dank auch im Namen meiner Braut für die freundlichen Zeilen zu unserer Verlobung. Ihre Erinnerung hat Sie nicht getäuscht. Meine Braut hat Sie gelegentlich einmal mit einer anderen Studentin zusammen aufgesucht, um über Fragen der Studentenseelsorge mit Ihnen zu sprechen. Sie haben sie also schon einmal kennengelernt. Mein Plan, Sie während meines Urlaubs einmal aufzusuchen, ist ja nun leider gescheitert, da Sie sich selbst noch im Urlaub befanden. Hoffentlich hat es Ihnen recht gut getan…"[251]

Es scheint auf Grund der Überlieferung der Architekten-Familie von Rudolf Jäger so zu sein,[252] dass auch in der Nachkriegszeit mit der bis 1972 unverheiratet gebliebenen Frau Dr. Marie-Renate Schröder eine indirekte Beziehung bestand.[253] Diese lockere Bekanntschaft sei wohl durch die gemeinsamen Aktivitäten in der Deutschen Christlichen Studenten-Vereinigung (DCSV) und Deutschen Christlichen Vereinigung Studierender Frauen (DCVSF) bzw. deren Treffen von Ehemaligen im sogenannten ‚Altfreundeverband' (zu denen Frau Dr. Schröder und Herr Jäger zählten) vermittelt gewesen. Auf diesem Hintergrund ist eventuell auch die von Pastor Rudolf Timm mitgeteilte Begegnung seiner Braut mit dem Landesbischof zu verstehen.

> „Im ‚Dritten Reich' wurde die DCSV am 22. Juli 1938 durch einen Erlass des Chefs der Deutschen Polizei und Reichsführer SS Heinrich Himmler (1900-1945) aufgelöst; im Februar 1939 wurde ein letzter Rundbrief an die Mitglieder verschickt. Diese Maßnahme war für viele Landeskirchen, so auch in Hamburg, der Anlaß, hauptamtliche Studentenseelsorger einzusetzen. Nach dem Ende des Zweiten Weltkrieges wurde die Arbeit der DCSV von den Evangelischen Studentengemeinden (ESG) und in der Studentischen Missionsbewegung – 1949 entstand die Studentenmission in Deutschland (SMD) – fortgesetzt."[254]

Das Verbot der DCSV / DCVSF löste zwar die Struktur der Organisation auf, jedoch blieben die Menschen weiterhin für ihre Sache engagiert:

> „Dennoch bedeute dies nicht das Ende der evangelischen Studentenarbeit in Hamburg, da auf studentische Initiative im April 1939 Dr. Heinz Mülbe als erster hauptamtlicher

---

[249] Reichsbahnrat Jan Schröder und Frau Antina, geb. Duit.
[250] Im Schreiben des Landesbischofs Tügel vom 26.8.1940 (S. 148; PA Dokument Nr. 66).
[251] Brief an Landesbischof Tügel (Eing. 3. Sept. 1940; S. 149; PA Dokument Nr. 68)
[252] Siehe dazu auch den Vermerk von Emmerich Jäger für das Dokumentationsprojekt vom 2.1.2016 – u.a. zur früheren Arzt-Praxis in der Rosenhagenstraße sowie zur Zugehörigkeit „zu den ‚Altfreunden', die sich bei unseren Eltern trafen".
[253] Damals wohnhaft in ihrem ehemaligen Elternhaus in Groß Flottbek, Beseler Platz 9.
[254] Hering (2000) ZVHG S. 275f.

Studentenpfarrer in sein Amt eingeführt wurde. Während des Zweiten Weltkrieges übernahm die Vikarin Marianne Timm – die Ordination von Frauen zu Pastorinnen ist in Hamburg erst seit 1969 möglich – vertretungsweise diese Aufgabe..."[255]

Marianne Timm, seit 1932 aktiv im DCSV,[256] ist die Schwester des Rudolf Timm – und wäre Schwägerin von dessen Braut, Marie-Renate Schröder, geworden. Eine solche anfängliche Vermutung der persönlichen Bekanntschaft, ist durch die vom Bruder der Braut verfasste Biografie bestätigt:

> „Als Du Rudolf Timm kennenlerntest, gerade frisch ordinierter Pastor in der Gemeinde Klein-Borstel, warst Du gerne und freudig bereit, statt den ärztlichen Beruf auszuüben, Pfarrfrau zu werden. Dies entsprach eigentlich Deinem ganzen Wesen, das hatte sich in all den Jahren des Studiums als eine Wunschvorstellung bei Dir entwickelt, auch wenn Du darüber nie ein Wort verloren hast. Wenn Du schon nicht Theologie studieren konntest und durftest, galt Deine Liebe dieser Wissenschaft und noch viel mehr ihrer praktischen Anwendung in einer christlichen Gemeinde. Du hast trotz des Medizinstudiums doch immer mit einem Bein in der kirchlichen Arbeit gesteckt. Wo und wann Du Rudolf kennengelernt hast, weiß ich nicht mehr. Ich vermute aber, daß es Rudolfs Schwester Marianne Timm war, die Euch beide zusammengebracht hatte. Zumindest unsere Eltern waren davon überzeugt, daß sie Euch ‚verkuppelt' hätte. Marianne Timm war eine der damals so seltenen Theologiestudentinnen, die es aber auch erleben mußte, daß ihr eine reguläre Pfarrstelle stets versagt geblieben ist. ... eine eigene Gemeinde hat sie nie leiten dürfen. Dir erschienen daher die vielfältigen Möglichkeiten einer Pfarrfrau durchaus verlockender. ... Da es sich vor Rudolfs Tod abzeichnete, daß dieser Krieg noch sehr viel länger dauern würde und Deine Aussichten, Pfarrfrau sein zu können, in ferner Zukunft lagen, hast Du 1940 mit Deiner MP-Zeit ... im AK St. Georg begonnen ..."[257]

Demnach wäre u.a. durch Frau Schröders Initiative und ihren Besuch beim Landesbischof die hauptamtliche Studentenseelsorge institutionalisiert worden, – und es wäre auf dem Hintergrund ihrer Bekanntschaft mit Marianne Timm vermutlich auch die zu Rudolf zu sehen, die dann im August 1940 zur Verlobung geführt hätte.

Ob auch Rudolf Timm während seines Studiums Mitglied der DCSV war, ist ebenfalls bisher nicht erkennbar.[258] Seine Mitgliedschaft in der NSDAP (ab 1.5.1933 in der Ortsgruppe Tübingen[259]) und SA würden aber durchaus zu einem Bericht passen, der in einer historischen Arbeit über die DCSV und ihr sich veränderndes Verhältnis zum NS-System im Laufe der Zeit von 1933-1938 auch die Situation in Tübingen beschreibt. Darin wird u.a. aus den Semesterberichten zum Sommersemester 1933 aus den einzelnen Kreisen wiedergegeben:

> „Kreis Tübingen 120 Mitglieder in der SA und 20 Mitglieder im Stahlhelm, alle Füxe am Wehrsport beteiligt. ... Aus Begeisterung für den ‚nationalen Aufbruch' kam es im Jahr

---

[255] Hering (1990) ZVHG S. 283.
[256] Hering (1993) ZVHG S. 191 Anm. 68 gibt an: „Seit 1932 war sie aktiv in der Deutschen Christlichen Studentinnen Bewegung" so auch in ihrer Biographie bei Hering (1997) SB S. 641.
[257] Schröder (1990) Masch S. 11.
[258] Möglicherweise erlauben die Archivalien im Evangelischen Zentralarchiv, Berlin (=EZA) weitere Rückschlüsse.
[259] Siehe die Kopie aus der NSDAP-Kartei bei Timm (2005) Masch S. 36.

1933 auch unter den Theologiestudenten [zum] Eintritt in die NSDAP und ihre Gliederung und angeschlossene Verbände, insbesondere die SA."[260]

Diese anfängliche Euphorie weicht jedoch zunehmend – wenn auch in Teilen langsam und ortsabhängig sehr unterschiedlich – einer wachsenden Skepsis gegenüber dem Totalitätsanspruch des NS-Systems und deutlicherem Widerstand gegen die Versuche der Gleichschaltung. Für 1936 bildet das Verbot der Doppelmitgliedschaft in einer studentischen Vereinigung und einer Gliederung der Partei eine erste Zäsur,[261] der dann 1938 das oben erwähnte Verbot und die Auflösung der DCSV folgen. Sollte Rudolf Timm Mitglied der DCSV gewesen sein, so müsste er 1936 eine organisatorische Entscheidung zu Gunsten des Verbleibs in der NSDAP und SA, aber gegen den DCSV getroffen haben – jedoch ohne eine inhaltliche Distanzierung. So ließe sich sein ‚Spagat' immerhin nachvollziehen, wenn er in seinem Bericht zum Abschluss des Vikariats angibt, seine theologische Position sei die der Bekennenden Kirche.[262]

Vermittelt durch die Bemerkungen in der Tügel-Korrespondenz über den früheren Kontakt mit der Braut fällt also möglicherweise ein besonderes Licht auf diese erklärungsbedürftige Angabe von Rudolf Timm. – Denn zahlreiche Mitglieder der DCSV bzw. der Altfreunde – wie auch Rudolf Jäger – gehörten der BK an. (Rudolf Jäger war selbst 1934 als Delegierter für Altona bei der Bekenntnis-Synode in Wuppertal-Barmen dabei.[263] Zusammen mit Hans Asmussen hat er 1934 die Schriftenreihe „Die Gemeinde-Kirche" herausgegeben.) Ebenso war auch Marianne Timm Angehörige der Bekennenden Kirche.[264]

Die Gedenktafel in der Kirche und das inzwischen entfernte Gemälde mit der Darstellung des Pastor Rudolf Timm machen deutlich, wie schwierig aus der Rückschau eine Beurteilung seiner Person und ein angemessenes Gedenken sind. Undeutlich ist bisher, wo im Kirchgebäude das Gemälde wohl angebracht gewesen ist. Sollte es im Altarraum aufgehängt gewesen sein, wie ehemals auch in der benachbarten Lutherkirche das Portrait des im Krieg gefallenen Pastor Scheuer (1907-1941) eines hing? Dort gab es auch für weitere Gefallene Kränze, so dass nach 1946 unter der Devise ‚Der Altarraum ist kein angemessener Ort der Heldenverehrung' eine Umgestaltung vorgenommen wurde.

---

[260] Hong (2001) S. 151 Anm. 81 – aus Mitteilungen zur Förderung einer deutschen christlichen Studentenbewegung "Der christliche Student" Nr. 386 (EZA Bestand 34).
[261] Hong (2001) S. 166.
[262] Siehe oben bei Anm. 99.
[263] Siehe dazu http://www.architekturarchiv-web.de/portraets/h-k/jaeger/index.html die ‚Online-Vita' Hoffmann (2013) HAA auf dem Hintergrund des Nachlass-Materials von Rudolf Jäger im Hamburgischen Architekturarchiv (=HAA). Siehe auch bei Braun / Nicolaisen (1985) S. 532 zu Jäger als Teilnehmer bei der Bekenntnis-Synode 1934.
[264] Hering (1997) SB S. 642. – Für die Frömmigkeitstradition eines ehemaligen DCSV-Mitgliedes und späteren BK-Pfarrers ist die Zusammenstellung der Materialien um Ludwig Steil (1900-1945) instruktiv, der im KZ-Dachau am 17.1.1945 starb; siehe Spehr (2015) – und zur DCSV besonders S. 49ff.

2.3.4 Planungen für ein Epitaph in der Kirche

Die zuvor gestellten Fragen der zweiten Auflage können ab der dritten Auflage um einige Puzzel-Teile ergänzt werden, die sich wiederum aus den von Ingo Willsch zusammengestellten Tonbandprotokollen der Gespräche mit Frau Dr. T. Bertog 1963 ergeben.[265] Diese Aufzeichnungen sind nicht ganz leicht zu verstehen, da die Befragte das als „Epitaph" geplante, jedoch nie vollständig realisierte Objekt sich wohl nur z.T. in Erinnerung rufen und dem Gesprächspartner schildern konnte. Deshalb mag ein grafischer Rekonstruktionsversuch daneben zum Verständnis der Beschreibung hilfreich sein:

„… Der Ulmer hat uns ja genau denselben Kram (wie die schwarze Altar-Tafel) nachher mit dem Epitaph für Pastor Timm gemacht. Das war 'ne Geschichte, kann ich Ihnen sagen, ach du meine Güte nochmal! Da waren wir nun also nach Jahren 'mal bei Ulmer und haben uns also das da nun angesehen.

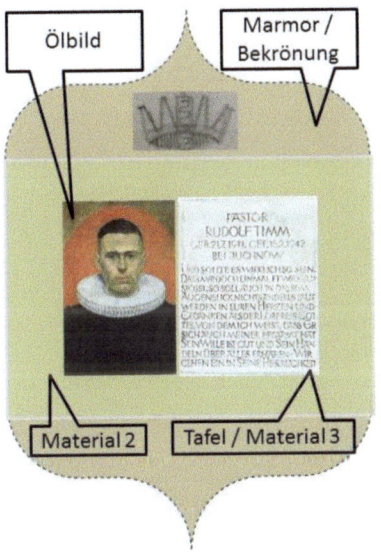

Diese Tafel war da, da war ein Mittelstück aus ganz anderem Material, ich weiß es [es] nicht mehr, eine furchtbare Geschichte. Ich weiß auch nicht mehr, was darauf wa[r], also fürchterlich! In der Mitte, glaube ich, war das Bild von Pastor Timm (das jetzt oben im mittleren Turmzimmer hängt); das war da mit drin. Und dann war da noch 'ne Bekrönung aus Marmor (oder so etwas Ähnliches), ein fürchterliches Ding. Das war zu Pastor Malsch's Zeiten schon. Und da haben wir gesagt: Nein, kommt überhaupt nicht in Frage. Der ganze Rest, der nachgeblieben ist, ist die Tafel. – Und damit hatten wir uns die Familie Timm derartig verärgert, weil die ja nun auf dieses andere gerechnet hatten und in der Kirche, und wir wollten das ja nicht. – Das war auch wieder Ulmer. Fürchterlich, kann ich Ihnen sagen.

War ein dreiteiliges Dings aus drei verschiedenen Sorten Material, und dazwischen dann auch noch dieses Ölgemälde. Sollte alles zum Gedenken in der Kirche zwischen zwei Fenster hingehängt werden. Das Bild war ja noch gar nicht darin eingearbeitet, sollte es erst werden; das hat man dann so gelassen. Wo das nun geblieben ist, weiß ich nicht. …"

Für die zeitliche Einordnung des geschilderten Geschehens gibt es einerseits den Hinweis, dass es zu ‚Pastor Malsch's Zeiten'– also ab Ende November 1945 und nach der Aufstellung der ‚schwarzen Altar-Tafel' – anzusetzen sei. Andererseits scheint der Wille der ab April 1947 inzwischen selbstständigen Gemeinde letztlich zum Zuge gekommen zu sein und es existierte zuvor das Portrait von Pastor Timm bereits als separates Ölbild. – Oben ist in die hypothetische Rekonstruktion des

---

[265] Siehe dazu oben in Anm.184.

‚Epitaphs' im oberen Marmorteil, das mit der Formulierung ‚Bekrönung' von Frau Dr. Bertog bezeichnet wurde, die Handzeichnung von B. Hopp von einer Krone (wie im Altar-Wandbild) positioniert. Dieses Element stammt aus einer Serie von Hopp'schen Entwurfs-Zeichnungen auf Architekten-Papier, die sich im Archiv der Gemeinde befinden. Sie enthalten alle das Symbol der Krone und reflektieren vermutlich die vorausgehenden Beratungen zum ‚Epitaph'.[266] Denn zu einzelnen der sechs Bleistift-Skizzen sind die Namen der Kirchenvorsteher und teils Bemerkungen am Rand der Blätter notiert:[267]

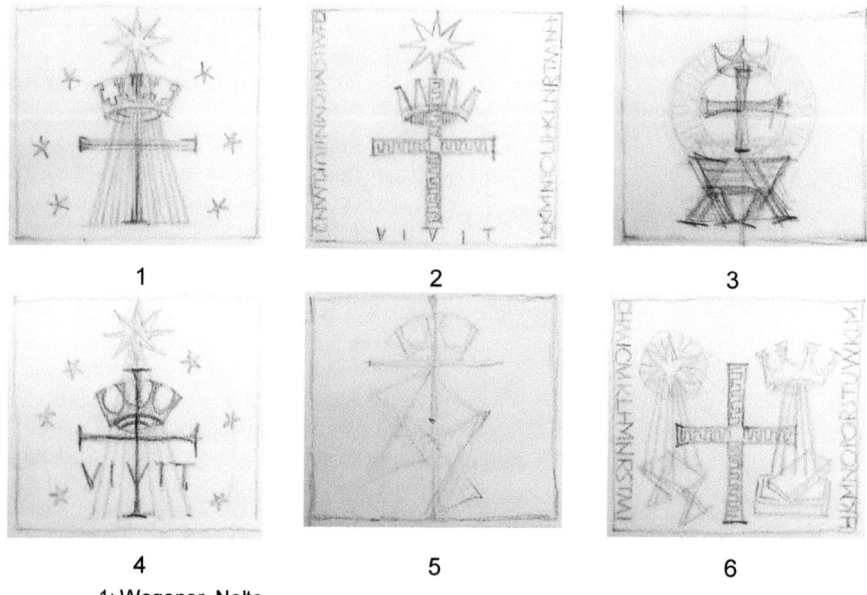

1: Wegener, Nolte
2: Dehlke, Sta[r]k,
wenn etwas bessere Lösung für Überschneiden Kreuz Krone gefunden wird
3: Ko...mar, Thomsen, Schwark, Germann: Das ist nicht übel!
4: Nolte

Im Fuhlsbütteler KV waren bis zur Selbstständigkeit von MM drei Kirchenvorsteher aus Klein Borstel: Germann, Stark und Thomsen. Vermutlich gehören die übrigen Namen oben zu Fuhlsbütteler KV-Mitgliedern. Jedenfalls wird von Pastor Zacharias-Langhans aus Fuhlsbüttel in dessen rückschauend durch I. Willsch 1963 vorgenommener Befragung (u.a. zu Pastor Timm), noch die Initiative auf Hopp und ihn selbst zurückgeführt:

---

[266] Diese Bezeichnung findet sich auch in der Anmerkung von Herrn Teuchert zu der Vorraumtafel; siehe oben bei Anm. 210.
[267] Die Digitalisate dieser Zeichnungen finden sich in der Zusammenstellung der Materialien KG_Maria-Magdalenen_Mappe_Jubiläum_2013_WP_20160404_001.pdf S. 29-34.

„Unsere (Hopps und meine) Absicht, ihm ein Epitaph in der Maria-Magdalenen-Kirche zu erstellen (mit seinem Bild, darüber die Auferstehungsszene), wurde abgelehnt; obgleich das etwas Kontinuierliches in der Kirche schafft, ein Signum."[268]

Die Annahme, dass es sich bei diesen Hopp-Skizzen um Entwürfe für das ‚Epitaph' bzw. zu dessen oberem Gestaltungselement in der „Bekrönung" handelt, ergibt sich einerseits aus den kombinierten Symbolen und andererseits aus dem zweimal (2 und 4) begegnenden „vivit". Diese Inschrift hat Hopp auch auf dem oben abgebildeten Grabstein für seinen im Herbst 1945 verunglückten Sohn Hans-Jürgen als Kurzform der Auferstehungshoffnung verwendet: „er lebt" [im ewigen Leben].[269] – Wieweit Hopp sich bei den Entwürfen mit dem Steinbildhauer O. Ulmer und den zur Fuhlsbütteler Gemeinde gehörenden Eltern des Pastor K. Timm auch finanziell gesondert verständigt hatte, so dass die Ablehnung des bei Ulmer besichtigten und weitgehend fertigen Epitaphs zu einem (auch monetären) Ärgernis der Familie Timm wurde, ist nicht mehr erkennbar. – Immerhin ist die Gedenktafel weiter genutzt und im Vorraum in die Nordwand eingelassen worden.

2.4 Die weitere Ausgestaltung der Kirche

In Maria Magdalenen war B. Hopp 1946 an der Umgestaltung des Altars und dem Ersatz des Abendmahl-Tafelbildes durch den Mamorblock mit dem Text „Er ist auferstanden" beteiligt. Doch lässt sich weder durch die Einträge in seinen Notiz-Tagebüchern noch durch Dokumente der Gemeinde die genaue zeitliche Abfolge genau belegen. Schwerpunktmäßig war Hopp in dieser Zeit bis 1951 als „kommisarischer Denkmalpfleger" für die Hansestadt tätig.[270] – Dass der neue Steinblock vom Bildhauer Oskar Ulmer nach einer Vorlage B. Hopps gefertigt wurde, zeigen die entsprechenden Entwürfe oben. Regelmäßig hat Ulmer mit H&J zusammengearbeitet, wo es um Steinmetz- und andere künstlerisch-plastische Gestaltungen ging. Allerdings war die Denkweise von H&J in der Zeit vor Kriegsende so, dass die Architekten den beteiligten externen Künstlern ziemlich genaue Vorgaben machten, wie sie das Beauftragte zu gestalten hätten. Dass ein solcher Entwurf durch H&J auch tatsächlich existiert hat, zeigt die oben S. 66 abgebildete Skizze von B. Hopp.

In der Baudokumentation des Kirchenkreises wird die Frage danach gestellt, wie die Arbeitsteilung zwischen Bernhard Hopp und Rudolf Jäger wohl gewesen sei:

> „Es ist nicht genau erwiesen, welchen Anteil jeder der beiden Architekten an den Entwürfen hatte, und vielleicht traten hierin im Laufe der langzeitigen Partnerschaft auch Wandlungen ein. Mit Sicherheit darf indessen Bernhard Hopp der überwiegende Einfluß

---

[268] Verschriftung des Interviews von Willsch (21.10.1963); aus Frage/Antwort 19 zu Pastor Timm.
[269] Siehe oben bei Anm. 243 und den folgenden Seiten mit der Abbildung des Grabsteins.
[270] Erst beim 19.06.1953 ist in Hopp_B_Tagebuch_1953_Kalender_WP201510_235.pdf S. 92 für die Nachkriegszeit ein erstes Treffen mit P. Malsch und den Kirchenvorstehern Petersen und Stark in Kl. Borstel vermerkt. - Nach dem Unfalltod seines Sohne Hans-Jürgen am 18.10.1945 sind 1945 und 1946 mit ganz wenigen Ausnahmen nur auswärtige Termine in den Notizkalendern eingetragen. Zu B. Hopp als Denkmalpfleger siehe Fischer (2000) SB.

auf die Baugestaltungen zugeschrieben werden, ebenso wie die Entwürfe für künstlerische Ausstattungen und Ausschmückungen in erster Linie von seiner Hand stammen. Der umfangreiche Nachlaß wird hierüber wertvolle Aufschlüsse bieten können und es ist zu hoffen, daß die noch ausstehende Nachlaßbearbeitung von Einfühlungsvermögen und Akribie gelenkt wird."[271]

Aus den privaten Nachlässen von Bernhard Hopp[272] und Rudolf Jäger[273] sind wesentliche Teile inzwischen verfügbar. Das aus der Firma nach dem Tod von Hopp (1962) sowie dem Tod von Rudolf Jäger (1978) dann hervorgegangene, spätere Architekturbüro Brunzema, Bunge und Otte (= BBO) in Bielefeld verstand sich als Nachfolger in der Tradition von H&J, wie die Website ausweist.[274] Materialien aus dem Firmen-Nachlass von H&J sind beim endgültigen Verlegen des Standortes von Hamburg nach Bielefeld 1985 von dem zwischenzeitlichen Mitinhaber der Firma Dr. Brunzema (später in Fa. „Jäger, Brunzema & Gries") an die Bauabteilung des Kirchenkreises Alt-Hamburg (jetzt Teil des KK Hamburg-Ost) übergeben worden. Da die Baudokumentation von 1992 von einem umfangreichen Nachlass spricht, scheint den damaligen Verfassern ein solcher Vorgang vor Augen gestanden zu haben. Allerdings verrät die Baudokumentation keine vollständige Kenntnis (der sich inzwischen in der Bauabteilung) befindlichen Entwurfszeichnungen, die z.T. die Entwicklung der künstlerischen Ausgestaltung der Apsis-Wandmalerei, wie oben dargestellt, erkennen lässt:

> „... Der Umstand, daß die Ausstattung nahezu vollständig von den Architekten gestaltet wurde und daß Bernhard Hopp hier ebenso wie in der St. Lukaskirche seine künstlerischen Fähigkeiten in liebevoller Weise einsetzte, hebt beide Bauwerke gegenüber zeitgleichen Kirchen hervor. Die vorzüglichen Tischlerarbeiten werden durch eine dezent zurückhaltende Bemalung wirkungsvoll gesteigert; besondere Beachtung verdienen die Bilderzyklen auf den Füllungen der Emporenbrüstungen und der Kanzel. Die streng umrissene Wandmalerei der Chorrückwand ist als Ersatz für eine plastische Kreuzigungsgruppe zu deuten, denn in einem Modell, welches die Architekten zur Erläuterung ihres Entwurfes lieferten, sind an gleicher Stelle statt Malerei Skulpturen zu erkennen."[275]

Auf Grund des privaten Nachlasses von Bernhard Hopp lässt sich das angesprochene Element der Altarwand-Malerei inzwischen mit Sicherheit klären, das in der Sekundärliteratur z.T. unrichtig und in der Baudokumentation mit Fragezeichen dargestellt wurde:

---

[271] Baudokumentation_KK_Alt-Hamburg_Nr_30_Maria_Magdalenen.pdf (S. 18) im Abschnitt „IV. Architekturbeschreibung" S. 1.
[272] Aus den Unterlagen der Familie des Sohnes Asmuss Hopp – insbesondere seiner Witwe Ilse Hopp – sowie der Tochter Dr. Gisela Hopp ist digital durch das Fotografieren und Scannen von Originalen gesichert und im Hamburger Architekturarchiv als Kopien gelagert.
[273] Bereits ab Juni 2013 von seinem Sohn Emmerich Jäger dem Hamburger Architekturarchiv überlassen.
[274] Sie dazu die Webseite unter www.architekten-b-b-o.de.
[275] Baudokumentation_KK_Alt-Hamburg_Nr_30_Maria_Magdalenen.pdf (S. 20) im Abschnitt „IV. Architekturbeschreibung" S. 3.

„Wandmalerei hinter dem Altar von Hopp beeinflußt (entworfen?), ausgeführt von H. Junker."[276]

Zur weiteren Ausgestaltung der Kirche gehört es, dass der bisherige mobile Holzständer für die Taufschale durch ein im Altarraum fest lokalisiertes Taufbecken ersetzt wurde.[277] Dieses ist erst 1965 geschehen, wie die Baudokumentation vermerkt:

„Taufe: Ursprünglich einfache Schale im hölzernen Gestell. 1965 quadratische Bronzeform mit Reliefdarstellungen über gemauertem Sockel, Bildhauer Fritz Fleer"[278]

Zuvor hatte bereits 1960 ein schmiedeeiserner Osterleuchter regelmäßig seinen Platz im Altarraum gefunden.

Seit dem 31.8.1997 schmückt auch ein unter dem Kreuz als Erdkugel gestalteter Kerzenhalter den Altarraum.[279]

Darauf stellen Gemeindeglieder zu Beginn des Gottesdienstes in der Regel Kerzen auf und entzünden sie, als Symbol der Fürbitte in der den Erdkreis umspannenden Christenheit.

Foto aus der Festschrift 1998

---

[276] Baudokumentation_KK_Alt-Hamburg_Nr_30_Maria_Magdalenen.pdf (S. 12) im Abschnitt „II. Baubeschreibung" S. 2 sowie oben bei Anm. 160 zu früheren Meinungen; vgl auch Zabel, Dia-Sammlung, hrg. von Paasch 1998, (Nr. 430) DSA_Kartei_PDF S. 16.
[277] Auch zu weiteren Gestaltungsmöglichkeiten des Taufbeckens liegen zahlreiche Detailskizzen von Hopp im Gemeindearchiv vor; siehe KG_Maria-Magdalenen_Mappe_-Jubiläum_2013_WP_20160404_001.pdf S. 2-7; ähnlich auch für die verschiedenen Lesepult-Gestaltungsmöglichkeiten S. 8-16.
[278] Baudokumentation_KK_Alt-Hamburg_Nr_30_Maria_Magdalenen.pdf (S. 13) S. 3. von „II. Baubeschreibung". Farbfotos liegen von Heinz Zabel vom Mai 1980 im Denkmalschutzamt vor. Ihre Beschriftung „Taufe (1953) v. Fritz Fleer (*1921)" macht die Datierung des Ersatzes der alten Taufe in der Kirche etwas problematisch; vermutlich ein Schreibfehler.
[279] Informationen zu diesem 1995 begonnenen Vorgang der Ausschmückung der Kirche hat freundlicherweise Herr Jürgen Hoffmann zusammengestellt: nach einem Hinweis von Frau Redecke auf den „Weltleuchter" in einer Goslarer Kirche ist es zu weiteren Erkundigungen durch das Ehepaar Hoffmann bei der Fa. Strübing, Goslar, gekommen, die dann auch den Klein Borsteler Leuchter 1997 gefertigt hat. Eine separate Leuchterbeschreibung liegt vor.

3 Pastoren und „Offenes Haus der Gemeinde"

Der Wandel im Selbstverständnis der christlichen Gemeinde, wie er sich auch in der weiteren Ausgestaltung des Altarraumes oben zeigt, steht in einem Wechselverhältnis zu dem der hauptamtlichen Mitarbeiterschaft. In dieser Hinsicht musste die Gemeinde nicht nur vor dem Bau der Kirche bereits einen regen Wechsel verkraften, sondern auch nachdem dieser fertiggestellt war, und es eigentlich mit einem eigenen Pastor zu einem stetigen weiteren Gemeindeaufbau hätte kommen sollen. Es kam jedoch der Krieg und mit dem Tod von Pastor Timm waren im schnellen Wechsel bis zum Kriegsende jeweils kurzzeitig sechs Pastoren in Klein Borstel tätig. Erst in der Nachkriegszeit kam es zu längeren Amtszeiten, wie sie in der Festschrift von 1998 zusammen mit denen für die anderen Mitarbeiter aufgelistet sind, die durch z.T. erhebliche längere Präsenz in der Gemeinde mit für Kontinuität der Arbeit sorgen konnten.[280]

Als weitere Bautätigkeiten sind in der Nachkriegszeit mit dem Architekturbüro H&J mehrere Phasen zu nennen: 1951 wird das zur Zeit des Kirchbaues eigentlich schon vorgesehene Pastorat errichtet. 1954 wurde es dann um einen Anbau erweitert.[281]

HAA_ORh_029.11_(0582)

HAA_ORh_029.10_(0583)

Diese Baumaßnahmen sind ebenso wie die folgende durch Pastor Carl Malsch (1916-2001[282]) veranlasst worden, der von 1945-1954 als Pastor in Klein Borstel tätig war.[283] In seiner Amtszeit wird die Klein Borsteler Gemeinde 1947

---

[280] KG_Maria-Magdalenen (1998) S. 27f.
[281] Siehe dazu auch die geänderten Bauzeichnungen von H&J v. 13.8.1954.
[282] Schade (2009) S. 168.
[283] Zu Pastor Malsch, der ab 1943 Hilfsprediger in St. Katharinen war, Bestand eine lange Bekanntschaft, wie ein Brief vom 10.8.1950 im Hopp-Nachlass zeigt. Die Bildhauerin Eva Dittrich (die Tante von Carl Malsch) die u.a. mit H&J 1938 in Alsterdorf die Predella aus fünf Festtagsbildern gestaltet hatte, fügt einem Familienbrief aus ihrem Exil in den USA auch einen Brief an B. Hopp bei, der über P. Malsch an Hopp weitergeleitet werden soll (siehe dazu im Nachtragsteil zur zweiten Auflage bei Gleßmer / Lampe (2016) die weiteren Details). Neben dieser eher privaten Korrespondenz (Hopp_B_1952-59_Briefakte_privat_WP_20150618_150ff.pdf S. 80) verzeichnen die Notiz-Tagebücher von B. Hopp beruflich für den 19.6.1953 den Besuch „Kl. Borstel Malsch, Petersen, Stark".

selbstständig und aus der Fuhlsbütteler Muttergemeinde entlassen, wo Malsch erst als Hilfsprediger für den Pfarrbezirk Klein Borstel tätig war, bis er auf die eigene Pfarrstelle in Klein Borstel am 20.7.1947 gewählt wurde.
In seine Amtszeit fallen auch die Vorbereitungen für das parallel zum Stüberedder gelegene erste Gemeindehaus (ab 1953; Stübeheide 173). Dieses wird in einem Artikel als „Offenes Haus der Gemeinde" bezeichnet[284] und die zeitgenössischen Fotos von Otto Rheinländer sind beschriftet mit „Haus der offenen Tür":[285]

HAA_ORh_024.57-211_(0500)

HAA_ORh_009.57-221_(0330)

HAA_ORh_024.57-212_(0501)

HAA_ORh_024.57-213_(0502)

„Das neue Haus wurde am 5. Februar 1956 eingeweiht."[286] – Vorher waren die Bauarbeiten z.T. unterbrochen worden, um „gegebenenfalls Wünsche des neuen Pastors berücksichtigen zu können."[287]

---

[284] Kirche in Hamburg Jg. 1 (1954) Nr. 15 (v. 11.04.1954) S. 8. – So auch in KG_Maria-Magdalenen (1963) S. 11.
[285] Der Hintergrund zu diesen Benennungen ergibt sich aus einer Aktennotiz von B. Hopp (im Ordner Nr. 33 der Bauabteilung Kopie S. 7): „Es besteht die Absicht, auf dem Grundstück der Gemeinde neben der Kirche ein Jugendheim zu erreichten ... Die Finanzierung soll zum grossen Teil über die Jugendbehörde erfolgen..."
[286] KG_Maria-Magdalenen (1963) S. 11.
[287] KG_Maria-Magdalenen (1963) S. 11. – Bereits am 10. Mai 1954 verzeichnet B. Hopp in seinen Notiz-Tagebüchern den Besuch von P. Kersten, nachdem P. Malsch zum 1. Mai seinen Dienst als Studentenpastor angetreten hatte. Bis zum Dienstantritt von P. Kersten am 1.10.1954 war der damalige „Hilfsprediger Pastor Freiherr von Schade mit der Verwaltung des freigewordenen Pfarramtes betraut", wie die FS 1963 S. 11 vermerkt.

Der nachfolgende Pastor Walter Kersten (1910-1996[288]), der dann die Bauplanungen weiter begleitet hat, schrieb Anfang 1955 zur Erklärung der Bauunterbrechung:

> „Das Pfarrhaus ist für unsere große Familie und für alle, die darin zu Gast sind, ein wenig zu klein gewesen. Zukünftig kann es noch mehr ein offenes Haus sein. Das ist eine günstige Aussicht..."[289]

P. Kersten (und seine Familie) haben von 1954 bis 1970 – und damit in der bisher längsten Amtsperiode – die Gemeinde mitgeprägt; in seiner Zeit wurde 1959 die Sakristei der Kirche mit einem Erweiterungsbau versehen:

Das erweiterte Pastorat von Norden   ... von Süden

Der ebenfalls 1954 bereits begonnene Anbau an der Kirche wurde 1959 dann fertiggestellt, so dass die Sakristei der Kirche neu genutzt werden konnte:

---

[288] Schade (2009) S. 134.
[289] Kirche in Hamburg Jg. 2,4 (1955) vom 23.01.1955 S. 8.

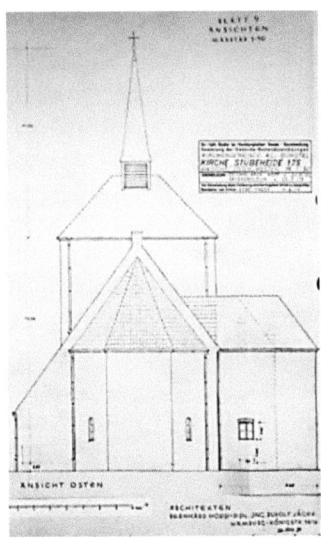

„Die neue Sakristei unter der Seitenempore ist eingerichtet und in Gebrauch genommen worden. Die alte Sakristei reichte aus, daß sich der Pastor umkleiden und auf den Dienst vor der Gemeinde rüsten konnte; aber sie war nicht groß genug, um die vasa sacra, die heiligen Geräte, darin aufzubewahren, die für den Gottesdienst gebraucht werden: die Abendmahlsgeräte, die Altar- und Kanzelbekleidung, die Leuchter, die Vasen u.a. ...
Diese Sakristei dürfte auch besonders geeignet sein, ungestört seelsorgerliche Gespräche zu führen oder Beichte zu hören. ..."[291]

WP_20151202_092[290]

Erst nach dem Tod von Bernhard Hopp ist 1963/4 der Bau des zweiten Gemeindehauses durch den Architekten Kurt Plotz hinzugekommen – und zwar auf der anderen Straßenseite (Stübeheide 172) auf dem Grundstück, das „zu aller großzügigsten Konditionen Frau Dr. Thea Bertog zur Verfügung gestellt" hatte.[292] Die Buntverglasung einiger Fenster darin ist 1964 durch Diether Kressel (*1925) erfolgt.[293]
Nach der Verlegung des Gemeindesaals aus dem älteren in das neue Gemeindehaus und Einrichtung eines Kindergartens, ist inzwischen auf dem Gelände Stübeheide 173 auch ein zusätzlicher Bau für die Erweiterung der Kintertagesstätte hinzugekommen.
Wie insgesamt die Situation zur Erhaltung der Gebäude, die bisher von der Kirchengemeinde MM genutzt wurden, bei Anhalten der finanziellen Engpässe sich weiter gestalten wird, ist unklar. Der Kirchenkreis Hamburg-Ost hat mit einem Plan zur eventuellen Umnutzung zahlreicher Gebäude noch keine endgültige Klarheit schaffen können. – Wie dabei zudem die Auflagen des Denkmalschutzes berücksichtigt werden können, wird künftig zusätzlich einen spannenden Balanceakt darstellen.[294]

---

[290] Bauabt_Nr_3095_Maria-Magdalenen_WP_20151202_074.pdf S. 19.
[291] Kirche in Hamburg Jg. 6,11 (1959) S. 8 (15.03.1959).
[292] KG_Maria-Magdalenen (1998) S. 16; siehe auch das Foto von der Grundsteinlegung S. 26.
[293] So die Angabe zu einem Foto von H. Zabel vom Februar 1987 (Denkmalschutzamt-Kartei zu Gebäudeobjekt Nr. 430).
[294] Die ausgetauschten Argumente, die bisher den Einbau eines WCs in der Ebene des Erdgeschosses des Kirchengebäudes verhindert haben, lassen für einen Außenstehenden allerdings Zweifel aufkommen, ob die Abwägungen sachgemäß erfolgen...

4 Kurztitel und Literatur

Die Artikel des Vereins für Hamburgische Geschichte sind durch Suche nach Verfassern online verfügbar http://agora.sub.uni-hamburg.de/subhh/digbib/ssearch. Die Links werden deshalb hier nicht separat aufgeführt. Ähnlich finden sich die Jahrgänge der Hamburgischen Kirchenzeitung sowie des Jahrbuchs des Alstervereins in der digitalen Bibliothek der Hamburgensienabteilung der SUB.

Asmussen / Hopp (1932)
Asmussen, Hans / Hopp,Bernhard: Symbol und Form. Gedruckt als Manuskript aus Anlaß der Ausstellung ‚Symbol und Form'. Agentur des Rauhen Hauses Hamburg [o.J.] 1932

Ausstellung (1935)
„Maler, Bildhauer und Architekten" - Ausstellungskatalog des Kunstvereins in Hamburg, 1935

Bertram (1994) MHR
Günter Bertram: Fritz Valentin.- in: MHR 2/1994 (online: http://www.richterverein.de/mhr/mhr942/m94209.htm)

Bertram (1995) MHR
Günter Bertram: Zum 8. Mai 1995.- in: MHR 1 (1995) S. 2 (online: http://www.richterverein.de/mhr/mhr951/m95113.htm#.htm)

Bertram (2012) MHR
Günter Bertram: „Unser Kampf 1968" – irritierter Rückblick eines ‚Alten Kämpfers'.- in: MHR 4/2012 S. 9 Anm. 21 (online: http://www.richterverein.de/mhr/mhr124)

Bose / Holtmann u.a. (1986)
Bose, Michael / Holtmann, Michael / Machule, Dittmar / Pahl-Weber, Elke / Schuber, Dirk: >Ein neues Hamburg entsteht...< Planen und Bauen von 1933-1945 [Beiträge zur städtebaulichen Forschung, Band 2, hrsgg von der TU Hamburg Harburg Forschungsschwerpunkt 6 >Stadterneuerung und Werterhaltung<, Städtebau I], VSA-Verlag Hamburg 1986

Bracker (1937) EvHamburg
Bracker, D.: Wie bezeugen wir die Gottessohnschaft Jesu nach den Synoptikern?.- in: Das Evangelische Hamburg (ab März 1937 ‚Das Niederdeutsche Luthertum') 1937 S. 250-252 (forgesetzt durch weitere Beiträge S. 282-284, 299-300, 328-332

Braun / Nicolaisen (1985)
Braun, Hanneore / Nicolaisen, Carsten: Verantwortung für die Kirche : stenographische Aufzeichnungen und Mitschriften von Landesbischof Hans Meiser 1933-1955.- Vandenhoeck und Ruprecht 1985

Bruhns (1986)
Bruhns, Maike: Anita Rée – Leben und Werk einer Hamburger Malerin 1885-1933.- [Veröffentlichungen des Vereins für Hamburgische Geschichte Bd. 29], Hamburg 1986

Bruhns (2001^2)
Bruhns, Maike: Anita Rée – Leben und Werk einer Hamburger Malerin 1885-1933.- [Veröffentlichungen des Vereins für Hamburgische Geschichte Bd. 29], Hamburg 1986; 2. Aufl. Hamburg 2001

Bruhns (2013)

Bruhns, Maike: Bauschmuck bei Fritz Schumacher. Ein Kaleidoskop der Künste (inkl. Teil 2 auf DVD Werkverzeichnis der künstlerisch dekorierten Schumacher-Bauten in Hamburg).- '.- Dölling u. Galitz Hamburg 2013

Bruhns (2013^2) Rump

Bruhns, Maike: Der neue Rump.- 2. Aufl. Hamburg 2013

Büttner (2011) SB

Büttner, Ursula: Nach der Verfolgung allein gelassen. Der Umgang von Briten und Deutschen mit den Opfern des Nationalsozialismus, 1945 bis 1955 (Bearbeiterin: Prof. Dr. Ursula Büttner).- in: Zeitgeschichte in Hamburg 2010. 1960-2010 50 Jahre Forschungsstelle [Forschungsstelle für Zeitgeschichte in Hamburg], Hamburg 2011 S. 112 [online: https://www.zeitgeschichte-hamburg.de/files/-fzh_1/pdf/jahresbericht_2010.pdf)

Büttner (2015) ZfSHKG

Büttner, Ursula: Vom ‚Altonaer Blutsonntag' zum ‚Altonaer Bekenntnis'. Evangelische Kirche in der Staatskrise der Weimarer Republik,- in: Zeitschrift für Schleswig-Holsteinische Kirchengeschichte 2 (2015) S. 127-145

Dietrich (2013) DWL

Dietrich, Eva: Die Johannes-Kirche in Hamm-Norden. Eine Kirche im Spannungsfeld zwischen Nationalsozialismus und ‚Bekennenden Christen'.- in: Denkmalpflege in Westfalen-Lippe, 2013 S. 74-83 [online: http://www.lwl.org/302a-download/PDF/DWL/2013_02.pdf]

Dixon / Valentin (1969)

Dixon, Stephen / Valentin, Fritz: Die Euthanasie : ihre theologischen, medizinischen und juristischen Aspekte.- Evangelisches Forum 11, Vandenhoeck und Ruprecht, Göttingen 1969

Endell (1938) HambKZ

Endell, Fritz: Maria Magdalena in Bibel, Legende und deutscher Kunst.- in: HambKZ (1938) S. 72-75

Fischer (2000) SB

Fischer, Manfred F.: Denkmalpflege in Hamburg. Idee – Gesetz – Geschichte.- in: Arbeitshefte zur Denkmalpflege in Hamburg 19, Hamburg 2000, S. 57-62

Fischer (2008^2) SB

Fischer, Manfred F.: Hopp, Bernhard, geb. 28.10.1893 Hamburg, gest. 18.9.1962 ebd.; luth.; Architekt, Maler, Denkmalpfleger.- in: Kopitzsch, Franklin / Brietzke, Dirk (Hrg): Hamburgische Biografie – Personenlexikon Band 1, Hamburg 2008 (zweite Auflage), S. 140-141

Fix (2007) SB

Fix, Karl-Heinz: Schreiner, Helmuth Moritz.- in: Neue deutsche Bibliographie Bd. 23 (2007) S, 538-539

Frank (1935)

Frank,Hermann: Dein Klein-Häuschen. Ein Weg zur Auflockerung der Städte. 3. Aufl.; Hamburg 1935

Gess (1901)

Gess, Wolfgang Friedrich: Wie dünkt euch um Christus? : die wichtigsten Wahrheiten über Christi Person und Werk.- Verlag der Vereinsbuchhandlung, Calw 1901

Gleßmer / Lampe (2016)

Uwe Gleßmer / Alfred Lampe: Kirchgebäude in den Alsterdorfer Anstalten: Die Umgestaltungen der St. Nicolauskirche, Friedrich K. Lensch (1898-1976) und Deutungen des Altar-Wandbildes.- Books on Demand, Norderstedt 2016 [zweite, korrigierte und erweiterte Auflage]

Grolle (1992) ZVHG

Grolle, Joist: Schwierigkeiten mit der Vergangenheit. Anfänge der zeitgeschichtlichen Forschung im Hamburg der Nachkriegszeit.- in: ZVHG 78 (1992) S. 1-65

Grolle / Lorenz (2007) ZVHG

Grolle, Joist / Lorenz, Ina: Der Ausschluss der jüdischen Mitglieder aus dem Verein für Hamburgische Geschichte. Ein lange beschwiegenes Kapitel der NS-Zeit (Mit biographischem Anhang)- in: ZVHG 93 (2007) S. 1-145

Günther (1933) Diss

Günther, Eckardt: Die ontologischen Grundlagen der neueren Erkenntnislehre.- Diss. Philos. Fak., Greifswald 1933

Günther (1935) HambKZ

Günther, Eckardt: Klein Borstel. – in: Hamburgische Kirchenzeitung Jg. 11,12 (20. Dez. 1935) S. 178-179

Haerter / Stolt (1999) ZVHG

Haerter, Berthold W. / Stolt, Peter: Die Vorgänger des Kirchlichen Kunstdienstes in Hamburg.- in: ZVHG 85 (1999) 63-84

Halfmann (1936)

Halfmann, Wilhelm: Die Kirche und der Jude von Pastor Wilhelm Halfmann Oberconsistorialrat commiss. in Kiel.- 11. Heft Amt für Volksmission, Breklum 1936 [online: http://www.pkgodzik.de/fileadmin/user_upload/Familieninfos/Die_Kirche_und_der_Jude.pdf]

Hammer (1991) ZVHG

Hammer, Friedrich: Kirche in politischen Ausnahmesituationen : Erlebnisse eines Pfarrers in Hamburg und Altona 1930 – 1956.- in: ZVHG 77 (1991) S. 77-100

Hattendorff (1994) JAV

Hattendorff, Mathias: Klein Borstel. Ein Dorf in Hamburg! [Rez. von Thiele (1994)] in: JAV (1994) S. 115

Hauschild-Thiessen (2007) NDB

Hauschild-Thiessen, Renate: „Schröder", in: Neue Deutsche Biographie 23 (2007), S. 553-554 [Online: http://www.deutsche-biographie.de/pnd118761811.html]

Hering (1990) ZVHG

Hering, Rainer: 50 Jahre Evangelische Studentengemeinde 1938-1988. Versuch einer Spurensicherung (Hamburg 1989, 86 S.) [Rez.].- in: ZVHG 76 (1990) S. 283

Hering (1993) ZVHG

Hering, Rainer: Frauen auf der Kanzel? Die Auseinandersetzungen um Frauenordination und Gleichberechtigung der Theologinnen in der Hamburger Landeskirche – Von der Pfarramtshelferin zur ersten evangelisch-lutherischen Bischöfin der Welt.- in: ZVHG 79 (1993) S. 163-209

Hering (1994) ZVHG

Hering, Rainer: Festschrift 50 Jahre Kirche Maria Magdalenen zu Klein Borstel 1938-1988.- in: ZVHG 80 (1994) S. 243

Hering (1995)

Hering, Rainer: Die Bischöfe Simon Schöffel und Franz Tügel. Hamburger Lebensbilder 10.- (hrsg v. Verein für Hamburgische Geschichte), Verlag Verein für Hamburgische Geschichte, Hamburg 1995

Hering (1997) SB

Hering, Rainer: Marianne Timm: geb. 8.2.1913 in Hamburg; gest. 1.11.1993.- in: Demokratische Wege : deutsche Lebensläufe aus fünf Jahrhunderten. - Stuttgart [u.a.] : Metzler. - 1997, S. 641-643

Hering (2000) ZVHG

Hering, Rainer: Kirche und Universität. Die Anfänge der evangelischen Studierendenseelsorge und akademischer Gottesdienste an der Hamburger Universität in der Weimarer Republik und im ‚Dritten Reich'.- in: ZVHG 86 (2000) S. 275-306

Hering (2015) ZfSHKG

Hering, Rainer: Neue Anfänge? Anmerkungen zu einem Buch über den Umgang der Landeskirchen in Nordelbien mit der nationalsozialistischen Vergangenheit und ihrem Verhältnis zum Judentum,- in: Zeitschrift für Schleswig-Holsteinische Kirchengeschichte 2 (2015) S. 289-298

Hering / Nicolaisen (2003)

Hering, Rainer / Nicolaisen, Rainer: Lebendige Sozialgeschichte – Gedenkschrift für Peter Borowski, Hamburg 2003

Hipp (1990²)

Hipp, Hermann: Freie und Hansestadt Hamburg. Geschichte, Kultur und Stadtbaukunst an Elbe und Alster. DuMont Kunst-Reiseführer, DuMont Buchverlag Köln; 2. Auflage 1990

Hoffmann (2006) Masch

Hoffmann, Gustav: Mein Leben zwischen Glück und Angst. Maschinenschriftliche private Vervielfältigung.- private Vervielfältigung Hamburg 2006 [Auszug S. 44-49 im Anhang]

Hoffmann (2013) HAA

Hoffmann, Karl-Heinz: Portrait zu Rudolf Jäger.- 2013 online erschienen unter http://www.architekturarchiv-web.de/portraets/h-k/jaeger/index.html

Hong (2001)

Hong, Haejung: Die Deutsche Christliche Studenten-Vereinigung (DCSV) 1897 – 1938. Ein Beitrag zur Geschichte des protestantischen Bildungsbürgertums.- Tectum verlag Marburg 2001

Hopp (1935) HambKZ

> Hopp, Bernhard: Die erneuerte Turmhalle zu St.Jacobi.- HambKZ 11,12 (1935) S. 174-175

Hopp (1938) KuK

> Hopp, Bernhard: Die Gestalt des Altars.- in: Kunst und Kirche Bd. 15,2 (1938) S. 3-6

Jäger (1933) NiederdKZ

> Jäger, Rudolf: Symbol und Form.- in: Niederdeutsche Kirchenzeitung Jg. 3,1 (1933) S. 8-9

KG_Hamm (2006)

> Evangelische Kirchengemeinde Hamm (Hrsg): Kirchbau in schwerer Zeit. Hamm 2006

KG_Hamm (2013)

> Evangelische Kirchengemeinde Hamm (Hrsg): Aus Hoffnung geschnitzt. Die Johanneskirche Hamm-Norden in Bildern und Gedanken [Hrg. von der Ev.-luth. Kirchengemeinde Hamm Frank Millrath / Vorwort Presbyter Markus Wesselmann]; Hamm 2013

KG_Maria-Magdalenen (1963)

> Kirchengemeinde Maria-Magdalenen (Hrsg): Maria-Magdalenen zu Hamburg Klein-Borstel 1938-1963; (Gebr. Küsters Buchdruckerei, Hamburg 39) 1963

KG_Maria-Magdalenen (1988)

> Kirchengemeinde Maria-Magdalenen (Hrsg): 50 Jahre Kirche Maria-Magdalenen zu Klein-Borstel 1938-1988; (interne Vervielfältigung) 1988

KG_Maria-Magdalenen (1998)

> Kirchengemeinde Maria-Magdalenen (Hrsg): 60. Kirchweihfest. Ev.-Luth. Kirchengemeinde Maria-Magdalenen zu Hamburg Klein-Borstel 1938-1998; Eigenverlag (Verantw. U.a. Wolfgang Behrens) 1998

KG_Maria-Magdalenen (2013)

> Kirchengemeinde Maria-Magdalenen (Hrsg): 75. Kirchweihfest. Ev.-Luth. Kirchengemeinde Maria-Magdalenen zu Hamburg Klein-Borstel 1938-2013 []; Eigenverlag 2013

KG_St_Jürgen_Ochsenzoll (1989)

> Kirchengemeinde St. Jürgen (Hrsg): 50 Jahre St. Jürgen. Private Vervielfältigung 1989

KG_St_Lukas_Fuhlsbüttel (1963)

> Kirchengemeinde St. Lukas (Hrsg): St. Lukas 1893 – 1938 – 1963 70 Jahre am Erdkampsweg.- 1963

Kittlitz (1928)

> Kittlitz, Walther (Hrg): Unser Liederbuch.- Copyright by Hamburger Ferienlager e.V. 1928. Geschäftsstelle Rauhes Haus. Hamburg 26. Den Einband zeichnete Bernhard Hopp. Satz, Druck und Einband: Rauhes Haus 1928

KK_Alt-Hamburg_Nr_30 (1992) Masch

> Ev.-Luth. Kirche in Norddeutschland: Dokumentation - Baugeschichtliche und technische Beschreibung der Maria-Magdalenen-Kirche Hamburg Klein-Borstel Stübeheide 173. Baujahr: 1938. Architekten: Hopp und Jäger; Hamburg 1992

Kohlwage u.a. (2015) SB

Kohlwage, Kar Ludwig / Kamper, Manfred / Pörksen, Jens-Hinrich: ‚Was vor Gott recht ist' Kirchenkampf und theologische Grundlegung für den Neuanfang der Kirche in Schleswig-Holstein nach 1945.- Matthiesen Verlag, Husum 2015

Kühn / Rohrbek (1970)

Kühn, Helga-Maria / Rohrbeck, Brigitte: Die Kirchen der Hamburgischen Landeskirche.- [Herausgegeben vom Archiv der Hamburgischen Landeskirche], Hamburg 1970

Linck (2013ff)

Linck, Stephan: Neue Anfänge? Der Umgang der Evangelischen Kirche mit der NS-Vergangenheit und ihr Verhältnis zum Judentum. Bd 1. 1945-1965. Luth. Verlagsanstalt Kiel 2013; Bd. 2 1965-1985 Kiel 2016

Loose (1989) ZVHG

Loose, Hans-Dieter: Kontinuität und Wandel : Die letzten 50 Jahre des Vereins für Hamburgische Geschichte.- in: ZVHG 74/75 (1989) S. 1-21

Lorenz (2009)

Lorenz, Gottfried: Hamburg - Homosexuellenhauptstadt der 50er Jahre. Die Homophilen-Szene und ihre Unterstützer für die Abschaffung des § 175 StGB. Vortrag im Rahmen der Veranstaltung ‚Ohnmacht und Aufbegehren. Homosexuelle Männer in der frühen Bundesrepublik' in der Akademie Waldschlösschen (Göttingen) (11.-13.12.2009) [früher online als Word-DOC] gedruckt in : Andreas Pretzel, Volker Weiß (Hrsg.): Geschichte der Homosexuellen in Deutschland nach 1945, Band I. Edition Waldschlösschen Band 9; Hamburg 2010

Meyer (2007[2])

Meyer, Beate (Hrg): Die Verfolgung und Ermordung der Hamburger Juden 1933-1945. Geschichte. Zeugnis. Erinnerung.- [Landeszentrale für politische Bildung 2. Auflage] Hamburg 2007

Möller (1939) ZVHG

Möller, Kurt Detlev:

Möller (1954)

Möller, Kurt Detlev: Aus der Geschichte Klein Borstels von Dr. K.D. Möller herausgegeben aus Anlaß der 650jährigen Zugehörigkeit Klein Borstels zu Hamburg vom Heimatverein Klein Borstel. Verlag FJW Blankertz, Hamburg 1954

Moltmann (2013) Spieker

Moltmann, Jürgen: Jugenderinnerungen II.- in: De Spieker Jahrbuch 2013, S.78-83 online: http://www.heimatecho.de/archiv/sonder_pdf/2013-09-18.pdf

NSDAP_KlBorstel (1937)

NSDAP Klein Borstel: Unser Klein Borstel. Festschrift zum Volksfest in Klein Borstel vom 20. bis 22. August 1937 veranstaltet von der Ortsgruppe Klein Borstel der NSDAP. Hamburg 1937

Oppelland (2002)

Oppelland, Torsten: Gerhard Schröder (1910-1989). Politik zwischen Staat, Partei und Konfession.- Droste, Düsseldorf 2002

Oppelland (2007) NDB

Oppelland, Torsten: „Schröder, Gerhard".- in: Neue Deutsche Biographie 23 (2007), S. 562-563 [Onlinefassung]; URL: http://www.deutsche-biographie.de/pnd118610821.html

Overlack (2007)

Overlack, Victoria: Zwischen nationalem Aufbruch und Nischenexistenz. Evangelisches Leben in Hamburg 1933-1945. Forum Zeitgeschichte Bd. 18, Dölling und Galitz Verlag, München / Hamburg 2007

Paasch (1998)

Paasch, Gerhard (Hrsg): Dia-Sammlung (von Heinz Zabel). Kirchenkreis-Archiv Hamburg-Ost 1998

Rahe (2004) online

Rahe, Konrad (Hg.): Die Briefe von Julius Hahn an Heinz Harten 1931-1937, Kiel 2004 [online: http://www.kirche-christen-juden.org/PDF/rahe-harten.pdf]

Reincke (1958) ZVHG

Reincke, Heinrich: Dr. Kurt Detlev Möller, Direktor des Staatsarchivs der Freien und Hansestadt Hamburg, Erster Vorsitzender des Vereins für hamburgische Geschichte, Worte des Gedenkens, am 15. Januar 1958.- in: ZVHG 44 (1958) S. 11-26

Remé (1937) EvHamburg

Remé, Richard: Zukunft und Gegenwart. Er wird unser Friede sein. Micha 5, 4. (Der Monatsspruch). Er ist unser Friede. Epheser 2, 14.- in: Das Evangelische Hamburg (seit März 1937 ‚Das Niederdeutsche Luthertum') S. 305-307 (vom 18.11.1937)

Reumann (1988) SB

Reumann, Klauspeter (Hrg.): Kirche und Nationalsozialismus. Beiträge zur Geschichte des Kirchenkampfes in der evangelischen Landeskirche Schleswig-Holsteins. Wachholtz Verlag Neumünster 1988

Reumann (1996=2003) SB

Reumann, Klauspeter: Halfmanns Schrift „Die Kirche und der Jude" von 1936.- in: Verein für Schleswig-Holsteinische Geschichte (Hrsg.): 100 Jahre Verein für Schleswig-Holsteinische Kirchengeschichte (Schriften des Vereins für Schleswig-Holsteinische Kirchengeschichte, Reihe II, Band 48), Neumünster 1996, S. 36 - 55 = in: Annette Göhres, Stephan Linck, Joachim Liß-Walther (Hrsg.): Als Jesus „arisch" wurde. Kirchen, Christen, Juden in Nordelbien 1933-1945. Die Ausstellung in Kiel, Bremen: Edition Temmen 2003, S. 147-161

Reumann (1997) ZVSHKG

Reumann, Klauspeter: Halfmanns Schrift 'Die Kirche und der Jude' von 1936. In: 100 Jahre Verein für Schleswig-Holsteinische Kirchengeschichte. [Kiel]: Verein für Schleswig-Holsteinische Kirchengeschichte, 1997 (Schriften des Vereins für Schleswig-Holsteinische Kirchengeschichte, Reihe 2; Bd. 48), S. 36 - 55

Ruoff (2000)

Ruoff, Manuel: Landesbischof Franz Tügel. Beiträge zur deutschen und europäischen Geschichte Bd. 22; Verlag Dr. Reinhold Krämer Hamburg 2000

Schade (2009)

Schade, Herwarth von: Hamburger Pastorinnen und Pastoren seit der Reformation. Ein Verzeichnis.- (Im Auftrag des Kirchenkreisvorstandes des Kirchenkreises Alt-Hamburg in der Nordelbischen Ev.-Luth. Kirche herausgegeben von Gerhard Paasch.) Edition Temmen. Hamburg 2009

Schade (2009b)

Schade, Herwarth von: ‚Der Präses berichtet...' Protokolle des Oberalten-Kollegiums aus schwerer Zeit.- (Veröffentlichungen des Archivs des Kirchenkreises Hamburg Ost, Bd. 2) Hamburg 2009

Schnell (1973)

Schnell, Hugo: Der Kirchenbau des 20. Jahrhunderts in Deutschland. Dokumentation Darstellung Deutung; (Schnell & Steiner) München / Zürich 1973

Schröder (1990) Masch

Schröder, Adelbert: Meine Schwester Marie-Renate Schröder.- Privat gedruckte Biografie (1990-1995) – Auszugskopie S. 11f.

Schründer (2015) JAV

Schründer, Peter: Rückblick auf fast 90 Jahre in Klein Borstel.- in: Jahrbuch des Alstervereins 89 (2015) S. 68-77

Schumacher (1930) DBZ

Schumacher, Fritz: Kriegs-Gedenkmal in Hamburg.- in: DBZ 64,9 (1930) 65-72 (28. Juni 1930 Beilage W = Wettbewerbe) Online: (http://delibra.bg.polsl.pl/Content/15019/P-391_1930_No9.pdf?handler=pdf).

Schumacher (1932)

Schumacher, Fritz: 24 Wandbilder in Hamburger Staatsbauten. Hamburger Staatliche Kunstpflege.- Verlagsbuchhandlung Broschek & Co. Hamburg 1932

Sparr / Eggert (2011)

Sparr, Ulrike / Eggert, Björn: Stolpersteine in Hamburg. Biographische Spurensuche.- Landeszentrale für politische Bildung, Hamburg 2011

Spehr (2015)

Spehr, Christopher (Hrg.): Ludwig Steil (1900-1945). Nach einem Lebensbild von Gusti Steil herausgegeben und mit einer Einleitung versehen von C.S..- Neukirchen-Vluyn 2015

Steitz-Röckener (2011) Bote

Steitz-Röckener, Beate: 100 Jahre „Der Bote" – Eine persönliche Auslese.- in: Der Bote Nr. 2 (2011) S. 6-9

Strübel (2003) SB

Lisa Strübel: ‚Hervorragende Sachkenner, zum guten Teil aus der Universität heraus'? – Die erste Generation von Studienleitern in der Evangelischen Akademie der Hamburgischen Landeskirche.- in: Hering / Nicolaisen (2003) S. 524-540

Thiele (1994)

Thiele, Manfred (Hrsg): Klein Borstel. Ein Dorf in Hamburg! Verlag für Herausgabe und Anzeigen des ‚Klein Borsteler'. Hamburg 1994

Thies-Zymalkowski (2008) DBE

Thies-Zymalkowski: Fritz Valentin.- in: Deutsche Bibliographische Enzyklopädie Band 10 (2008) S. 214

Tilicki (1996) SB

Tilicki, Holger: Ein Pastor zwischen den Fronten. Die Kirchengemeinde St. Lukas im Nationalsozialismus.- in: Fuhlsbüttel unterm Hakenkreuz [Hrsg. von der Willi-Bredel-Gesellschaft-Geschichtswerkstatt e.v.] Dölling und Galitz Hamburg 1996, S. 57-72

Tilicki (2006) SB

Tilicki, Holger: Wie Pastor Rudolf Timm zu einem ‚Gerechten seines Volkes' geworden ist.- in: Rundbrief der Willi-Bredel-Gesellschaft-Geschichtswerkstatt e.v. Jg. 17 (2006) S. 23-26

Timm (1938) GemBlatt

Timm, Rudolf: Die Maria-Magdalenen-Kirche. Grundsteinlegung einer neuen Kirche in Klein Borstel.- in: Hamburgisches Gemeindeblatt 7. Jg. Gemeindeblatt für Winterhude, Alsterdorf, Ohlsdorf (ohne Seitenzahlen) vom 13. Februar 1938

Timm (2004) Denk-Mal

Timm, Klaus: ... an der Stelle von einem DENK-MAL in Kl. Borstel – für die Nazi-Opfer Verfolgung + Widerstand. (Band X der Reihe „Geschichten aus Kl. Borstel") Hangö – Sommer 2004 – Hamburg (Selbstverlag)

Timm (2005) JAV

Timm, Klaus: 75 Jahre „Gottesdienstlicher Raum" Klein Borstel.- in: JAV (2005) S.95-97

Timm (2005) Masch

Timm, Klaus: Pastor Rudolf Timm und die Kirchengemeinde zu Klein-Borstel. Geschichten aus Klein-Borstel Bd. 5, Handschriftliche Vervielfältigung - Selbstverlag; Hamburg 2005

Timm (2006) Masch

Timm, Klaus: Chronik der Familie Schmarje und weitere Dokumente aus Fuhlsbüttel Herausgegeben von Klaus Timm. (Aus der Reihe: Geschichten aus Klein-Borstel Bd. 21), Privatdruck Crazy Copy GmbH Hamburg 2006

Timm (2010)

Timm, Klaus: Die Landgemeinde Klein-Borstel 1872 - 1912 : ergänzt und erweitert durch Bilder und Dokumente aus dem Klein-Borstel-Archiv von Klaus Timm, zuzüglich eines Vorwortes, eines Bildbeilagen-Verzeichnisses, sowie einem Verteiler-Verzeichnis / Ingo Willsch.- Books on Demand via Crazy Copy GmbH Hamburg 2010

Timm / Stubel (2014)

Timm, Klaus / Stubel, Eckhard: Glanz & Abstieg des Bockholt-Geschlechts in Klein Borstel. (Band 3 der Buchreihe „Klein Borstel-Archiv" Hrsg. Klaus Timm & Barfuss-Galerie Hamburg 105/2014)

Tügel (1972)

Tügel, Franz: Mein Weg 1888-1946. Erinnerungen eines Hamburger Bischafs Hrsg v. Carsten Nicolaisen [Arbeiten zur Geschichte Hamburgs Bd. 11], Friedrich Wittig Verlag Hamburg 1972

Vossen (1991)

Vossen, Rüdiger: Freundbilder, Feindbilder : Portraits sowjetischer Kriegsgefangener (1942 - 44) gezeichnet von Hermann Junker, [Wegweiser zur Völkerkunde Bd. 39]; Christians Hamburg 1991

Wiek (1979) ZVHG

Wiek, Peter: St. Marien-Magdalenen, St. Johannis und St. Gertruden – drei untergegangene Hamburger Kirchen in neuer kunstgeschichtlicher Bewertung.- in: ZVHG (1979) S. 83-121

Wilhelmi (1939) BarmBote

Wilhelmi, Heinrich: Neue Kirchen in Hamburgs Umgebung: 1. Maria-Magdalenen in Klein-Borstel; in: Barmbeker Bote Jg. 30 Nr. 25 (1939) (18. Juni 1939) S. 193-194

Willsch (1970)

Die Landgemeinde Klein-Borstel 1872 - 1912 : ergänzt und erweitert durch Bilder und Dokumente aus dem Klein-Borstel-Archiv von Klaus Timm, zuzüglich eines Vorwortes, eines Bildbeilagen-Verzeichnisses, sowie einem Verteiler-Verzeichnis / Ingo Willsch. (Books on Demand via Crazy Copy GmbH); Reprint Hamburg 2010

Zabel (1998)

Zabel, Heinz: Dia-Sammlung. [Hrsg. v. Gerhard Paasch, Kirchenkreis-Archiv Hamburg-Ost] 1998

5 Anhang

5.1 Notiz HambKirchenzeitung 1934, S. 14

Aus den Gemeinden

Klein=Borstel. Die Frage der kirchlichen Versorgung Klein=Borstels bildete seit langem eine ernste Sorge der Fuhlsbüttler Gemeinde, weil es zu weit von der Kirche entfernt war, als daß es am kirchlichen Leben teilnehmen könnte. Die Gemeinde hat nunmehr in der Siedlung im Hause Borstelende 28 ein Zimmer mit Harmonium zur Verfügung gestellt bekommen. Dort hält Pastor Zacharias-Langhans und die theologisch geprüfte Gemeindehelferin Bibelabende ab, aus denen sich im Laufe der Zeit möglicherweise Gottesdienste entwickeln können, für die dann die Kapelle 9 des Ohlsdorfer Friedhofes in Aussicht genommen ist. Ferner werden vom 21. Januar ab sonntäglich um 14 Uhr Kindergottesdienste in Klein=Borstel abgehalten.

5.2 Dr. Eckardt Günther in HambKirchenzeitung 1935

Klein=Borstel

Klein=Borstel, wo liegt das überhaupt? Da draußen, im Nordosten von Hamburg, wo „die Großstadt anfängt". Zwischen Oberlauf der Alster und dem Friedhof bei Ohlsdorf, mit der Spitze eines schmalen Keils allein das Stadtgebiet berührend, hat sich in wenigen Jahren ein Wohnbezirk entwickelt, der heute etwa 3—4000 Einwohner zählt. Landschaftlich ist er völlig geschlossen, sozial dagegen uneinheitlich. Besonders aber fehlt diesem kleinen Vorort noch alles das, was das Bewußtsein der eigenen Heimat wesentlich bedingt: die Schule, die Polizei, die eigene Post — und nicht zum wenigsten die Kirche.

Die nächste Kirche, St. Lukas, liegt in Fuhlsbüttel. Man hat 45 Minuten Weg dorthin. Soweit reicht nicht einmal der Klang der Glocken. Und natürlich läßt sich eine solche Entfernung auch für die Pastoren bei den ständig wachsenden Aufgaben nicht mehr nebenbei bewältigen. Deshalb wurde im Frühjahr Kl. Borstel zu einem selbständigen Bezirk mit eigenem Pastor bzw. Hilfsprediger erklärt. Damit war eine Aufgabe, nämlich die Sammlung einer Gemeinde, gestellt. Aber wo sollte man sie anfassen? Fehlte es doch am Äußerlichsten, an einem kirchlichen Raum. An einen Neubau war nicht zu denken. Es fand sich schließlich ein Privathaus mit zwei ineinanderliegenden Zimmern, die sich zur Herrichtung eines dem Gottesdienst angemessenen Raumes einigermaßen eigneten. So haben dann viele Hände zusammengearbeitet, bis ein schlichter, freundlicher und würdiger Raum daraus wurde. Seine Ausmaße sind freilich so dürftig, daß schon der Name „Kirchsaal" gewaltig übertreibt. Bei jeder besonderen Gelegenheit reicht er nicht mehr aus. Dann müssen wir uns zu behelfen, daß wir z. B. Weihnachten zwei gleiche Christvespern hintereinander halten. Und doch ist uns der kleine Raum unaufgebbar lieb geworden. Sammelt sich ja in ihm alles, was sich zur Gemeinde findet, und geht doch alles von ihm aus, was zur Gemeinde führt.

Zunächst haben wir von dort aus drei Aufgabenkreise in Angriff genommen: Die Wortverkündigung, die Liebestätigkeit und das Singen. Darauf sollen unsere Kräfte vorläufig konzentriert bleiben.

Der Gottesdienst ist der Pulsschlag des Gemeindelebens. Wir gestalten ihn so einfach wie möglich. Denn für irgendwelche Voraussetzungen ist die Entwöhnung der Kleinborsteler von der Kirche zu groß. Es gibt bei uns heute noch viele, die nicht einmal wissen, daß Sonntags um 10 Uhr Gottesdienst ist. So bat mich ein größerer Junge, ich sollte ihn taufen, und zwar am liebsten Sonntag vormittags; aber nicht in einem Gottesdienst, denn von dem wußte er nichts, sondern nur um die Uhrzeit, denn mittags hätte er — eine Regatta. Wir entbehren ja das Allereinfachste, was den Gottesdienst ankündigt, nämlich eine Glocke. Vor allem fehlt auch innen im Kirchsaal mancherlei, was zu einem rechten Gottesdienst gehört. Es stört, wenn bis zum Beginn die Türen auf und zu gemacht und die Stühle gerückt werden müssen. „Man kriegt keine Andacht bei der Enge", sagte jemand. Wenn das auch kein wesentliches Merkmal ist, so doch eins, was den Gottesdienst von anderen Versammlungen schon äußerlich unterscheiden soll. Deswegen muß man verstehen, daß ernsthafte Leute sagen: „Wenn der Gottesdienst in einer Kirche wäre, würden wir auch hingehen. So aber nein." Verstehen darf man das, aber freilich nicht gelten lassen. Denn die engen Verhältnisse haben auch viel Lockendes. Sie schaffen eine selten nahe Zusammengehörigkeit. Und je mehr es nur die Hauptsache, Gottes Wort ist, das man in unserem kümmerlichen Raum sucht, um so klarer und fester wird durch jeden Gang zum Gottesdienst das Bekenntnis zur wahren Kirche.

Besondere Bedeutung für die innere Festigung der Gemeinde hat auch der Bibelabend. Anfangs haben wir ihn mit Vorträgen zu Gegenwartsfragen abgewechselt. Aber wir merkten bald, daß Apologetik und Polemik in offenen Gemeindevorträgen falsch am Platze sind. Sie haben ihren Ort in Wissenschaft und Schulung. In der praktischen Verkündigung schlagen sie nicht durch. Da gilt heute nur eins, das Elementare, der Angriff mit dem Evangelium selber. „Was in der Bibel drinsteht" und „Was Sie davon glauben", das wollen alle Leute hören, die überhaupt am Christentum noch „Interesse" haben.

Alles recht gehörte Wort will glaubwürdig werden durch die Tat. Das sehe ich zur meiner eigenen Beschämung an der Liebesarbeit, zu der sich viele Gemeindeglieder von selbst zusammengefunden haben. Gleich zu Anfang erforderte die Sammlung für Innere Mission den Einsatz aller, die da waren. Seitdem hat sich viel dazu entwickelt, von den ersten Versuchen der Krankenmeldung und den Besuchen mit den Blumen vom Altar, über die Verteilung der Gaben zum Erntedank bis hin zu dem Nähkreis, der sich ganz ohne „amtliches" Zutun gebildet hat und nun sogar die Weihnachtsbescherung der Bedürftigen durchführt.

Mit Gottes Wort ist es ein Geheimnis. Es will sich, recht gehört, auch wiedergeben. So ruft es zur Tat. Und so weckt es im Herzen das Singen. Auch das ist eins unserer ersten Erlebnisse. Wir glauben sogar, daß es ein Weg ist, auch die Herzen von Fremden für das Leben und Wollen der Gemeinde zu öffnen. Deshalb räumen wir dem gemeinsamen Singen viel Zeit ein. Mitunter verbraucht es erhebliche Kräfte der Gemeinde. Aber es schenkt sie immer auf andere Weise wieder. Nicht daß unser junger Singekreis, den der Organist aus einem früheren „Privat-chor" geschaffen hat, jedesmal im Gottesdienst „vortrüge". Dafür würde wieder der Raum nicht reichen. Doch er hat in kurzer Zeit die Gemeinde im Gottesdienst sehr selbständig gemacht. Und viele, die sonst durchaus keinen Halt an der Kirche suchten, sind in Berührung mit dem reichen Liedergut und mit den verschiedensten Veranstaltungen der Gemeinde gekommen. Eigentlich gehört schon heute alles in Kl. Borstel, was gern singt und gut singt, zu uns.

Es läßt sich hier nicht mehr berichten. Nicht von der weiteren Arbeit — natürlich haben wir auch noch Kindergottesdienst, Jugendkreis, Missionsabende und gerade jetzt in der Adventszeit sehr besuchte Familienabende. Es kann auch nichts mehr von den Gegnern der Arbeit gesagt werden — leider wird in unseren dichten Wohnverhältnissen die Kirchenfeindschaft leicht zu einem häßlichen Nahkampf. Es ist ja aber auch „nicht in unserer Gewalt", mit Luthers Worten gesagt, daß unsere Arbeit „allen Menschen gefalle". Aber wie er fortfährt, wollen auch wir weitersprechen: „Daran tun wir genug, daß wir sie jedermann erzeigen und erfahren lassen in unserem Leben".

Dr. Eckardt Günther

5.3 Dr. Gustav Hoffmann (Auszug aus seinen Memoiren)

Auszug aus den Memoiren „Mein Leben zwischen Glück und Angst" mit freundlicher Genehmigung von Dr. Gustav Hoffmann (*1922). Die Seiten 43-47 (45 mit Bild des jungen G. Hoffmann ist ausgelassen) sind dem Kapitel „Meine ersten Klein Borsteler Jahre 1937-1940" entnommen.

Hoffmann wurde noch 1938 von „Pastor Timm in der Luther-Kirche zu Wellingsbüttel am Sonntag Judika 12 Uhr" konfirmiert (so dokumentiert bei K. Timm (2005) S. 105). Getraut wurden er und seine Frau Lieselotte (geb. Thiessen) am 27. März 1945 in der Kirche Maria-Magdalenen (dazu existiert eine Foto vor der Kirche, das in den Memoiren S. 176 wiedergegeben ist).

Mit 1937, als wir hierher gezogen waren, begann auch mein Konfirmandenunterricht, den ich sehr schätzte. Ich hatte einen sehr ernsten jungen Geistlichen, das war Pastor Timm, der sehr früh im Krieg gefallen ist. Zu ihm bestand zwischen meinen Eltern ein herzliches Verhältnis, aber auch zu mir. Ich konnte mit allen Dingen, die mich bewegten, zu ihm kommen. Ich war älter als die anderen Konfirmanden, die meistens erst vierzehn Jahre alt waren. Ein Jahr später wurde ich in der Lutherkirche zu Wellingsbüttel, denn unsere Kirche hier war erst im Bau, von Pastor Timm konfirmiert. Er nannte sich, oder musste sich nennen: „Hilfsprediger zu Fuhlsbüttel-Klein Borstel". Er gab mir einen Konfirmationsspruch mit auf den Weg, der mich immer begleitet und der mir sehr geholfen hat. Damals konnte man sich als Konfirmand noch nicht selbst ein Bibelwort zur Konfirmation aussuchen, sondern das wurde von dem Konfirmator bestimmt. Und er gab mir folgendes Wort aus dem Propheten Ieremia 1,19 auf den Weg: „Wenn sie gleich wider dich streiten, sie dennoch nicht sollen wider

43

dich siegen; denn ich bin bei dir, spricht der Herr, dass ich dich errette". Wir ahnten damals schon, dass es mit der Außenpolitik nicht gut gehen würde, die Hitler begonnen hatte. Und wir haben gelegentlich darüber sehr ernst gesprochen. Ich habe dieses Wort immer als eine Hilfe in schwierigen Zeiten empfunden. Wenn ich sehr in Ängsten war, musste ich immer an das Wort denken: „... sie dennoch nicht sollen wider dich siegen; denn ich bin bei dir, spricht der Herr, dass ich dich errette."

Als meine Eltern und ich 1937 nach Klein Borstel zogen, stand für das kirchliche Gemeindeleben lediglich ein Kirchsaal zur Verfügung. Die Kirche Maria Magdalenen war ja noch nicht vorhanden. Dieser Kirchsaal befand sich im Hause des Tischlers Teuchert in der Stübeheide 142. Der Saal war im Parterre gelegen und bestand lediglich aus zwei ineinander gehenden größeren Zimmern. Außer dem kleinen Altar und dem Lesepult, das gleichzeitig dem Prediger als Predigtstuhl diente, stand ein Harmonium zur Verfügung. Und es ist sicherlich für meinen Leser nicht schwer zu verstehen, wenn ich ihm mitteile, dass ich nach dem ersten Gottesdienst dem jungen Pastor sagte, ich könnte das Harmonium zum Gottesdienst spielen, dann bräuchte er das nicht zu tun. Da war er hoch erfreut darüber, und daraufhin habe ich lange Zeit die Gottesdienste am Harmonium begleitet. Um meine musikalischen Fähigkeiten weiter ausbauen zu können, ging ich folgendermaßen vor: Einerseits besuchte ich jetzt, nachdem wir nach Klein Borstel gezogen waren, selbständig ohne meine Eltern Konzerte und Opernaufführungen. Auf der anderen Seite gründete ich hier in Klein Borstel einen kleinen Singkreis. Um die Konzertbesuche und sogar Opernaufführungen, natürlich oben auf dem „Olymp" im vierten Rang, finanzieren zu können, übernahm ich Hilfsdienste bei der Post. Dazu ver-

44

half mir mein Nachbar Schmetzer, der bei der Post angestellt war. Es gab damals mehrere Zustellungen am Tage. Manchmal sogar drei. Vormittags konnte ich nicht, hatte ich ja meine Schule, aber nachmittags und abends konnte ich Post austragen. Das habe ich dann über einige Zeit bis fast zum Abitur getan. Zuerst hatte ich immer nur den Bereich Wellingsbüttler Landstraße, rauf und runter. Das war anstrengender als in dem Bereich von „Oben-Klein Borstel", also jenseits des Bahndamms, und vor allen Dingen in der Frank'schen Siedlung. In der Siedlung ging es wesentlich schneller, weil man von Haustür zu Haustür ja nur ein Paar Schritte hatte. Das verdiente Geld durfte ich für mich allein verwenden. Da hatten meine Eltern nichts gegen. Und so konnte ich mir dann erlauben, öfter in Konzerte zu gehen. Ich erwähnte, dass ich einen Singkreis gründete. Die Zusammensetzung dieses Singkreises, den ich ins Leben rief, war sehr bunt. Anfangs war auch noch mein Vater dabei, später nicht mehr, nachdem er festgestellt hatte, dass doch Notenkenntnis erforderlich war, um eine bestimmte Stimme, Bass oder Tenor, beherrschen zu können. Natürlich waren auch das Ehepaar Schmetzer, Frau Schönfeldt und viele in diesem Alter stehende Damen und Herren dabei. Es gab aber noch eine ältere Dame, sie wohnte oben am Tornberg, Ecke Große Horst, das war Frau Pankow, damals, weil sie unverheiratet war, obwohl sie schon an die Siebzig ging, „Fräulein" Pankow. Und Fräulein Pankow brachte eines Tages eine jüngere Dame mit, nämlich Fräulein Liselotte Thiessen. Ich hörte schnell heraus, dass sie zwar eine sehr feine, aber doch nur kleine, also im Stimmumfang nicht starke Stimme besaß, dass sie nicht notenfest war und dass sie demgemäss auch nicht Stimmführerin sein konnte, so setzte ich sie meistens zu ihrer Freundin im Sopran ein; denn das war sowohl beim Volksliedsingen als auch bei an-

46

deren Kunstwerken meistens die einfachere Stimme. Weil ich damals sehr von Joseph Haydns Oratorien angetan war, arbeitete ich neben dem Volkslied besonders die großen Chöre aus der „Schöpfung" und aus den „Jahreszeiten". Das machte den Teilnehmerinnen und Teilnehmern besonders Spaß. Für mich bedeutete es intensive Vorbereitung dieser Stunden. Hier habe ich zuerst „Partiturlesen" und „Stimmensingen" geübt, also die einzelnen Stimmen vom Blatt vorher mir vorgesungen respektive auch gesummt, und während der Chorstunde war es so, dass ich die einzelnen Stimmen zuerst mitsang, um die Angst der Chormitglieder vor dem Neuen zu nehmen, dann habe ich mich nach und nach immer „rausgeschlichen" und gleichzeitig habe ich auf dem Klavier den Orchesterpart gespielt. Ich konnte später schnell ohne Klavier die Partitur in den einzelnen Stimmen lesen und mir den Orchesterpart, d.h. also für das Klavier übersetzt, mir aneignen, so dass ich während der Singstunden konzentriert mit meinen Leuten arbeiten konnte. Diese Tätigkeit machte mir sehr viel Spaß und zu meiner Freude merkte ich auch, dass es den Teilnehmern an dem Chor entsprechend ging. Auf diese Weise war mein Tag voll ausgefüllt. Langeweile hatte ich weiß Gott nicht.

Und dann passierte es: Ich wurde schriftlich aufgefordert, endlich an den Veranstaltungen und Heimabenden der Hitlerjugend hier in Klein Borstel teilzunehmen. Meine Eltern zeigten mir das Schriftstück und forderten mich auf, dem zu entsprechen. Ich ging dann widerwillig zu dem ersten Heimabend, der fand ich einer Baracke statt, die unmittelbar an dem Friedhofseingang Kornweg stand. Ich sehe genau vor mir das Plakat: „Auch du gehörst in die HJ" mit Fahne und Wimpeln der HJ. Der Abend lief im wesentlichen nach folgenden Gesichtspunkten ab: Man hatte zu lernen, wie die Vorgesetzten in der HJ, in der SA in unserem Ortsteil hießen. Dann wurden

47

5.4 R. Timm zu ‚Vicelin'

[Dieser an den KV versandte Text von Pastor Timm findet sich im Archiv der KG MM in der Bauakte. Diese liegt als Digitalisat in zwei Teilen vor. Die Textquelle ist in Teil 1 S. 172-174 enthalten. Zwei schriftliche Reaktionen auf diese Erläuterungen zu ‚Vicelin' sind dort S. 167f vorhanden; sie sprechen sich gegen Vicelin aus.]

„Vicelin.

Unter Otto, dem Großen, wurden im Norden eine ganze Reihe von Bistümern gegründet, darunter auch das Bistum Oldenburg, der spätere Bischofssitz Vicelins. Aber christlich war das Land damals noch lange nicht. Die wenigen Taufen machten auf die Gesamtbevölkerung wenig aus, die unverändert den alten slavischen Göttern anhing; und die wiederholten Angriffe der Dänen, die Aufstände der Slaven und die Fehden der slavischen Herren untereinander ließen keine Arbeit, die begonnen wurde, groß werden. Im Jahre 1060 wurde das Bistum in drei Teile geteilt: Oldenburg, Ratzeburg und Mecklenburg. Wenige Jahre darauf aber brach ein großer Aufstand los, dem der christliche Slavenfürst Gottschalk, der Beschützer der Missionare, zum Opfer fiel. Überall wurden nun die Kirchen zerstört und die Kreuze niedergebrochen.Unter den zahlreichen getöteten Geistlichen war auch der Mönch Ansver, zu dessen Andenken bei Ratzeburg noch heute ein Kreuz steht und dessen Steinigung im Ratzeburger Dom abgebildet ist.

Soweit das Christentum in dieser und der folgenden Zeit bei den Slaven geduldet wurde, war die Duldung erzwungen. Sooft die slavischen Fürsten bei den Deutschen eine Schwäche spürten, brachen sie los, plünderten die Ortschaften und Städte (sogar Hamburg und Schleswig), brannten die Kirchen nieder oder verstümmelten auf eiligen Zügen wenigstens die Kruzifixe, marterten die Priester und schleppten die Christen in Gefangenschaft. Daher wagte sich über 80 Jahre lang kein Bischof in das Bistum Oldenburg hinein. Die Kirchen hatten keine Priester mehr und der christliche Glaube erlosch. Eine junge Generation wuchs auf, der die Gestalt Christi überhaupt unbekannt war, und die sich darum wieder ganz den alten Göttern zuwandte.

In der ersten Hälfte des 12. Jh. machten die geistlichen und weltlichen Fürsten der Ostmarkt einen neuen großen Versuch, die Länder jenseits der Elbe für die Kirche und für das deutsche Reich zu erobern. Der deutsche König Lothar, der zugleich Herzog von Sachsen war, stand selbst hinter diesen Versuchen und förderte sie planmäßig. Er gab den Grenzmarken fähige Führer und suchte sie überhaupt in jeder Weise zu stärken. Zudem unterstützte er durch militärische und finanzielle Hilfe das Werk der Mission. In diesem großen Zusammenhang muß man den Versuch sehen, den Vicelin unternahm, den östlichen Teil von Holstein für den christlichen Glauben zurückzugewinnen. Er war an einem kleinen Abschnitt, der losgelöst von den anderen lag, der Träger eines Kampfes, der ähnlich auch in Brandenburg und Pommern ausgefochten wurde. Er war nicht der größte Führer in diesem Kampf. Die Gestalt eines Otto von Bamberg überragt ihn bei weitem. Aber die Aufgabe, die er auf sich nahm und an der er durch alle Niederlagen hindurch festhielt[,] hat ihn zu einer der bedeutsamsten Gestalten in der Geschichte unseres Landes gemacht.

Vicelin war ein Kind einfacher Leute aus Hameln und somit seiner Abstammung nach ein Sachse. Er war schon nicht mehr ganz jung, als er sich bei der Domschule in Paderborn zum Eintritt meldete. Aber durch intensives Studium drang er rasch in die Philosophie und Theologie seiner Zeit ein, und der Umgang mit seinem Onkel, einem sehr frommen Pfarrer, ließ ihn die Kraft des christlichen Glaubens erleben, sodaß er in dieser Zeit zu einem sehr ernsten Christen wurde. Er wurde dann zum Leiter der Domschule in Bremen berufen und wird uns in dieser Eigenschaft als ein sehr strenger Mann geschildert. Dem leichten und lockeren Leben der Schüler wurde ein Ende gesetzt. Sie mußten studieren und Chordienst tun, und wenn sie sich nicht der Ordnung fügten, wurden sie hart bestraft, sodaß viele davonliefen. Ende 1122 ging er mit seinem Lieblingsschüler Thetmar nach Frankreich, um bei den berühmten Lehrern jener Zeit seine Studien zu vervollkommnen. Es war die Zeit, in der man das Dogma der Kirche mehr und mehr mit Vernunftgründen zu unterbauen suchte und sogar die Gleichberechtigung der Vernunft mit der Wahrheit der Schrift verkündigte. Demgegenüber leiteten die Lehrer Vicelins, Anselm und Radulf in Laon, alle Glaubenssätze aus der Heiligen Schrift ab. Auch Vicelin hat die Heilige Schrift allezeit sehr hoch gestellt. Sein Chronist schreibt: ‚Denn wenn in der finstern Dunkelheit dieser Welt die Leuchte der Heilgen Schrift fehlt, dann ist alles blind.' Vicelin vertrat in seiner Zeit ein biblisch gegründetes Christentum. Doch lassen die mangelhaften Nachrichten Näheres darüber nicht erkennen. Einem der neuen, strengen Orden hat er sich damals nicht angeschlossen, doch ist eine asketische Prägung seines Christentums unverkennbar.

In die Heimat zurückgekehrt bot er dem Erzbischof Adalbero von Bremen seine Dienste für die Mission an. Während seines französischen Aufenthaltes war ein heiliger Eifer in ihm erwacht, wozu auch die Berührung mit dem Gründer des Prämonstratenserordens, Norbert, beigetragen haben mag. Darum schlug er die ihm angebotene Domherrenstelle aus und bat um die Vollmacht, unter den Wenden das Evangelium zu predigen. Der Slavenfürst Heinrich stellte ihm für seine Predigt eine verödete Kapelle in Altlübeck zur Verfügung. Doch Lübeck wurde nach kurzer Zeit von den Rügenern überfallen und Burg und Kirche zerstört. Die Priester mussten in die Grafschaft Holstein fliehen. Einen neuen Stützpunkt gewann Vicelin im Dorfe Wippenthorp, unmittelbar im Süden des heutigen Neumünsters. Dieses Dorf lag unmittelbar an der Grenze des Slavenreiches und wurde der Ausgangspunkt für seine weitere Arbeit. Er erwarb sich bald einen Namen, vor allem als Prediger und Seelsorger. Von weither, auch aus dem slavischen Gebiet kamen die Leute, um ihn zu hören. In seiner Predigt soll er die Vergebung der Sünden, die Auferstehung der Toten und die Macht des einigen Gottes besonders hervorgehoben haben. Die Vermehrung der Priester und das Dazukommen einiger Mönche führte dazu, daß Vicelin bei Wippenthorp ein Kloster gründete. Dieses erhielt den Namen Neumünster. Darum sieht die Stadt Neumünster in Vicelin ihren Gründer. Zugleich wurden die Kirchen im Slavenlande neu mit Priestern besetzt und einige neue Kirchen gebaut. Die Gemeinden bestanden aber zunächst nur aus den dort angesiedelten deutschen Kaufleuten und Handwerkern und Aufstände vernichteten immer wieder das begonnene Werk. Einmal mußte Vicelin sich mit allen Priestern in das befestigte Kloster zurückziehen, während die feindlichen Horden ringsum alles verbrannten und verwüsteten. Wahrscheinlich hat er sogar einmal ganz bis an die Elbe fliehen und sich dort verbergen müssen. Aber immer aufs Neue begann er unverzagt seine Arbeit, unterstützt von den Grafen von Schauenburg. Er bekam etwas festeren Rückhalt, als Kaiser Lothar, den er in Bardowik aufsuchte, auf seinen Vorschlag auf dem Kalkberg die Burg Sigeberg anlegen ließ, die eine besonders günstige strategische Lage besaß. Staat und Kirche arbeiteten damals ebenso wie zur Zeit Karls des Großen Hand in Hand und Segeberg wurde zugleich ein Stützpunkt der Mission und des Deutschtums. Seine Gründung verhinderte, daß das Land dänisch wurde und bereitete die deut[sche] Herrschaft vor. Darum sahen die wendischen Fürsten, die beim Bau der Burg helfen mußten, in Vicelin nicht mit Unrecht einen Träger und Wegbereiter des Deutschtums, durch dessen Arbeit und Einfluß sie politische Unterwerfung fürchteten.

Der Tod des Kaisers Lothar veränderte die Lage völlig. Unter Ausnutzung der Zerspaltenheit in Deutschland erhoben sich die Wenden von Neuem und verwüsteten die Kirchen und das ganze Land. Dieses Mal wurde nun aber ein entscheidender Schlag gegen sie geführt. Der neue Graf, Heinrich von Badwido, führte einen Vernichtungsfeldzug; denn die Wut über die neue Erhebung und die Grausamkeiten, die geschehen waren, war groß. Eine eigentliche Mission unter den Slaven aber wurde nun immer mehr zu einer Unmöglichkeit. Der Wendenkreuzzug, den die Fürsten unternahmen, um sich dem Kreuzzug in das Heilige Land entziehen zu können, spitzte die Lage weiter zu. Man erreichte nur einige Scheinbekehrungen. Im östlichen Holstein aber gab es hinfort fast garkeinen Slaven mehr. Deutsche Siedler, die man ins Land rief, rückten nach und die Aufgabe der Kirche wandelte sich von Grund auf. Vicelin ging in dieser Zeit an den Inneren Ausbau der Kirche heran. Er berief Prediger und baute Kirchen. Die Klöster wurden finanziell gestützt und Vicelin selber vom Erzbischof zum Propst von Neumünster eingesetzt. Er ging vor allem auch daran, die Besitzungen der Kirche einträglicher zu machen. Es steht fest, daß die Mönche von Neumünster und Vicelin selbst einen nicht geringen Anteil an der inneren Kolonisation unseres Landes haben. Man vermutet, daß Adolf von Schauenburg bei ihnen in den Elbmarschen diese Arbeit zuerst kennengelernt hat und daß der daraufhin die Kolonisten aus dem Reich und aus Holland in das Land gerufen hat, die so wesentlichen Anteil an der Urbarmachung Holsteins gehabt haben.

Als aber nun beschlossen wurde, das alte Bistum Oldenburg wieder aufzurichten und Vicelin zum Bischof gewählt wurde, da wurde das für den alternden Mann nicht die Krönung seines Wirkens, sondern die letzte große Erschütterung seines Werkes stand bevor. Heinrich der Löwe, der neue Herzog von Sachsen, benutzte die Gelegenheit, um seine Macht zu vergrößern, und verlangte von Vicelin, daß er sich von ihm, (anstatt wie es Recht gewesen wäre vom König) mit dem Stabe, (d.h. mit den weltlichen Gerechtsamen) belehnen ließe. Seine Weigerung führte zur Sperrung des Zehnten und einer starken Lähmung seiner Arbeit; denn weder der Erzbischof noch der König konnten Vicelin helfen. Da unterwarf er sich, um weiter arbeiten zu können und empfing vom Herzog in Lüneburg den Stab. Seine Unterwerfung hat ihm allerdings wenig genützt. Er gewann dadurch bei dem unkirchlichen Herzog keine Unterstützung, und der Herzog hat ihn nach der Erreichung seines Zieles ziemlich fallen gelassen. Die Zuneigung des Erzbischofs hatte er sich durch seinen Schritt zwar verscherzt. Darum stand er am Ausgang seines Lebens fast ganz allein; denn auch manche seiner Brüder standen wegen seiner Haltung in der Investiturfrage gegen ihn. Ihm gab man an dem Ungemach schuld, das über die Kirche kam, als der Bischof von Lübeck sich weigerte von Heinrich dem Löwen den Stab zu empfangen. So verständlich seine damalige Entscheidung ist, so muß man andererseits doch klar erkennen, daß er sich wider sein Gewissen einem Unrecht gebeugt hat. Er hat seine Entscheidung von der Lage in seinem Kirchensprengel her getroffen und hat nicht genügend die Folgen bedacht, die sich aus seiner Haltung für die Kirche überhaupt ergaben.

Darum drängt sich in seine Erinnerung ein Mißton und wir erkennen klar, daß Vicelin kein vollkommener Mensch gewesen ist. Aber wenn wir ihn auch nicht als einen ‚Heiligen' verehren können, so bleibt doch sein Name groß genug, um der Name einer Kirche werden zu können; denn es ist der Name des Mannes, der in entscheidender Zeit das Werk der Mission in unserer Gegend auf seine Schultern genommen hat und der trotz vieler Kämpfe und Leiden an seinem Auftrag festgehalten hat. Vicelin war einer der vielen Träger der allezeit über seine Grenzen hinausgreifenden Sendung des deutschen Volkes; er hat als Kolonisator und Kirchengründer weit in die Zukunft unseres Landes hineingewirkt. Größere äußere

Erfolge hat er nicht erreicht. Aber das begonnene Werk gewann in den politisch beständigeren Zeiten nach seinem Tode feste Gestalt, und die Impulse, die von ihm ausgegangen sind, haben noch lange fortgewirkt. Sein Name als Name der neuen Kirche würde die Aufgabe zeigen, die dieser Kirche gestellt ist, Missionskirche zu sein und eine Gemeinde zu sammeln; und er würde vor die Gemeinde die Gestalt eines unerschrockenen und beharrlichen Predigers stellen aus der Reihe der Vorkämpfer des christlichen Gl[au]bens in der Nordmark.
R. Timm."

5.5 R. Timm (1938) zur Grundsteinlegung

Maria-Magdalenen-Kirche
Grundsteinlegung einer neuen Kirche in Kl. Borstel.
Von Pastor Timm, Hilfsprediger zu Kl. Borstel

Am vorigen Sonntag wurde der Grundstein zur Maria Magdalenenkirche in Klein Borstel gelegt. Um 10 Uhr begann die schlichte Feier. Ein Posaunenchor leitete die Choräle. Pastor Timm begann diese für die junge Gemeinde wichtige Stunde mit einer Ansprache über Psalm 124,8: ‚Unsre Hilfe steht im Namen des Herrn, der Himmel und Erde gemacht hat'. Nach gemeinsam gesprochenem Glubensbekenntnis und Verlesung der Grundsteinurkunde wurde diese mit dem apostolischen Glaubensbekenntnis eingemauert. Während der Verschließung des Grundsteins (siehe Bild), sang die Gemeinde: ‚Ach bleib bei uns, Herr Jesu Christ' und ‚Ach bleib bei uns, Herr Jesu Christ' und ‚Wo Gott der Herr nicht bei uns hält'. Die Hammersprüche leitete Oberkirchenrat Drechsler mit einem Wort an die Gemeinden ein, mit dem er die Segenswünsche des Landesbischofs verband. Vaterunser und Segen beendeten die Grundsteinlegung.
[Das erwähnte Bild und die Texte der Hammersprüche sind oben bei Anm. 130 abgebildet, ebenso die im Text folgende vollständige Grundsteinurkunde oben bei Anm.127. Weitere Erläuterungen gibt Pastor Timm dann wie folgt:]
„So lautet die Urkunde, die bei der Grundsteinlegung der neuen Kirche in Klein Borstel am vorigen Sonntag in den Grundstein eingemauert wurde.
Klein Borstel ist ein Vorort, der nahezu gar keine Verbindung mit den anderen Hamburger Stadtteilen besitzt. Eingeschlossen vom Lauf der Alster und dem Ohlsdorfer Friedhof, erstreckt sich der Vorort von Ohlsdorf aus, wo er sehr schmal ist, bis an die alte Hamburger Grenze in Wellingsbüttel. Klein Borstel gehört kirchlich zur Gemeinde Fuhlsbüttel. Doch da man die Alster, welche beide Vororte voneinander trennt, nur bei Ohlsdorf überschreiten kann, ist der Weg nach Fuhlsbüttel sehr weit. In Klein Borstel lebte man daher immer schon sein eigenes Leben, auch als es noch klein war und eigentlich nur an der Wellingsbütteler Landstraße Häuser gebaut waren. Die neuen Einwohner aber, die sich um den Vorortsbahnhof Kornweg herum angesiedelt haben, fühlen sich erst recht in keiner Weise mehr mit Fuhlsbüttel verbunden. Für sie ist Klein Borstel ein eigener Vorort. Und da der Weg zur Fuhlsbütteler Kirche fast eine Stunde beträgt, ist er bei den allermeisten ganz unterblieben.

In den letzten Jahren ist die Einwohnerzahl von Klein Borstel rasch gestiegen. Eine Siedlung von Kriegsbeschädigten am Bahnhof Kornweg machte den Anfang. Die günstige Verkehrsverbindung mit der Stadt zog immer mehr Menschen an. Heute hat Klein Borstel etwa 3200 Einwohner. Die Entwicklung ist durchaus noch nicht abgeschlossen. Den Siedlungsbauten der letzten beiden Jahre werden sich wahrscheinlich bald weitere anschließen.

Durch Einrichtung beonderer Bibelstunden in einem Privathaus in Klein Borstel hat die Gemeinde Fuhlsbüttel zunächst versucht, dem Notstande aufhelfen, daß Klein Borstel ohne eigentliche kirchliche Versorgung war. Vor fast 3 Jahren wurde dann ein großes Zimmer gemietet und als ‚Kirchsaal' eingerichtet. In diesem Raum sind seither sonntäglich Gottesdienste gehalten worden. Aber der kleinen Gemeinde, die sich allmählich sammelte, wurde der Raum im Laufe der Zeit zu eng. Darum ist man nun weiter gegangen und hat den Bau einer kleinen Kirche begonnen, welche die Gemeinde aus der Verborgenheit ihres ‚Kirchsaals' befreien und ihr die Möglichkeit geben wird, weitere Kreise mit ihrem Wort zu erreichen.

Die neue Kirche wird von den Architekten Bernhard Hopp und dem Diplom-Ingenieur Rudolf Jäger gebaut und soll bis etwa Juli fertiggestellt sein. Sie wird 240 feste Plätze haben. An Emporen ist eine rückwärtige und seitliche im Altarraum für die Orgel geplant. Der Vorraum kann vom eigentlichen Kirchenraum durch Schiebefenster abgetrennt und genutzt werden; im Turm befinden sich zwei weitere Sitzungszimmer. Die Baukosten sind auf etwa 70 000 Mark veranschlagt.

[Es folgt dann der oben bei Anm. 125 bereits zitierte Abschnitt, in den die Auslassungen des Zitates in eckige Klammern eingefügt sind.]

„Die neue Kirche trägt einen Namen, der in Hamburg seine Geschichte hat. Im Jahre 1806 wurde die alte Maria Magdalenenkirche, welche auf dem Platz der heutigen Börse stand, abgebrochen. Sie war eine kleine Kirche mit spitzem Türmchen, in welchem zwei Glocken hingen [, hatte viele, schöne alte Bilder, und auch ihre gute Orgel wird rühmend erwähnt.] In evangelischer Zeit war sie eine Filialkirche zu St. Petri. Vorher diente sie dem Kloster gleichen Namens, das von Franziskanern bewohnt wurde, als Klosterkirche. Ihr Erbauer war Adolf IV. von Schauenburg. Nach der Schlacht von Bornhöved im Jahre 1227, welche Holstein, Lübeck und Hamburg von der dänischen Herrschaft befreite, erbaute er in Hamburg das Kloster und die Kirche, sie erhielten ihren Namen von dem Maria Magdalenentage, an dem die Schlacht stattgefunden hatte. In der Reformationszeit wurde die Maria Magdalenenkirche zur ersten evangelischen Predigtstätte Hamburgs. Als erster lutherischer Pastor wirkte dort seit dem 4. Juni 1523 der ehemalige Franziskaner Stephan Kempe. [Da das Kloster in der Reformationszeit in ein Stift umgewandelt wurde, blieb die Maria Magdalenenkirche auch späterhin vor allem Klosterkirche. Sie öffnete ihre Türen aber ebenso den Bürgern aus der Stadt. Jahrhundertelang ist mitten unter den großen Hauptkirchen auch in dieser kleinen Kirche regelmäßig Gottesdienst gehalten worden.]

Wenn nun die neue Kirche den alten Namen aufnimmt, so geschieht das vornehmlich um des Namens selbst willen. Es ist der Name einer Frau, an welcher der Herr seine Herrlichkeit offenbar gemacht hat. Er befreite sie aus der Finsternis ihres Lebens und, von seinem Worte erleuchtet wurde sie seine Jüngerin und folgte ihm auf seinen Wegen nach. Ihr Leben ist ein Zeugnis für die Herrlichkeit unseres Herrn, wie es schlichter und klarer, aber auch eindrucksvoller nicht gegeben werden kann. Die Gestalt der Maria Magdalena, welche nach ihrer Heilung von sieben bösen Geistern mit anderen Frauen dem Herren folgte, ist für uns ein Bild der Frau in der Nachfolge Jesu. Sie hat die schwersten Stunden unseres Herrn mit durchlebt und in vorbildlicher Liebe und Treue zu ihm gehalten. Auch ihr Glaube war eine Zeit lang erschüttert. Aber der Herr schenkte ihr die Gewißheit seiner Auferstehung. Und da er sich ihr vor allen anderen Menschen als der vom Tode Auferstandene zu erkennen gab, wurde sie den Männern, welche den Glauben verloren hatten, zur Botin [, die ihnen seine Auferstehung verkündigte. Diese Frau ist in der Kirche die erste unter vielen geworden, welche den an ihrem Glauben irre gewordenen Jüngern Christi durch ihr Wort zu einem neuen Glauben an die Herrlichkeit des Herrn verhelfen durften. Aber nicht sie selbst oder auch die Frau in der Nachfolge Jesu wird durch den Namen der neuen Kirche verherrlicht werden. Denn alles Licht, das jemals von solchen Frauen ausging, war ja immer nur ein Abglanz von seinem Licht. Auch die Maria Magdalena hat nicht aus eigener Kraft ihm dienen und den Glauben der Jünger erneuern können. Nur durch die Güte des Herrn wurde sie zu dem neuen Menschen, der in neuem Lichte ein Leben führen durfte und nur durch das Wort des Herrn wurde sie zu seiner Botin. Darum wird der Name des Herrn gepriesen, wo man den Namen der Maria Magdalena nennt. Ihr Name wird der jungen Gemeinde immer wieder ein Hinweis sein auf die Herrlichkeit unseres Herrn.]"

5.6 HambKirchenzeitung 1938 zur Einweihung

Maria Magdalenen
Einweihung der Kirche in Klein-Borstel

Statt des kleinen Andachtsaals hat Klein-Borstel nun eine eigene Kirche. Wie aus dem Erdboden herausgewachsen steht sie da: Eine echte Dorfkirche mit massigem, kantigen Turm und einem Innern mit Zeugnissen deutscher Handwerkskunst. Am dritten Adventsonntag wurde sie eingeweiht. Das Gotteshaus war bis auf den letzten Platz besetzt. Draußen bliesen die Posaunen. Bei Glockengeläut hielten der Vertreter des Landesbischofs, Geistliche und Kirchenvorsteher, darunter Altbürgermeister D. Dr. Schröder, ihren Einzug. Architekt Hopp übergab die Schlüssel, Oberkirchenrat Drechsler überbrachte der Gemeinde die Grüße des Landesbischofs. Er würdigte dann die Freude der Gemeinde darüber, daß sie jetzt die Maria-Magdalenen-Kirche habe. Er dankte den Architekten, seinen Helfern, allen Arbeitern und den Gemeindemitgliedern, daß sie freudig gearbeitet und geopfert hätten für das Zustandekommen des schönen Werkes. Der Redner knüpfte daran die Mahnung, daß an dieser Stätte stets das lautere Evangelium gepredigt werden solle, das sich in Jahrtausenden bewährt habe. Der Kirche solle die Adventsbotschaft allezeit voranleuchten. Dann weihte der Oberkirchenrat die Kirche, während das Geläut hoch vom Turm erklang.

Die von Harmoniummusik begleitete Liturgie hielt Pastor Besch. Der der Gemeinde bestimmte Pastor Rudolf Timm predigte zum ersten Male von der neuen Kanzel über die Adventsbotschaft. Der Frauenchor sang unter Leitung der Organistin Gisela Kob sehr fein und feierlich.

Dann vollzog Oberkirchenrat Drechsler die Einführung von Pastor Timm, dem er das Wort ans Herz legte: „Dafür halte uns jedermann, daß wir sind Diener Christi und Haushalter über Gottes Geheimnisse." Der Eingeführte legte darauf die Verpflichtung ab. Die Feier wurde umrahmt von den Gesängen der Gemeinde.

("Hamburger Nachrichten")

5.7 Zu Dr. Fritz Valentin als Richter und ‚Kirchenmann'

Zu Dr. Fritz Valentin, der als Klein Borsteler dort auch seine älteste Tochter von Pastor Timm am 2.4.1939 konfirmieren ließ und – so weit bisher bekannt ist – bis zu seiner zwei Monate später erfolgten Emigration Gemeindemitglied war, sind weitere Informationen erhalten. Denn er ist aus England bereits kurz nach dem Krieg im Februar 1946 zurückgekehrt und hat sowohl seine richterliche Funktion – z.B. als Vorsitzender des Prozesses gegen den ersten Kommandanten des

Konzentrationslagers Fuhlsbüttel, Paul Ellerhusen (1897-1971),[295] – als auch sein christliches Engagement – z.b. im Vorstand der Hamburgischen Landeskirche – in Hamburg fortsetzen können.

Zur Rückkehr von Fritz Valentin aus der Emigration sind mehrere Berichte erhalten, die diese besondere Persönlichkeit beleuchten. Der in Hamburg-Volksdorf aufgewachsene spätere Theologie-Professor Jürgen Moltmann erwähnt mehrfach Fritz Valentin für sich selbst als Vorbild in seinen rückschauenden Jugenderinnerungen als britischer Kriegsgefangener, der in Schottland bis 1947 interniert war und dort mit den Bildern aus den KZs konfrontiert wurde:

> „Aber langsam und unaufhaltsam sickerte die Wahrheit in unser Bewusstsein und wir sahen uns im Spiegel der Augen der Naziopfer. Hatten wir dafür gekämpft? War meine Generation als die letzte in den Tod gejagt worden, damit die KZ-Mörder weiter töten konnten und Hitler ein paar Monate länger leben sollte? Manche waren so entsetzt, dass sie nicht mehr in jenes mörderische Deutschland zurückkehren wollten. Sie sind später in England geblieben. Für mich brach jedes patriotische Gefühl für „Deutschland – heilig Vaterland" zusammen. Erst als der jüdische Freund meines Vaters Fritz Valentin Ende 1945 aus dem englischen Exil nach Hamburg zurückkehrte – er war Landgerichtspräsident, überzeugter Christ und später Gründer der Evangelischen Akademie in Hamburg –, fühlten mein Vater in französischer und ich in englischer Gefangenschaft die Pflicht, in dieses Land der Widersprüche, in dem Städte wie Weimar verbunden sind mit den Namen Goethe und Buchenwald, zurückzukehren."[296]

Ob Valentin neben Pastor Hermann Junge als Gründer der Evangelischen Akademie oder eher als einer derjenigen zu betrachten ist, die für die Gründung als wichtige Befürworter agiert und zu gelten haben, mag hier offenbleiben.[297] – Auf jeden Fall wird Valentins reflektierende, vorsichtige Art und Anleitung zu ähnlichem Denken wiederholt kolportiert. So berichtete Valentin dem Kollegen Günter Bertram von den Erfahrungen, die er selbst bei seiner Rückkehr nach Hamburg im Februar 1946 gemacht hatte:

> „Mir fällt ein Gespräch mit Fritz Valentin ein, dem damals längst pensionierten Senatspräsidenten am HansOLG, der im Altersheim in Wedel wohnte. Wie er damals als jüdischer Rückkehrer (tatsächlich war er Christ; aber begriffliche Feinheiten mögen auf sich beruhen) aus der Emigration von seinen alten und neuen Nachbarn und Kollegen hier in Hamburg aufgenommen worden sei, wollte ich wissen. ‚Ach, ich kann eigentlich nicht klagen ..., aber die Leute hatten doch ihre Sorgen und ihre Geschichte: Hunger, Trümmer, Kälte, Familientrennung und ‚Heldentod', Bombennächte, Besatzungsmacht ...; konnte ich

---

[295] Siehe dazu Lorenz (2009) online S. 7 (bei Anm. 14). Zu weiteren biografischen Daten siehe Thies-Zymalkowski (2008) DBE Bd. 10 S. 214.

[296] Jürgen Moltmann: Jugenderinnerungen II.- in: De Spieker Jahrbuch 2013, S.78-83, S. 81f. (online http://www.heimatecho.de/archiv/sonder_pdf/2013-09-18.pdf). Dort S. 82 auch zu Pastor Dr. Mülbe, der 1939 zum ersten Studentenpastor in Hamburg wurde und nach dem Krieg u.a. Theologiestudierende mit ausbildete. – Die oben zitierte Passage zu Valentin findet sich auch in Jürgen Moltmann: Predigt über 1. Mose 32, 25-32.- in: (online:).

[297] Siehe dazu Lisa Strübel: ‚Hervorragende Sachkenner, zum guten Teil aus der Universität heraus'? – Die erste Generation von Studienleitern in der Evangelischen Akademie der Hamburgischen Landeskirche.- in: Hering, Rainer / Nicolaisen, Rainer: Lebendige Sozialgeschichte – Gedenkschrift für Peter Borowski, 2003, S. 524-540, S. 525 (dort bei Anm. 14 zur Forschungssituation).

verstehen. ...Aber zu mir meinte man, sofern die Rede überhaupt dahin kam, als Emigrant hätte ich all das ja gar nicht erlebt; im Ausland sei es mir doch sicherlich besser gegangen als ihnen, ohne ihre ganze Not. ... Das zu hören war schon etwas bitter.'

Da fehlte also nicht nur die Fähigkeit innerer Teilnahme (die Valentin in umgekehrter Richtung ersichtlich aufzubringen vermochte), sondern schon die intellektuelle Wahrnehmung (vgl. auch Dr. Fritz Valentin: Bewahrung der Heimat im Schicksal der Emigration, Mitteilungen des Hamburgischen Richtervereins vom 01.02.1984 S. 4 ff.)."[298]

Der am Schluss zitierte Vortrag ist mir leider bisher noch nicht verfügbar. Doch Bertram berichtet an einer anderen Stelle auch über weitere denkwürdige, reflektierende Sätze, die Valentin in Bezug auf die NS-Vergangenheit öffentlich vorgetragen hat:

„Auch Fritz Valentin - von den Nazis vertrieben, später zurück gekehrt, zuletzt Senatspräsident am HansOLG – spitzte eben diesen realistischen Selbstzweifel in einem Vortrag vor seinen Hamburger (zumal jungen) Kollegen auf den Satz zu: „Sie werden sich, wenn Sie sich ehrlich prüfen, sagen müssen, dass kein Mensch, der nicht selbst in der konkreten Situation vor die Gewissens- und Entscheidungsfrage gestellt wird, für sein eigenes Verhalten garantieren kann – bis hin zur Übertragung einer Funktion im Mordapparat der Vernichtungslager..." (abgedruckt im Hamburger Justizverwaltungsblatt v. 30.09.1967)."[299]

Für die Zeit vor der Emigration ist auch ein Bericht von Interesse, der im Zusammenhang mit dem Ruhestand und dem Nachlass von Valentin in einem weiteren Beitrag von Günther Betram erwähnt und ausführlich zitiert wird:

„Es ist das Schicksal des Pensionärs, daß es bald still wird um ihn. In seiner bescheidenen, dem Wesen der Dinge und Menschen nachsinnenden und allem Getöse abholden Art wäre das Fritz Valentin gewiß nicht einmal unlieb gewesen. Aber sich gänzlich in die Stille zurückzuziehen, das erlaubten ihm die Umstände nicht; sein Rat und sein Zuspruch wurden immer wieder erbeten und gegeben. Ein paar Jahre nach seiner Pensionierung i.J. 1965 hielt er auf einer Fortbildungsveranstaltung des Hamburgischen Richtervereins im "Haus am Schüberg" ein eindrucksvolles Referat: "Der Richter in der Bundesrepublik - Ein Kapitel: "Bewältigung der Vergangenheit"", von dem wir Auszüge in unseren Mitteilungen 1/1983 wieder abgedruckt haben. Im Jahr darauf haben wir - Mitteilungen 2/1984 - seiner gedacht und dazu einen ergreifenden Aufsatz aus seiner Feder nachgedruckt: "Bewahrung der Heimat im Schicksal der Emigration". Jetzt fanden sich in der Pinneberger Zeitung vom 24.01.1994 ein paar Spalten über Fritz Valentin, die wir nachfolgend abdrucken:

Menschliche Blöße zwischen Himmel und Erde Betroffen vom Schicksal der Welt

Von Vivian Gödicke

Wedel - Mehr als zwei Jahrzehnte schlummerte hinter den Mauern des Graf-Luckner-Altenheimes in Wedel unschätzbarer Wert. In Obhut einer alten Dame, Cäcilie Valentin, befand sich eine umfangreiche Sammlung mit Werken des Künstlers Ernst Barlach. Bücher, Zeichnungen, Skulpturen und eine Schallplatte verwahrte die am 3. Januar dieses Jahres verstorbene Gattin von Dr. Fritz Valentin in ihrer "Bibliothek". Mit dem Ableben

---

[298] Günter Bertram: Zum 8. Mai 1995.- in: MHR 1 (1995) S. 2 (online: http://www.richterverein.de/mhr/mhr951/m95113.htm#.htm).

[299] Günter Bertram: „Unser Kampf 1968" – irritierter Rückblick eines ‚Alten Kämpfers'.- in: MHR 4/2012 S. 9 Anm. 21 (mhr124.pdf):

seiner Frau, so verfügte es der am 2. Januar 1984 verstorbene Richter in seinem Testament, sei der Nachlaß dem Ernst Barlach Museum zu übergeben.

Weit mehr als nur Sammelleidenschaft hatte der Künstler Barlach in dem jüdischen Bürger Valentin geweckt. Die Werke des Bildhauers, Graphikers und Dichters waren Grundlage und Bestandteil Valentins Lebensbewältigung, die Betroffenheit über das menschliche Schicksal im allgemeinen war beiden eigen. Lange bevor Fritz Valentin sein Jurastudium begann und im Beruf als Strafrichter täglich mit menschlichem Versagen, Schuld und Leid konfrontiert wurde, waren für ihn die Gestalt und das Werk Barlachs ‚Symbol und Verdichtung der menschlichen Situation zwischen Himmel und Erde.'

1926 zum Staatsanwalt ernannt, 1927 zum Strafrichter berufen, galt Valentins Augenmerk der Solidarität im Rechtswesen, das er anfangs nur seines Vaters zuliebe studiert hatte. 1934, bevor die "Nürnberger Gesetze" Juden das Ausüben des Richteramtes verboten, nahm seine Karriere ein jähes Ende: Weil er sich offiziell weigerte, dem "Winterhilfswerk" einen Obolus zukommen zu lassen, solange die Nationalsozialisten alle Nichtarier zum ‚minderwertigen Gesindel' deklassierten, wurde er entlassen. Das Geld wollte er seiner Kirchengemeinde zukommen lassen. 1939 wanderte Valentin mit seiner Frau und seinen drei Töchtern nach England aus.

Zu dem Zeitpunkt war der am 2. Januar 1870 in Wedel geborene Ernst Barlach bereits ein Jahr tot. ‚Ein bißchen Zeichnen oder Malen oder Schreiben mehr oder weniger fiel in der Familie nicht auf', hatte das Multitalent in seiner Prosa ‚Ein selbsterzähltes Leben' (1928) geschrieben. Dennoch blieb sein künstlerisches Schaffen an anderer Stelle nicht unbemerkt: Von den Nationalsozialisten als Vertreter der ‚entarteten Kunst' verfemt, wurden die eigenwilligen Werke Barlachs verboten.

In England gelang es der Familie Valentin derweil durch Vermittlung deutscher und englischer Quäker eine Bleibe zu finden. Das Familienoberhaupt war nun staaten- und berufslos, der gesamte Hausstand lagerte im Hamburger Hafen, nur 50 Mark hatten die Valentins mitnehmen dürfen. Mit Ausbruch des Zweiten Weltkrieges wurden große Teile der umfangreichen Barlach-Bibliothek und der unersetzliche Briefwechsel zwangsversteigert. Mittellos und auf die Hilfe Fremder angewiesen, gelang es der Familie dennoch, die Jahre der Emigration zu einem erfüllten Abschnitt ihres Lebens werden zu lassen.

Kurz vor Ende des Krieges - in England waren die meisten Deutschen aus Angst vor Spionage interniert worden - berief man Valentin als Rechtsberater in die ‚Kontrollmission für Deutschland'; darauf folgte er der Bitte, in seiner Heimatstadt Hamburg wieder als Richter tätig zu werden. Stärker als zuvor richtete sich nun sein Augenmerk auf menschliche Not und auf die seiner Rolle in der Gesellschaft. ‚Auf daß Verfolgte nicht Verfolger werden', zitierte er häufiger denn je die jüdische Emigrantin und Friedensnobelpreisträgerin Nelly Sachs.

Die Frage nach dem Zusammenhang der christlichen Ethik mit dem spezifischen Berufsethos spielte außerdem eine große Rolle in Valentins Leben. In Anlehnung an die Theologie beschäftigte ihn dieselbe Frage auch bei Ernst Barlach. Sein Interesse an der religiösen Bindung des Künstlers schlug sich unter anderem in einer Vortragsreihe nieder, die Valentin nach dem Einzug mit seiner Frau ins Graf-Luckner-Haus 1972 gehalten hatte.

Derlei Dokumente und zahlreiche Originalaufzeichnungen von Barlach und seiner Kunst haben sich so die Jahre über angesammelt. Etwa 100 Bücher, neun Kohlezeichnungen im Wert von je 20 000 bis 50 000 Mark, sowie drei Bronzen (‚Frau im Wind' und ‚Singender Klosterschüler', beide von 1931; ‚Die russische Bettlerin', 1907) und eine Schallplatte gehören nun dem Ernst-Barlach-Museum. Für die Museumsleiter Jürgen Doppelstein und Heike Stockhaus hat die Sammlung einen ‚unschätzbaren Wert'. Unter den Exponaten befinden sich beispielsweise Originalausgaben des Buchverlages Paul Cassierer in Berlin, bei dem Barlach um 1922 unter Vertrag stand. Auch ein dreiteiliges Werkverzeichnis gehört zu dem Erbe. Heike Stockhaus: ‚Allein das hätten wir uns nie leisten können.' Die Sammlung wird künftig im eigens dafür eingerichteten Fritz-Valentin-Raum zu sehen sein können.

Das Museum ist dienstags bis sonntags von 10 bis 12 und von 15 bis 18 Uhr geöffnet."[300]

Dieser Beitrag lässt erahnen, wie vielfältig die Informationen über Fritz Valentin sein werden, wenn sein Lebenswerk und seine -geschichte in systematischer Erarbeitung vorliegen.[301] – So hat er selbst sich mit dem barbarischen, ideologischen Ungeist, der Menschen u.a. als „nicht-arische" und auch mit anderen Diffamierungen als weniger Wert betrachtet hat, fachlich auseinandergesetzt und an einer Monographie zur ‚Euthanasie-Frage' mitgearbeitet, die zu Beginn der 1960er Jahre erneut akut wurde.[302] –Das im Jahresbericht des Instituts für Zeitgeschichte 2010 von Ursula Büttner angekündigte ‚Lebensbild' macht neugierig auf die ausführliche Darstellung:

> „Das aktuelle Forschungsprojekt »Nach der Verfolgung allein gelassen« wurde durch weitere Quellen- und Literaturrecherchen gefördert, unter anderem durch die Auswertung der englischen Parlamentsdebatten in den Jahren 1945 bis 1948 über die Situation der Verfolgten in der Britischen Besatzungszone Deutschlands. Teilergebnisse der Forschungen wurden in drei Aufsätzen veröffentlicht. Als ein weiteres Teilergebnis soll eine Biographie des im Februar 1946 aus dem englischen Exil nach Hamburg zurückgekehrten Richters und Kirchenmannes Fritz Valentin in der Serie »Lebensbilder« des Vereins für Hamburgische Geschichte erscheinen. Mit den Quellenstudien dafür wurde begonnen."[303]

Die Forschungen von Ursula Büttner werden 2017 in einer umfangreiche Biografie über Fritz Valentin als Veröffentlichung des Vereins für Hamburgische Geschichte im Wallstein Verlag, Göttingen, erscheinen. – Möglicherweise wird darin auch weiter die Frage erhellt, die in der Notiz anklingt, dass Valentin 1934 nicht für das Winterhilfswerk sondern für seine Kirchengemeinde spenden wollte. Damit war einerseits seine Entfernung aus dem Richteramt verbunden, die ja für den Frontsoldaten im Ersten Weltkrieg nicht bereits 1933 auf Grund des Gesetzes zur Ausscheidung ‚nicht-arischer' Beamten aus dem Staatsdienst erfolgt war. Andererseits wird die Verbindung zu seiner Kirchengemeinde in Klein Borstel 1934 damit neu beleuchtet.

---

[300] Günter Bertram: Fritz Valentin.- in: MHR 2/1994 (online: http://www.richterverein.de/mhr/mhr942/m94209.htm) .
[301] Bereits von K. Timm (204) S. 109- 120 wurde umfangreiches Material zusammen getragen – einschließlich Hinweis auf den Nachbesitzer des Hauses Stübeheide 162, Schulleiter M. Franke (S. 120 mit Bild auf Pferd beim Heimatfest 1949) sowie Bericht der Freundin Margit Meyer (geb. Eisermann S. 116) über das Wiedersehen mit Renate Valentin (geb. 1929 als 17-jährige, d.h. 1946), als in deren Elternhaus Fremde wohnten.
[302] Stephen Dixon / Fritz Valentin: Die Euthanasie : ihre theologischen, medizinischen und juristischen Aspekte.- Evangelisches Forum 11, Vandenhoeck und Ruprecht, Göttingen 1969.
[303] Ursula Büttner: Nach der Verfolgung allein gelassen. Der Umgang von Briten und Deutschen mit den Opfern des Nationalsozialismus, 1945 bis 1955.- in: Zeitgeschichte in Hamburg. 1960-2010 – 50 Jahre Forschungsstelle. Forschungsstelle für Zeitgeschichte in Hamburg, 2011, S. 112 (online: https://www.zeitgeschichte-hamburg.de/files/fzh_1/pdf/jahresbericht_2010.pdf.).

6 Abkürzungen, Archivalien und Indices

6.1 Abkürzungen

AF	Altfreunde (der DCSV)	KV	Kirchenvorstand
BarmBote	Barmbeker Bote	KZ	Konzentrationslager
CVJM	Christlicher Verein junger Männer	LB	Landesbischof
		LKA	Landeskirchenamt
DBE	Deutsche Biographische Enzyklopädie	Masch	Maschinenschriftlich
		MHR	Mitteilungen des Hamburgischen Richervereins
DBZ	Deutsche Bauzeitung		
DC	Deutsche Christen		
DCSV	Deutsche Christliche Studenten Vereinigung	MM	Maria-Magdalenen
		NDB	Neue Deutsche Biographie
DCVSF	Deutsche Christliche Vereinigung studentischer Frauen	NiederdKZ	Niederdeutsche Kirchenzeitung
		NSDAP	Nationasozialistische Deutsche Arbeiterpartei
DEK	Deutsche Evangelische Kirche		
		Pg	Parteigenosse
DSA	Denkmalschutzamt	SA	Sturmabteilung
DWL	Denkmalschutz Westfalen-Lippe	SB	Sammelband
		SMD	Studenten-Mission Deutschlands
ESG	Evangelische Studentengemeinde		
		Spieker	De Spieker
FS	Festschrift	SS	Schutz-Staffel
GemBlatt	Gemeinde-Blatt	URL	Uniform Resource Locator [für Internetadressen]
HAA	Hamburgisches Architekturarchiv		
		ZfSHKG	Zeitschrift für Schleswig-Holsteinische Kirchengeschichte
HambKZ	Hamburger Kirchenzeitung		
H&J	Hopp und Jäger		
KG	Kirchengemeinde	ZVHG	Zeitschrift des Vereins für Hamburgische Geschichte
KoLaFu	Konzentrationslager Fuhlsbüttel		

6.2 Archivalien

Archiv der Kirchengemeinde Maria-Magdalenen: Bauakte 1937, Sakristeibuch
Bauabteilung des Kirchenkreises Hamburg-Ost: Zeichnungen zum Gebäude-Komplex Nr. 3095 (Kirche Maria-Magdalenen) und Akten zu Kirchgebäude Nr. 33 (z.T. aus dem Altbestand des Architekturbüros Jäger, Gries, Brunzema)
Denkmalschutzamt: Akte und Kartei zu Maria-Magdalenen (Nr. 430)
Kirchenkreisarchiv Hamburg-Ost: Baudokumentation des Kirchenkreises Alt-Hamburg von 1992; Nr. 30 zu Maria-Magdalenen

6.3 Personen-Index

Asmussen 8, 102, 112
Bahnsen 27, 28
Bahnson 27, 28, 44, 80
Barlach 134, 135
Behrens 12, 13, 14, 19, 116
Bertog 66, 103, 104, 111
Bertram 112, 133, 134, 136
Besch 50, 51, 53, 55, 79, 86
Blankertz 117
Blunck 15
Bobrowski 11
Bockholt 120
Boeck 36
Bonatz 35
Bose 32, 112
Bracker 70, 112
Brietzke 113
Bruhns 35, 58, 62, 83, 84, 90, 112, 113
Brunke 27, 62, 67, 87
Bruntsch 62
Brunzema 67, 106, 137
Bunhardt 88
Büttner 8, 18, 113, 136
Carstens 44
Cassierer 135
Clasen 14, 23
Coester 46
Demnig 18
Dietrich 46, 113
Dittrich 108
Doppelstein 135
Drechsler 22, 23, 28, 29, 30, 33, 36, 43, 44, 59, 67, 79, 80, 82, 129
Droste 117
Eggert 119
Eisermann 136
Ellerhusen 133
Endell 41, 113
Engelke 8
Engler 10, 58, 148
Fleer 107
Franke 136
Germann 25, 36, 51, 53, 59, 79, 87, 88, 104

Gleßmer 6, 50, 108, 114, 147, 148
Gödicke 134
Göhres 118
Göring 36
Graf von Schauenburg 41, 127, 128, 130
Grell 18
Gries 106, 137, 148
Groothoff 53
Gschwendtner 44
Günther 17, 21, 22, 23, 24, 25, 26, 27, 28, 29, 80, 114, 122, 134, 148
Hahn 21, 22, 23, 118
Halfmann 18, 19, 20, 114, 118
Hammer 15, 16, 43, 114
Harten 21, 118
Hattendorff 16, 114
Heitmann 39
Herdin 78
Hering 13, 19, 81, 100, 101, 102, 114, 115, 119, 133
Hertzberg 29
Himmler 100
Himpe 99
Hipp 32, 115
Hitler 12, 17, 42, 133
Hoffmann 7, 25, 33, 66, 102, 107, 115, 123
Hoffmann, Karl-Heinz 148
Höger 34, 35
Höger-Höhne 35
Holtmann 112
Hong 102, 115
Hopp 6, 7, 8, 9, 10, 27, 32, 34, 35, 39, 45, 46, 47, 51, 52, 53, 54, 55, 56, 57, 58, 59, 60, 61, 62, 63, 64, 66, 67, 79, 80, 82, 83, 84, 85, 86, 87, 88, 89, 91, 92, 93, 94, 95, 96, 97, 98, 99, 104, 105, 106, 107, 108, 109, 111, 112, 113, 116, 130, 137, 147, 148
Hopp, Ilse 6, 10, 54, 62, 63, 106
Horn 22, 62
Illies 62

Jäger 6, 7, 8, 9, 10, 32, 34, 35, 45, 60, 67, 84, 86, 87, 89, 91, 95, 96, 97, 100, 102, 105, 106, 115, 116, 130, 137, 147, 148
Jäger, Emmerich 6, 96, 97, 100, 106, 147, 148
Jahn 61, 86, 87
Jungclaussen 29
Junge 133
Junker 9, 10, 55, 58, 83, 84, 85, 86, 87, 88, 89, 90, 91, 92, 93, 94, 95, 96, 97, 98, 99, 107, 120
Kamper 117
Kämpfer 36, 51
Kemper 79, 87
Kersten 22, 66, 109, 110
Knolle 8, 36, 40, 62
Knorre, v. 47
Kob 79
Köhler 39
Kohlwage 19, 117
Kopitzsch 113
Körber 22
Kressel 111
Lampe 114, 148
Langmaack 34, 42
Laub 28
Linck 19, 27, 117, 118
Liß-Walther 118
Loose 12, 117
Lorenz 114, 117, 133
Lüder 13, 14, 15, 16, 00
Machule 112
Malsch 12, 103, 105, 108, 109
Mandelkow 20
Matthiesen 117
Meiser 112
Melsbach 6, 37
Metzler 115
Meyer 18, 52, 117, 136
Möhring 36, 37
Möller 12, 13, 14, 15, 17, 117, 118
Moltmann 117, 133
Mülbe 100, 133
Nickelsen 84
Nicolaisen 112, 115, 120, 133
Oppelland 99, 117, 118

Overlack 8, 13, 23, 118
Paasch 58, 107, 118, 119, 121
Pahl-Weber 112
Petersen 96, 105, 108
Pietzcker 51, 80, 87, 88
Pörksen 117
Rahe 21, 22, 23, 118
Redecke 107
Rée 61, 62, 84, 112
Rehm 34
Reincke 12, 118
Remé 71, 118
Rentzig 62
Reumann 8, 18, 19, 20, 118
Rheinländer 6, 10, 51, 60, 64, 68, 70, 74, 97, 109
Rohrbeck 58, 117
Ruprecht 112, 113, 136
Sachs 135
Sauerlandt 62
Schade, v. 13, 15, 21, 28, 40, 52, 53, 108, 109, 110, 118, 119
Scheuer 102
Schilling 79
Schmarje 84, 120
Schnegg 84
Schneider 34
Schnell 7, 119
Schöffel 13, 14, 36, 40, 115
Schöffels 14
Schramm 84, 88, 89
Schröder 6, 40, 51, 52, 53, 79, 80, 99, 100, 101, 114, 117, 118, 119, 148
Schröder, Marie-Renate 82, 99, 100, 101, 119
Schründer 45, 119
Schumacher 8, 27, 89, 113, 119
Schütz 60
Sparr 119
Spehr 102, 119
Steil 102, 119
Steiner 119
Steitz-Röckener 8, 119
Stockhaus 135, 136
Strübel 119, 133
Stubel 10, 120
Teuchert 24, 25, 82, 104

Thiele 16, 26, 31, 114, 119
Thies-Zymalkowski 119, 133
Thomsen 67, 78, 104
Tilicki 19, 23, 80, 120
Timm, Klaus 10, 11, 14, 15, 18, 19, 20, 21, 27, 28, 52, 80, 81, 82, 98, 99, 105, 120, 121, 123, 136
Timm, Marianne 81, 101, 102, 115
Timm, Rudolf 11, 12, 15, 19, 20, 21, 28, 30, 31, 33, 36, 40, 41, 43, 44, 51, 52, 53, 60, 67, 79, 80, 81, 82, 83, 87, 98, 99, 100, 101, 102, 103, 104, 105, 108, 120, 123, 125, 129, 132
Tügel 12, 13, 14, 15, 34, 36, 43, 52, 99, 100, 102, 115, 118, 120
Uhlmann 81

Ulmer 44, 45, 60, 67, 103, 105
Valentin 18, 19, 20, 21, 26, 27, 80, 81, 112, 113, 119, 132, 133, 134, 135, 136
Volz 29
Vossen 84, 89, 90, 96, 120
Wesp 87
Wilhelmi 37, 57, 80, 121
Willsch 14, 35, 40, 66, 103, 104, 105, 120, 121
Windsor 19, 20
Zabel 58, 60, 84, 85, 107, 111, 118, 121
Zacharias-Langhans 13, 15, 16, 17, 29, 40, 44, 51, 59, 80, 82, 86, 87, 88, 104

6.4 Themen-Index

Abendmahl 54, 55, 59, 60, 61, 62, 63, 64, 66, 67, 68, 74, 76, 79, 105, 111
Advent 7, 9, 18, 22, 36, 55, 59, 79
Alstertal 7, 9, 26, 34, 37
Alsterverein 14, 119
Altar 24, 46, 47, 49, 50, 51, 53, 54, 55, 56, 57, 58, 59, 60, 61, 63, 64, 66, 67, 68, 69, 71, 74, 76, 80, 85, 86, 87, 88, 97, 102, 103, 104, 105, 107, 108, 111, 114, 116, 130, 148
Altarraum 55
Altarwandbild 9, 50, 51, 53, 56, 58, 60, 61, 63, 67, 76, 84, 86, 88, 89, 90, 104, 106, 107, 114, 148
Altbürgermeister 51, 52, 53, 79, 80
Altfreunde 100, 102, 137
Amt 12, 21, 22, 28, 30, 41, 81, 101, 108, 109, 110, 114
Anbau 108, 110
Andacht 23, 79
Anprangerung 20, 26, 81
Ansgar-Kirche 24, 61, 62
Anstaltspastor 13
Antijudaismus 18
Antisemitismus 18, 19

Apsis 37, 59, 68, 85, 106
Aquarell 84, 92, 96, 97
Arbeitsteilung 58, 105
Architekt 7, 9, 10, 27, 34, 35, 46, 49, 53, 55, 59, 60, 79, 83, 84, 87, 88, 89, 97, 98, 100, 104, 105, 106, 108, 111, 112, 113, 116, 130, 147, 148
Architekturarchiv 6, 10, 88, 97, 102, 106, 147
Archiv 6, 9, 10, 17, 24, 27, 37, 61, 70, 78, 79, 97, 101, 104, 117, 118, 121, 125, 137
Arierparagraph 22
arisch 18, 21, 23, 61, 118, 136
Atelier 84, 85, 86, 87, 93
Auferstehung 30, 40, 41, 42, 64, 127, 131
Auftrag 11, 36, 44, 52, 64, 82, 84, 85, 88, 89, 98, 118, 128
Ausflugslokal 83
Ausmalung 9, 35, 51, 58, 68, 77, 80, 83, 85, 86, 88, 98
Ausrichtung 7, 29, 33, 44, 81
Ausschachtung 39
Ausschreibung 34, 62

Ausstattung 24, 39, 46, 61, 83, 87, 106
Autorschaft 7, 12, 19, 21, 58, 82, 84, 95
Backsteinbauweise 32
Balken-Inschrift 46, 69, 70, 71
Basalt 60, 64, 66, 68
Bauabteilung 6, 24, 50, 67, 69, 85, 106, 109, 137
Bauanzeige 36
Bauausschuss 36, 51, 79
Baugrube 39
Bauschein 36
Beichte 111
Bekennende Kirche 13, 18, 29, 30, 34, 43, 80, 81, 102, 113
Bekenntnis 8, 16, 30, 34, 42, 43, 102, 113
Bekenntnis-Synode 102
Beleuchtungskörper 88
Bemalung 68, 106
Bevölkerung 19, 24, 32, 33
Bibel 16, 17, 29, 34, 41, 59, 63, 71, 77, 79, 113, 127, 130
- 1.Joh 71
- Eph 71, 118
- Joh 46, 54, 57, 62, 63, 64, 71, 72, 73, 113
- Luk 7, 14, 16, 17, 24, 25, 30, 34, 35, 43, 44, 45, 46, 51, 55, 61, 64, 66, 73, 77, 85, 86, 87, 116, 120
- Markus 41, 64, 116
- Micha 71, 118
- Mk 41, 62, 72, 73, 76, 77
- Mt 62
- Ps 62
Bildhauer 37, 44, 61, 84, 86, 87, 88, 105, 107, 112
Bildtafel 68, 70, 71, 72, 73, 77
Bischof 12, 13, 14, 15, 17, 18, 36, 115, 126, 128, 147
Blutsonntag 8, 113
Bombenangriffe 62
Braunes Haus 33
Braut 82, 99, 100, 101, 102
Bronzeform 107
Buchstabenformen 82

Buntverglasung 24, 111
Christen 8, 12, 13, 14, 16, 18, 19, 22, 26, 34, 43, 107, 113, 118, 126, 129, 133, 137
Christophorus-Kirche 7
Christus 42, 43, 49, 63, 70, 71, 80, 89, 97, 114, 126, 131
Chronik 35, 120
CVJM 8, 23, 137
Dach 35, 38, 63
DC (Deutsche Christen) 12, 13, 14, 22, 23, 33, 34, 137
DCSV 100, 101, 102, 115, 137
DCVSF 100, 137
DEK 34, 137
Dekorationsmaler 7, 10, 83, 84
Denkmalpflege 105, 113
Denkmalschutzamt (DSA) 111
Deutschgläubigkeit 33
Dia-Sammlung 58, 84, 107, 118, 121
Dienst 15, 16, 17, 27, 28, 29, 30, 31, 87, 89, 109, 111
Doppelmitgliedschaft 102
Dorfkirche 8, 79
Dürer-Initialen 94, 95
Ehrenmal 7
Einmauerung 82
Eintrittsformular 22
Einweihung 7, 24, 31, 36, 53, 55, 58, 59, 64, 66, 77, 78, 79, 80, 83, 85, 88, 132
Eisen 36, 30, 47
Emigration 18, 132, 133, 134, 135
Emmaus-Jünger 61
Empore 46, 51, 68, 69, 70, 71, 74, 77, 80, 87, 88, 106, 130
Endzeithoffnung 70
Entjudung 70
Entlobung 22
Entwürfe 10, 35, 36, 46, 48, 49, 50, 51, 54, 55, 56, 58, 60, 61, 62, 69, 82, 85, 86, 88, 104, 105, 106
Epitaph 82, 103, 104, 105
Erdkreis 107
Erinnerung 17, 18, 20, 34, 97, 100, 103, 117, 128
Ermordung 117
Erweiterungsbau 85, 110
ESG 100, 137

Ethik 135
Euthanasie 113, 136
Ev. Akademie 117, 119, 133
Examen 28, 30
Faltenwürfe 54
Feindbilder 90, 120
Festpredigt 60
Festschrift 9, 10, 11, 12, 13, 14, 16, 17, 19, 21, 24, 27, 28, 35, 40, 41, 42, 46, 47, 58, 59, 64, 65, 68, 78, 79, 80, 81, 90, 107, 108, 115, 117, 137
Filialkirche 41, 130
Finanzen 32, 35, 36, 38, 39, 51, 53, 109
Fischerkirche 9
Foto 10, 24, 35, 43, 48, 49, 50, 51, 52, 53, 56, 58, 60, 64, 65, 66, 68, 71, 73, 74, 76, 80, 84, 91, 93, 97, 98, 99, 107, 109, 111, 123
Frank'sche Sieglung 25, 32
Franziskaner 41, 130
Frauen 41, 53, 57, 79, 100, 101, 115, 130, 131, 137
Freischar 29
Freiwilliger 81
Fresco 58
Freundbilder 90, 120
Friedenskirche 7
Frontsoldat 14, 18
Führer 42, 126
Fürbitte 107
Fußwaschungszene 55
Gebet 76
Gedenken, Gedenktafel 81, 82, 83, 98, 102, 103, 105, 118
Gefangenschaft 90, 96, 126, 133
Gefängnisseelsorger 13, 15
Gemeinde 6, 7, 10, 11, 12, 13, 14, 16, 17, 18, 20, 21, 23, 24, 25, 26, 28, 29, 30, 33, 34, 35, 38, 40, 41, 42, 43, 44, 47, 58, 64, 66, 68, 70, 77, 79, 80, 81, 82, 101, 102, 103, 104, 105, 107, 108, 109, 110, 111, 120, 127, 129, 130, 131, 147
Gemeindegeschichte 9, 11, 14, 18, 25
Gemeindehaus 7, 37, 109, 111
Gemeinderaum 25, 33, 34, 35, 38, 47, 68, 111
Gertruden-Kirche 121

Geschichtsrekonstruktion 11
Gethsemane-Szene 55, 76
Gewölbedecken 39
Glasfensterentwürfe 86
Glasmalers 84
Glaubensbewegung 22
Gleichberechtigung 115, 126
Gleichschaltung 102
Glocken 41, 78, 79, 130
Gloriole 55, 56
Gottesdienst 12, 13, 14, 15, 25, 33, 65, 82, 87, 90, 107, 111, 115, 120, 130
Gottessohnschaft 70, 112
Grabkreuz 60
Grindelhochhäuser 91, 97
Grundstein 9, 33, 35, 36, 37, 39, 40, 41, 42, 43, 44, 45, 51, 60, 63, 64, 70, 71, 111, 120, 129
H&J Hopp u Jäger 7, 10, 12, 39, 44, 46, 48, 51, 55, 58, 64, 69, 91, 93, 98, 105, 106, 108, 137, 147
Hakenkreuz 120
Halfmann-Schrift 18
Halskrause 98
Hamburg-Ost 6, 24, 46, 50, 67, 69, 85, 106, 111, 118, 121, 137
Hammerschläge 44
Handwerker 32, 79, 127
Handzeichnung 50, 104
Harmoniummusik 79
Hauptfesttage 68, 69
Hauptkirche 40, 52, 92, 130
Hauptpastor 8, 15, 36, 40, 52, 62
Heimatfest 136
Heimatverein 12, 16, 117
Heirat 83
Heldenverehrung 102
Hermeneutik 11
Hilfsgeistlicher 24
Hilfsprediger 21, 22, 30, 108, 109, 129
Hochzeit zu Kana 73
Hochzeitssaal 35
Holzbildhauer 78, 86
Holz-Modell 35, 36
Holzständer 107
Hopp-Tagebücher 27, 35, 45, 51, 58, 66, 83, 84, 85, 88, 105, 108, 109

Hossenfelder-Bewegung 34
Innenaufnahmen 60, 97
Inschrift 60, 64, 66, 70, 88, 105
Internierung 83
Jesus 41, 42, 43, 55, 57, 62, 70, 72, 73, 76, 77, 81, 112, 118, 129, 130, 131
Jude 18, 20, 81, 114, 117, 118, 135
Juden-Christen 81
Judenfrage 18
Jugendarbeit 7
Jungfrauen 62
Jungnationale 29
Junker-Biografie 92, 95
Junker-Biographie 96
Kandidatenzeit 29
Kanzel 50, 68, 74, 77, 78, 79, 80, 106, 111, 115
Kapelle 7, 13, 17, 26, 34, 38, 127
Kelch 55, 76
Kellerräume 36, 39
Kerzenhalter 107
Kindergarten 111
Kindergottesdienst 13, 16, 17, 29
Kirchbau 8, 9, 10, 11, 24, 26, 27, 31, 33, 34, 35, 46, 48, 51, 69, 108, 116, 119, 147
Kirchenälteste 25
Kirchenfeindschaft 25
Kirchenkampf 117, 118
Kirchenkreis 6, 38, 46, 58, 60, 61, 67, 85, 105, 106, 111, 118, 119, 121, 137
Kirchenmodell 49
Kirchenpauer–Realgymnasium 22
Kirchenraum 26, 59, 68, 69, 89, 130
Kirchenvorraum 81
Kirchenvorstand 9, 13, 14, 16, 22, 30, 35, 36, 39, 40, 41, 53, 59, 60, 79, 84, 86, 104, 125, 137
Kirchgebäude 7, 24, 60, 68, 69, 70, 71, 102, 114, 137, 148
Kirchsaal 24, 38, 45, 59, 61, 66, 130
Kirchweihfest 10, 116
Klein Borstel 10, 11, 12, 13, 14, 15, 16, 17, 18, 19, 20, 21, 22, 23, 24, 25, 26, 27, 28, 29, 30, 31, 33, 34, 35, 36, 41, 42, 43, 44, 45, 51, 53, 57, 58, 59, 67, 69, 79, 81, 87, 88, 89, 90, 104, 105, 107, 108, 109, 114, 115, 117, 119, 120, 123, 129, 130, 132, 136
Kloster 40, 41, 127, 130
Knetmasse 34, 35
Kolafu 15
Konfession 25, 34, 117
Konfirmanden 18, 19, 20, 21, 27, 28, 29, 33, 34, 68, 80
Königskrone 63
Kontrollmission 135
Kreuz 42, 49, 50, 53, 57, 58, 59, 60, 62, 64, 66, 71, 76, 85, 87, 97, 104, 106, 107, 125
Krieg 7, 66, 81, 83, 88, 96, 101, 102, 105, 108, 119, 132, 133, 135
Kriegsbeschädigte 14, 33, 130
Kriegsgefangene 90, 93, 94, 95, 120
Kriegsinvaliden 13, 28
Kruzifix 24, 49, 51, 53, 54, 55, 56, 76, 85, 86, 98
Kulturbolschewismus 90
Kunstmaler 10, 35, 60, 83
Kunstverein 84, 88, 112
Landesbischof 21, 22, 30, 32, 33, 34, 40, 43, 44, 52, 79, 82, 99, 100, 101, 112, 118, 129
Landeskirche 14, 16, 18, 25, 26, 30, 35, 51, 58, 62, 79, 100, 115, 117, 118, 119, 133
Landeskirchenamt 33, 36, 51, 53, 79, 80, 137
Landungsbrücken 84, 95
Lazarett 90
Leuchter 107, 111
Licht 17, 42, 43, 96, 102, 131
Liebesgebot 41, 63, 64, 71, 73, 101, 131
Liedertafel 25, 65, 68
Liturgie 79
Loge 23
Luftschutzräume 39
Lukaskirche 26, 30, 34, 35, 37, 41, 87, 106
Luther 25, 44, 70
Lutherkirche 7, 10, 37, 44, 45, 46, 79, 102, 148
Luthertum 70, 112, 118
Machtergreifung 15, 89
Magdalena 40, 41, 42, 57, 60, 64, 113, 130, 131

Magdalenentage 41, 130
Malerei 9, 10, 34, 55, 59, 62, 66, 80, 83, 84, 87, 88, 89, 90, 96, 97, 98, 106, 112, 113
Malschule 83
Mamorblock 105
Maria-Magdalenen-Kirche 6, 7, 9, 10, 11, 12, 15, 18, 19, 22, 27, 31, 32, 34, 36, 37, 39, 40, 41, 44, 45, 46, 47, 48, 53, 55, 57, 58, 59, 60, 62, 63, 66, 70, 78, 79, 81, 83, 84, 85, 87, 98, 104, 105, 106, 107, 111, 115, 116, 120, 121, 123, 125, 129, 130, 137, 147
Maurermeister 44
Medizinstudium 101
Memoiren 25, 33, 34, 123
Messias-Erwartung 70
Missionsbewegung 100
Modell 37, 106
Müllgrube 38
Muttergemeinde 24, 34, 43, 109
Nachkriegszeit 10, 11, 18, 48, 49, 60, 64, 68, 96, 100, 105, 108, 114
Nächsten-Liebe 19
Namenspatronin 57, 64, 76
Nationalsozialismus 89, 113, 118, 120, 136
Nazi-Kampfblatt >Stürmer< 18, 19, 20, 21, 26, 27, 81
Nazi-Opfer 120
Nazis 15, 134
Neusiedler 31, 32
Nicolaus-Kirche 7, 55, 85
Nordkirche 18, 19
Notbund 18
NS
 - Bewegung 8, 9, 11, 43
 - Kunst 90
 - Organisationen 81
 - Staat 8
 - System 9, 89, 90, 101, 102
 - Vergangenheit 11, 117, 134
 - Zeit 7, 11, 18, 19, 31, 53, 84, 89, 90, 114
 - Zeitgenossen 90
NSDAP 12, 15, 21, 29, 80, 101, 102, 117, 137
Nürnberger Gesetze 18, 23, 135

Offizier 18, 81
Online 21, 102, 114, 119
Ordination 101
Organist 25, 33, 79
Orgel 68, 79, 80, 87, 130
Orgelempore 34, 46, 68, 69, 71, 73, 80
Ornat 98
Ortschronist 18, 19
Osterleuchter 107
Palmarum 18, 27, 79
Partei 15, 18, 102, 117
Passamahl-Feier 62
Passionsgeschichte 75, 76
Pastorenverzeichnisse 21
Petrus 73
Pfarramtshelferin 115
Pfarrfrau 101
Pharisäer-Frage 70, 71
Philosophie 22, 43, 126
Pilatus 76
Plastilin-Modelle 35
Portrait 84, 90, 91, 92, 96, 97, 99, 102, 103, 115, 120, 148
Predigt 26, 29, 41, 65, 69, 127, 130, 133
Privatdruck 120
Privathaus 16, 130
Psalmen-Buch 60, 62, 70, 129
Quellendokumente 8, 9, 10, 14, 15, 16, 21, 35, 85, 136
Radierung 92, 94
Rassegesetze 18, 23
Rassenfrage 22
Rechnung 25, 37, 39, 58, 59, 61, 78, 80, 88
Reetdach 9
Reformation 41, 118, 130
Reichskulturkammer 84, 89
Reihenhäuser 32
Reliefdarstellungen 107
Reproduktionen 10
Retabel 86
Rheinländer-Foto 70, 74
Richtfest 36, 45, 51
Rundbogenfenster 35
Rundturm 9, 35
SA 21, 29, 30, 80, 81, 101, 102, 137
 - Scharführer 29, 81

- Schulungen 30
Sakrament 42
Sakristei 110, 111
S-Bahn 28
Schreiner 29, 113
Schüler-Bibelkreisen 7
Schwarz-Weiß-Abbildung 54, 75, 99
Schwimmbad 26
Segen 30, 129
Seitenempore 68, 69, 76, 111
Selbstmord 18
Siedlung 25, 26, 28, 31, 32, 128, 130
Singekreis 25
Sitzplätze 25, 68, 69
SMD 100, 137
Sowjetunion 90
SS 100, 137
St. Jürgen-Kirche 42
St. Katharinen-Kirche 61
St. Pauli–Kirche 22
St. Petri 41, 130
Stahl 36, 47
Stahlhelm 101
Stein 25
Steinaltar 46, 55
Steinmetzarbeiten 105
Stolpersteine 18, 119
Strafanstalten 15
Strafversetzung 21, 23
Studentenarbeit 100, 101, 114, 115, 137
Syndikus 51
Tafelbild 59, 60, 61, 62, 64, 66, 68, 74, 77, 82, 83, 86, 103
Taufe 50, 68, 72, 107
Tempelreinigung 72, 73
Theologie 22, 101, 102, 126, 133, 135
Theologiestudentinnen 101
Theologinnen 115
Tod 12, 63, 77, 92, 94, 95, 98, 101, 106, 108, 111, 127, 133
Toiletten 39, 111
Trauergottesdienst 82
Triptychon 55, 61, 62, 64
Tügel-Korrespondenz 102

Turm 7, 9, 34, 35, 36, 37, 38, 39, 41, 48, 51, 52, 78, 79, 86, 116, 130
Universität 115, 119, 133, 147
Urheberschaft 9, 36, 39, 42, 43, 55, 58, 92, 99, 129
URL 118, 137
Verantwortung 41, 112
Vererbungsmöglichkeit 32
Verfolgung 113, 117, 120, 136
Verlobung 98, 99, 100, 101
Verratsszene 63
Vicelin 9, 35, 36, 39, 40, 125, 126, 127, 128
Vielvölkerstaat 90
Vierjahresplan 36
Vier-Raum-Wohnungen 32
Vikariat 11, 21, 28, 29, 101, 102
Volksempfinden 26, 34
Volksgenossen 18, 19, 25
Volkskirchenbewegung 34
Volkszugehörigkeit 18
Volontärärztin 100
Vorentwürfe 58, 98
Vorkriegszeit 60, 98
Vorurteils-Schablonen 90
Wahl 23, 40, 71
Wahlkampf 34
Wahlverfahren 30
Wehrkirchen 9, 35, 40, 48
Wehrmacht 81
Weidemann-Bewegung 34
Weihegottesdienst 59
Weltkrieg 7, 18, 48, 100, 101, 135, 136, 147
Werkstätten 8, 44
Wettbewerb 7, 53, 61, 62, 86, 119
Willi-Bredel-Gesellschaft 15, 120
Winterhilfswerk 135, 136
Wundmale 98
Zeitungsbericht 53, 80
Zeugnis 30, 41, 42, 43, 57, 64, 76, 79, 117, 130
Zugehörigkeit 12, 66, 100, 117
Zweifel 55, 111

6.5 Orts- und Straßennamen-Index

Ahlfeld 10, 63
Allermöhe 20, 21, 22, 23, 26
Alsterdorf 7, 41, 53, 88, 108, 120
Apolda 79
Badestraße 84
Balje 86
Bargstedt 86
Bergedorf 22
Berne 7, 53
Bethel 22
Bielefeld 106
Born 8, 9, 95
Bornhöved 41, 130
Braderup 96
Bremen 118, 126, 127
Buchenwald 133
Darß 8, 9, 95
Düsseldorf 117
Eilbek 22, 53
Elsdorf 86
England 18, 132, 133, 135
Eppendorf 16
Erlangen 22
Fredenbek 97
Fuhlsbüttel 7, 13, 14, 15, 16, 21, 22, 23, 24, 26, 29, 30, 34, 35, 36, 37, 39, 41, 44, 47, 51, 53, 59, 61, 63, 66, 85, 86, 87, 88, 104, 105, 109, 120, 129, 130, 133, 137
Greifswald 22, 114
Hamburg 6, 9, 10, 12, 13, 15, 18, 20, 22, 24, 25, 27, 28, 29, 30, 34, 40, 41, 46, 47, 48, 50, 53, 58, 60, 61, 67, 69, 70, 84, 85, 86, 87, 89, 92, 95, 97, 100, 101, 106, 107, 109, 110, 111, 112, 113, 114, 115, 116, 117, 118, 119, 120, 121, 126, 130, 133, 135, 136,137, 147, 148
Hangö 120
Hanstedt 10, 84, 91, 97
Hummelsbüttel 7, 12, 27, 28
Husum 117
Jerusalem 62, 63, 76
Juchnow 82
Keitum/Sylt 84, 95, 96, 97
Kiel 18, 21, 114, 117, 118
Klein Borstel 9, 10, 21, 26, 27, 36, 47, 79, 101, 116, 120, 121
Königstraße 83
Kornweg 129, 130
Langenhorn 14, 23, 24, 42, 61
Leipzig 22
Lettland 22
Lübeck 41, 61, 86, 87, 127, 128, 130
Marburg 29, 115
Mulsum 86, 148
München 118, 119
Neukirchen-Vluyn 119
Neumünster 118, 127, 128
Oederquart 86
Ohlsdorf 7, 41, 58, 84, 94, 120, 129
Poststraße 83, 97
Priegnitz 22
Rabenstraße 84, 88
Riga 90
Rostock 29
Rugenbergen 83
Rußland 81, 82
Schleswig-Holstein 113, 115, 117, 118
Schwartau 16
Stade 86, 97, 148
Stübeheide 17, 18, 24, 25, 26, 28, 32, 33, 45, 98, 109, 111, 116, 136
Stüberedder 109
Stuttgart 35, 115, 147
Sundern 53
Sylt 96, 97
Thüringen 34
Tübingen 29, 101
Uferstraße 22
Wandsbek-Gartenstadt 31
Wellingsbüttel 7, 11, 12, 13, 14, 16, 18, 28, 36, 37, 44, 45, 46, 57, 123, 129, 147, 148
Westfalen 86, 113
Wiek 40, 121
Winterhude 41, 120
Wuppertal-Barmen 102
Zürich 119

Zu den Autoren:

Dr. Uwe Gleßmer (Jahrgang 1951) ist Privatdozent für Altes Testament. Er wurde 1982 nach seinem Vikariat in der Gemeinde Maria-Magdalenen von Bischof Wölber zum Pastor ordiniert, arbeitete bis 2013 mit kurzzeitigen Unterbrechungen an der Universität Hamburg. Seit seinem Ruhestand ist er ehrenamtlich am Geschichtsprojekt der Lutherkirchen-Gemeinde in Hamburg- Wellingsbüttel engagiert sowie an dem Dokumentationsprojekt zum Architekturbüro Hopp und Jäger (www.huj-projekt.de). – Auf dem Hintergrund der Erschließung des umfangreichen Fotomaterials des Hamburgischen Architekturarchivs widmet er sich in besonderer Weise den von H&J vor dem Zweiten Weltkrieg im Norden Hamburgs gestalteten Kirchbauten sowie den damit verbundenen historischen Zusammenhängen.

Dipl. Ing. Emmerich Jäger (Jahrgang 1943), Sohn des Architekten Rudolf Jäger (1903-1978) hat nach einer Betonbauerlehre sein Architekturstudium an der Staatsbauschule Stuttgart (u.a. bei Prof. P. Stohrer) begonnen (1966-1969), war danach zwei Jahre in einem Architekturbüro in Stuttgart tätig, um von 1971-1973 (wieder zurück in Hamburg) an der Hochschule für Bildende Künste mit den Schwerpunkten Architektur sowie Stadt- und Regionalplanung sein Studium abzuschließen (Diplom bei Prof. J. Weber). Über 30 Jahre lang war er im Bezirksamt Hamburg-Wandsbek in der Stadtplanungsabteilung tätig.
Seit dem „Unruhestand" kann er sich u.a. seinen Interessen an Kunst und Architektur widmen. Durch die Aufbereitung und Übergabe des Nachlasses seines Vaters an das Hamburgische Architekturarchiv 2013 hat er eine wichtige Grundlage für das ‚Dokumentationsprojekt zum Architekturbüro Hopp und Jäger' gelegt.

Als **Beiträge zum Hopp-und-Jäger-Projekt** sind die folgenden Texte erschienen, in Vorbereitung oder für die nähere Zukunft geplant:

Ein Informationsblatt zum Projekt skizziert die zu Beginn im Juli 2014 formulierten Ziele sowie die Mitarbeiter (www.huj-projekt.de/downloads/hopp_u_jaeger-flyer.pdf.

Uwe Gleßmer / Alfred Lampe: Kirchgebäude in den Alsterdorfer Anstalten: Die Umgestaltungen der St. Nicolauskirche, Friedrich K. Lensch (1898-1976) und Deutungen des Altar-Wandbildes.- Books on Demand, Norderstedt 2016 [ISBN: 978-3-739212982] [zweite, korrigierte und erweiterte Auflage]

Uwe Gleßmer / Günther Engler: Die Lutherkirche in Hamburg-Wellingsbüttel als Bau- und Kunstwerk der Architekten Bernhard Hopp und Rudolf Jäger.- (in Vorbereitung 03/2016)

Karl-Heinz Hoffmann: Portrait zu Rudolf Jäger (bereits 2013 erschienen unter http://www.architekturarchiv-web.de/portraets/h-k/jaeger/index.html)

Emmerich Jäger: Das Haus des Architekten Rudolf Jäger.- in: „Der Architekt als Bauherr. Hamburger Baumeister und ihr Wohnhaus" [Hrsg von Gert Kähler und Hans Bunge; Schriftenreihe des Hamburgischen Architekturarchivs Bd. 34], Dölling und Garlitz Hamburg 2016

Emmerich Jäger: Erinnerungen an das Architekturbüro Hopp, Jäger, Gries, Dr. Bunzema 1935-1985 (in Arbeit)

Jan Lubitz: Über die Architekten Hopp und Jäger im Architekturjahrbuch für Hamburg (geplant 2017)

Jochen Schröder: Die Petrikirche in Mulsum bei Stade (in Arbeit)